이슬람의 시간

이슬람의 시간

타마라 손Tamara Sonn 지음 | 서종민 옮김

시그마북스
Sigma Books

이슬람의 시간

발행일 2017년 5월 15일 1쇄 발행
2018년 4월 2일 2쇄 발행
지은이 타마라 손
옮긴이 서종민
발행인 강학경
발행처 시그마북스
마케팅 정제용, 한이슬
에디터 권경자, 김경림, 장민정, 신미순, 최윤정, 강지은
디자인 최희민, 김미령

등록번호 제10-965호
주소 서울특별시 영등포구 양평로 22길 21 선유도코오롱디지털타워 A404호
전자우편 sigma@spress.co.kr
홈페이지 http://www.sigmabooks.co.kr
전화 (02) 2062-5288~9
팩시밀리 (02) 323-4197
ISBN 978-89-8445-874-1 (03900)

이 도서의 국립중앙도서관 출판예정도서목록(CIP)은 서지정보유통지원시스템 홈페이지(http://seoji.nl.go.kr)와
국가자료공동목록시스템(http://www.nl.go.kr/kolisnet)에서 이용하실 수 있습니다.
(CIP제어번호: CIP2017010003)

* 시그마북스는 ㈜시그마프레스의 자매회사로 일반 단행본 전문 출판사입니다.

사랑하는 가족에게 이 책을 바칩니다.

타마라 손이 『간추린 이슬람의 역사 A Brief History of Islam』를 펴냈던 지난 2004년 이후로 이슬람 세계를 둘러싼 논란은 한층 더 고조되었으며 무슬림이 가해자거나 피해자였던 테러 또한 기하급수적으로 늘어났다. 전 세계의 신문들은 매일같이 섬뜩한 무슬림의 이야기를 전했다. 한 곳에서 참수사건이 벌어지면 다른 곳에서는 자살폭탄테러가 벌어지고, 한 나라에서 종파 간 대학살이 일어나면 다른 나라에서는 폭력시위가 일어나는 식이었다.

우리는 이슬람에 대해 들어본 것이 없어서가 아니라 오히려 너무 많은 이야기를 들어서 문제가 되었다. 우리는 한시도 쉬지 않고 돌아가는 정보 네트워크 속에서 이슬람에 관한 수많은 의견들이 쏟아지는 것을 보아왔으며, 최근에 이르러서는 트위터나 페이스북 등 소셜 미디어까지 여기에 가세했다. 그래서인지 우리는 정작 이슬람과 관련된 모든 이들의 가장 깊은 내면에 대해서는 제대로 들여다보지 않았다.

이것이 바로 진중하고 권위 있는 학자의 이야기에 우리가 귀 기울여야 하는 이유이다. 이들은 역사와 그 사건 및 인물들은 물론 사상의 근원과 발전을 연구하는 자들이며 지난 일을 되돌아봄으로써 오늘날의 사회에 빛을 밝혀주는 자들이다. 타마라 손이 바로 그들 중 하나다.

손 교수는 『간추린 이슬람의 역사』, 『이슬람: 간추린 역사 Islam: A Brief History』(제2판)를 펴낸 이래로 주요 사회참여 지식인으로서 명성을 다졌으며, 학문적 연구와 더불어 오늘날의 복잡한 시사 문제를 명확하고 이해하기 쉬운 용어로 설명해왔다. 『이슬람의 시간』(제3판)은 앞의 두 책의 개정판에서 그치지 않고 상당한 양의 자료를 추가로 담고 있다. 이번 판에서 〈제5장 현대의 이슬람〉이 새로이 추가되었는데, 이를 통해 우리는 터키, 이란, 파키스탄과 인도네시아를 포함한 주요 무슬림 국가들에 관한 간략하지만 풍부한 사실들을 이해할 수 있다. 게다가 여기에는 아랍의 봄, 그리고 그 이후로 전 세계에서 펼쳐진 사건들에 관한 따끈따끈한 이야기들도 담겨 있다. 손 교수는 테러와의 전쟁이 시작된 이후 아프가니스탄, 이라크, 파키스탄에서 발생한 전쟁에서만 백만 명이 훨씬 넘는 사람들이 목숨을 잃었다는 점을 잘 지적하고 있다. 그 사망자들 중에는 무슬림이 압도적으로 많았다.

약 20여 년 전, 하버드대학교의 새뮤얼 헌팅턴 교수는 문명충돌론을 주장하면서 이슬람과 서구 사회가 기나긴 대립을 피할 수 없는 비운 속에 갇힌 문명들이며 그 대립에 전 세계가 영향을 받을 것이라고 역설했다. 9.11 테러 이후 해설자들은 '왜 그들이 우리를 싫어하는지'를 밝히고자 했으며 곧 문명충돌론에서 그 이유를 찾아냈다.

그러나 헌팅턴의 개념은 심지어 그 문장부터가 프린스턴대학교의 버나드 루이스 교수에게서 빌려온 것이다. 서구 문명과 이슬람 문명 간의 영원한 충돌이라는 개념은 강렬하면서도 일견 역사적인 사실들과 들어맞는 듯 보인다. 그러나 이 이론은 환원주의적이고 지나치게 단순하며 극단적이다. 서양 문명과 이슬람 문명이 조우한 거의 최초의 시대에서 이들이 종교적 경계를 넘고 동맹을 맺었다는 사실만 보아도 이를 잘 알 수 있다. 유럽을 지배하던 기독교 군주인 샤를마뉴 대제는 당시 바그다드를 다스리던 칼리프 가문과 동맹을 맺어 그들 공동의 적이었던 안달루시아의 무슬림 세력(무어인-역주)과 맞서 싸웠다. 이처럼 문명충돌론에 반례가 되는 사건들은 오랜 역사 속에서 셀 수 없이 많이 찾아볼 수 있다.

이슬람에 대한 혐오와 불신이 판치고 있는 오늘날, 미국인의 절반 가까이가 미국과 이슬람의 가치는 양립할 수 없다고 믿고 있다는 여론조사가 줄을 잇는 것도 그리 놀라운 일은 아니다. 무슬림 세계에서의 여론조사에서 서양을 혐오하는 무슬림의 비율은 이보다도 높다.

온갖 불협화음과 혼란을 빚어내는 이 주제에 대해 손 교수는 상당히 균형 잡힌 시각을 고수했다. 책의 말미에서 손 교수는 쿠란이 연민과 다정함, 그리고 인내 등의 덕목을 극찬했음을 다시 한 번 상기시키면서 쿠란 제2수라 177절을 인용한다. 너무나 많은 사람들이 이슬람을 전혀 이해하지 못하고 있는 이 시점에서, 학문과 지식을 통해 자신의 의견을 개진하기 위해 한결같은 길을 걸으면서도 주변의 소용돌이에 휩쓸리지 않는, 그야말로 완전한 학자들의 저서보다 더 좋은 지침서는 없을 것이다. 바로 이러한 이유에서 타마라 손의 새 책『이슬람의 시간』은 우리가 살아가는 이 어려운 시대를 이해하고자 하는 모든 사람들이 꼭 읽어봐야 할 것이다.

악바르 아흐메드

아메리칸대학교 교수

머리말

2010년 이래 아랍 세계에서는 이후 '아랍의 봄'으로 알려진 일련의 혁명이 일어났다. 튀니지의 제인 엘아비디네 벤 알리, 리비아의 무아마르 카다피, 이집트의 호스니 무바라크 등과 같은 독재정부에 익숙해져 있던 서양인들은 충격의 도가니에 빠졌다. 저명한 저널 「포린어페어스」는 2011년 여름호 전체를 할애해 '왜 중동 연구는 아랍의 봄을 예견하지 못했는가'라는 제목으로 이 사태를 다루었다.

그러나 아랍의 봄 혁명은 사실상 그 이전 시대, 즉 식민 지배를 받았던 국민들이 경제개발과 인권 등으로 대표되는 좋은 통치제도를 확립하기 위해 싸웠던 나날의 연장선일 뿐이다. 이들의 노력은 아랍의 봄 훨씬 이전부터 시작되었을 뿐만 아니라, 이집트 최초로 민주적인 절차를 거쳐 당선된 대통령 무함마드 모르시가 2013년 7월의 군부 쿠데타로 실각했음에서 알 수 있듯이, 아직 끝나지 않았다. 이집트는 다시 한 번 독재정권의 지배에 놓였을 뿐만 아니라, 리비아와 시리아,

예맨 등 아랍의 봄이 일어났던 다른 나라에서도 수많은 이들의 목숨을 앗아간 내전이 발생했다. 2015년을 기준으로 본다면 유일하게 튀니지에서 민주적인 권력이양이 성공적으로 이루어진 듯하다. 그러나 이 승리도 유명무실해진 게, 시리아의 내전이 전이되면서 스스로를 이슬람국가(IS, ISIS나 ISIL로도 알려짐)라고 칭하는 집단이 형성되어 민간인들을 학살하고 언론인들을 포함한 포로들을 섬뜩한 방식으로 처형하고 있기 때문이다.

한편으로 나이지리아와 파키스탄에서는 식민지 이후의 투쟁이 예상보다 길어지면서 한층 더 충격적인 조직폭력 행위가 출몰하고 있다. 북부 나이지리아에서는 보코하람으로 알려진 정체불명의 집단이 나타나 수백 명의 어린 아이를 납치해 갔는데, 이 글을 쓰는 시점까지도 대부분의 아이들이 돌아오지 않고 있다. 아프가니스탄에서 국내 세력과 외세가 오래도록 맞서 싸울 때에도 그 여파를 잘 견뎌냈던 파키스탄은 2014년 12월, 150여 명의 학생들을 죽음으로 몰고 간 테러로 인해 충격에 휩싸였다. 2015년 1월에는 국제테러조직인 알 카에다와 예맨 간의 전쟁이 프랑스 파리에까지 마수를 뻗쳐, 두 명의 무장 남성이 풍자잡지 「샤를리 에브도」의 사무실에 총격을 가하면서 열두 명의 목숨을 앗아갔다.

이러한 사건들은 전례 없이 수위 높은 폭력을 동반하고 있다. 그러나 선뜻 이해되지 않는 것은 이와 같은 이른바 '이슬람 테러리즘'으로 희생되는 사람들의 대부분이 무슬림이라는 사실이다. 또한 테러와의 전쟁GWOT으로 발생한 사망자 집계자료 앞에서라면 테러로 발생한 사망자의 수는 무색해 보일 지경이다. 국제단체인 '사회적 책임을 위한 의사회'는 노벨상 수상단체인 '핵전쟁 예방을 위한 국제의사회' 및 '국제생존의사회'와 함께 2015년 3월 「사망자 집계: '테러와의 전쟁' 10년간의 사상자 수」라는 보고서를 발표했다. 대테러전의 3대 타깃국가인 이라크, 아프가니스탄, 파키스탄의 사망자 수를 집계한 이 보고서에서는 2012년 2월 기준 이라크의 미국 주도 다국적군에서 4,804명의 아군 사망자가 발생했음을 밝히고 있다. 아프가니스탄에서 북대서양조약기구군(나토군) 및 미군의 사망자는 3,485명으로 기록되었다(파키스탄에는 나토군이나 미군이 공식적으로 개입하지 않았기 때문에 정확한 수치가 보고된 적은 없다). 사실 이 보고서는 이라크와 아프가니스탄, 파키스탄의 국민 중 목숨을 잃은 자들의 숫자에 보다 중점을 두고 있다. 보고서의 저자들은 사망자 수를 제대로 집계하기가 극도로 힘든 상황임을 감안하더라도 대략적으로 추산해 보았을 때 "대테러전에 의해 직접적으로, 또 간접적으로 목숨을 잃은 사람들은 이라크에서 100만 명, 아프가니스탄에서 20만 명, 파키스탄에서 8만 명, 도합 130만 명 가까이 되는 것으로 나타났다"고 밝혔다.

뉴스의 헤드라인은 순식간에 나타났다가 사라지며 종종 이와 같은 끔찍한 사건들이 별일 아닌 것처럼 보이게 만들어버린다. 그러나 헤드라인만으로는 (파키스탄 저널리스트 아흐메드 라시드의 말을 빌려) 무슬림 세계가 왜 '혼돈 속에 가라앉고 있는지'를 근본적으로 이해할 수 없다. 『간추린 이슬람의 역사』(2004)와 『이슬람: 간추린 역사』(제2판, 2010)는 2010년 아랍의 봄 이후의 시간들과 함께 이 책이 되어 다시 나왔다.

이슬람의
시간

이 책은 무슬림 다수국들이 냉전과 냉전 후의 지정학 속에서 오늘날까지도 식민 지배의 잔재에서 회복하기 위해 어떠한 사투를 벌이고 있는지를 집중적으로 다룬다. 이 책은 독자들에게 그 '전운' 속에서도 민주화 운동이 자라나고 있다는 사실을 알려주는 한편 오늘날 무슬림 세계 곳곳에서 발작적으로 터져 나오는 끔찍한 폭력사태들이 사실은 일련의 시민투쟁과 정치투쟁, 그리고 인권투쟁에서 비롯된 비극적인 부산물일 따름임을 설명하고자 한다.

타마라 손

차례

제4장 식민지주의와 개혁

제5장 현대의 이슬람

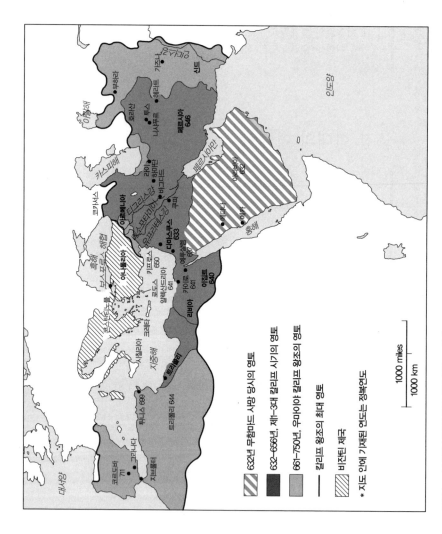

지도 1 무슬림 세계의 영토 확장 (632~750년)

출처: © Richard C. Martin, 작가의 허가 아래 재출판

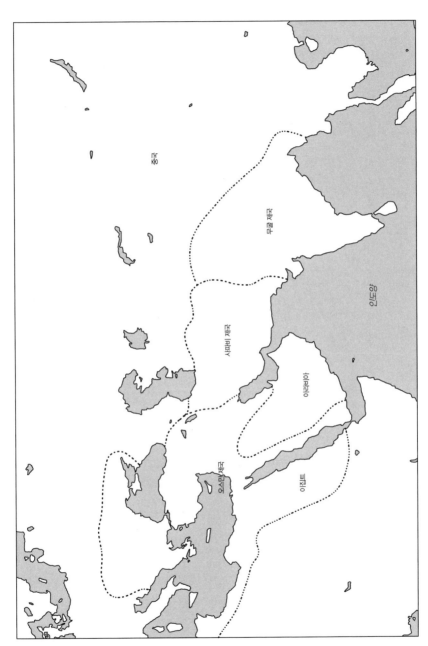

지도 2 16세기의 무슬림 세계

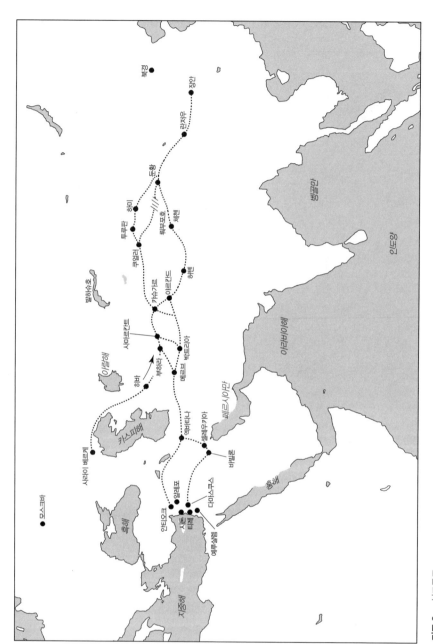

지도 3 실크로드

제1장

이상의 확립

유대인들은 그들의 종교를 유대교 혹은 유대교적 전통이라고 명명한다. 기독교인들은 보통 유대 그리스도교를 자신의 종교적 전통이라 말하는데, 이는 기독교가 유대교로부터 유기적으로 자라난 종교이기 때문이다. 같은 맥락에서 무슬림들은 스스로 이슬람교가 아브라함 계통혹은 유일신적 전통의 한 분파라고 지칭하는데 이는 그들이 유대교및 기독교와 역사, 근본적 믿음들과 가치를 공유하고 있기 때문이다. 무슬림은 유대교도와 기독교도를 자신들과 영혼의 형제라 여긴다. 이들은 모두 아흘 알 키탑^{Ahl al-Kitab}, 즉 '성서의 백성들' 혹은 '경전의 백성들'이라 할 수 있다. 일신론 사상을 가진 이들은 단 하나의 위대한 신만이 조물주이자 구세주, 그리고 인류를 위한 자애롭고 자비로운 심판자라 믿는다. '경전'은 성서에 쓰인 계시를 말하는데, 무슬림들은 모든계시는 무릇 여러 시대와 장소에 걸쳐 다양한 집단의 사람들에게 반복적으로 드러난 하나님의 뜻이라 믿는다.

쿠란

쿠란(qu'ran, 영어로 읽으면 코란)은 이슬람교의 경전으로 이슬람의 계시를 담고 있다. 아랍어로 쓰인 이 책은 밝혀진 바에 의하면 예언자 무함마드(570?-632)가 기술하였다. 쿠란이란 말은 본래 '암송'이란 뜻인데, 이는 쿠란 자체가 알라(아랍어로 '알 일라al-ilah', [유일한] 신)의 말씀이며 예언자 무함마드가 이를 암송해 사람들에게 전달했음을 나타낸다. 비록 쿠란이 기원후 7세기에서야 그 모습을 드러냈지만(혹은 하사[아랍어로 문잘 munzal]되었으나) 무슬림들은 경전의 시대를 따지는 것은 사실상 무의미하다고 믿는다. 신의 말씀인 쿠란은 신과 함께 영원한 존재다. 신과 마찬가지로 말씀은 언제나 존재해왔다. 따라서 경전은 쓰인 것이 아니라 다만 어느 날 신의 마지막 전령인 무함마드의 입을 통해 아랍어로 발현된 것이다. 쿠란은 각각의 말씀들이 계시의 신성한 원전, 즉 '보존된 명판(알 라우흐 알 마흐푸즈al-lawh al-mahfuz, 85:22)'이라고 말한다. 이슬람 세계에서는 하나님을 '의인화'하는 표현(즉, 인간의 특성에 빗대어 하나님을 묘사하는 표현)들이 단순한 상징에 지나지 않는다고 생각하지만, 쿠란은 흔히 하나님의 '의지'나 '정신'을 담고 있다고 설명한다. 그럼에도 묘사된 바와 같이, 쿠란은 영원한 것으로 여겨진다.

쿠란 속에서 예언자 무함마드는 글을 읽을 줄 모르는 사람으로 묘사되어 있지만(7:157, 62:2), '쿠란'이라는 용어 자체는 종종 '낭독'이라는 의미로 해석되기도 한다. 예언자 무함마드는 신의 전갈을 '읽기'보다는 주로 신이 그의 마음에 아로새긴 말씀을 전달하거나 암송하는 것으로 그려진다(예를 들어, 26:194). 쿠란 속에는 가브리엘(지브릴Jibril)을 '[계시를] 너의 마음에 내려줄 이'로 묘사하는 부분도 있다(2:97). 이 때문에 전통적 해석자들은 대천사 가브리엘이 무함마드에게 신의 계시를 전달해준 매개자였다고 주장한다.

쿠란 속에서 '쿠란'이라는 용어는 총 일흔 번 등장하며, 때때로 '암송' 자체를 총칭하기도 하지만 주로 '계시'를 지칭한다. 쿠란의 구절 속에서 쿠란은 스스로를 수백 번도 더 '경전(알 키탑)'이라 일컫는데, 이는 사실 토라(모세의 율법-역주)와 가스펠(신약성서의 복음서-역주)을 포함해 모든 성서를 아우르는 말이다. 따라서 무슬림들은 쿠란을 경전으로 칭하기도 하나, 보통 '신성한', '고귀한' 또는 '영광스러운' 등의 수식어를 붙여 쿠란에 대한 존경심을 표한다. 한편 무슬림들은 라마단 기간(독실한 무슬림들이 일출에서 일몰까지 금식을 행하는 달)의 후반 열흘 중 계시가 시작되었음을 기리며, 그중 하루를 권능의 밤(라일라트 알 카드르laylat al-qadr)으로 지정해 기념한다.

쿠란은 총 114장으로 이루어져 있으며 각 장은 수라(surah, 복수형은 수와suwar)라고 칭한다. 각 장의 절은 아야트(ayat, 단수형으로 아야ayah)라 한다. 한 장은 3절로 끝나는 것도 있으며 286절로 이루어진 것도 있다. 첫 번째 수라는 짧지만, 두 번째 수라부터는 긴 것부터 짧은 것으로 배열되어 있으며 시기순은 고려되지 않는다.

각 수라들은 그 숫자로 불리기도 하지만 저마다 제목을 가지고 있기도 한데, '개경장(제1수라)', '여성(제4수라)', '회개(제9수라)' 등이 그 예시다. 쿠란이 권위 있는 형태로 공표된 이후 붙여진 이 제목들은 주로 그 수라가 다루고 있는 내용을 아우른다. 제9수라 한 장을 제외한다면, 모든 수라들은 '자비로우시고 자애로우신 하나님의 이름으로'라는 구절로 시작한다. 또한 스물아홉 개의 수라에는 그 앞머리에 몇 개의 간단한 아랍어 글자가 쓰여 있는데, 오늘날까지도 그 의미는 명확하게 밝혀지지 않았다. 이에 대해 몇몇 학자들은 각 수라가 담고 있는 요소들을 나타내는 글자들이라고 주장하며, 다른 몇몇 학자들은 이것이 수라의 초기 구성요소였거나 연상 기호였을 것이라고 여기기도 한다. 한편으로는 이 글자들이 신비스럽거나 영혼적인 의미를 담고 있다고 생각하는 학자들도 있다. 그 의미가 무엇이든지 간에 이 글자들은 계시의 일부분으로 받아들여진다.

쿠란을 읽는 이라면 대부분의 이야기가 1인칭으로 쓰여 있음을 쉽게 알 수 있다('나' 혹은 '우리'가 상호 대체적으로 사용된다). 따라서 쿠란이 무함마드의 목소리를 통해 쓰였다는 점을 미루어 짐작해볼 수 있을 것이다. 하지만 무슬림들은 쿠란이 신의 목소리를 통한 말들이라 믿는다. 예를 들자면 한 구절에서는 첫 계시의 밤을 묘사하며 "신실로 하나님은 권능의 밤에 이 계시를 내리나니(97:1)"라고 쓰여 있다. 즉 하나님은 목소리를 통해 무함마드로 하여금 사람들에게 어떠한 말을 전하도록 하며 때때로 이는 특정 문제에 대한 답변이 되기도 한다. 한 예시로 사람들이 무함마드가 진정한 예언자인지 의구심을 가지자 쿠란은 사람들에게 다음과 같이 말한다. "답하라. 오 사람들이여, 실로 나는 당신의 분명한 경고자다. 믿음이 있고 선을 행하는 자에게 용서와 자비의 축복이 있나니(22:49-50)." 또한 쿠란은 무함마드에게 여러 충고를 하기도 한다. 사람들이 무함마드를 가리켜 단순한 시인이나 심지어는 점쟁이라고 몰아세우자 쿠란은 그에게 다음과 같이 말한다. "그들이 너에게 [쿠란을] 위조했다 물으니 이렇게 답하라. 내가 쿠란을 위조했다면 나의 죄는 오롯이 내게 있으나 너희가 지은 죄는 내게 책임이 없노라(11:35)." 쿠란은 또 무함마드의 노력이 헛되어 보일 때마다 그를 격려하기도 한다. "우리가 아직도 너의 마음을 열지 못하였으며 너의 등을 휘게 하는 짐을 덜어주지 못하였느냐(94:1-3)?" 또 다른 구절에서 쿠란은 사람들에게 무함마드에 관한 이야기를 직접 하기도 한다. 그가 전하는 말씀의 진위 여부에 대하여 쿠란은 사람들에게 이렇게 말한다. "[예언자 무함마드의] 마음은 거짓됨이 없더라. 그래도 너희는 그가 본 것에 대해 논쟁하고 있느냐(53:11-12)." 대부분의 쿠란 구절들은 무함마드의 목소리를 통해 사람들에게 신의 말씀을 전하고 있으며, 신을 3인칭으로 이르고 있다. 예시로 한 구절에서는 다음과 같이 쓰고 있다. "종교에는 강요가 없다. 진리는 그릇됨으로부터 구별된다. 우상을 버리고 하나님을 믿는 자 필시 끊기지 않는 단단한 동아줄을 잡았노라. 하나님은 모든 것을 들으시며 모든 것을 아신다(2:256)." 하지만 이러한 구절들은 보통 '이렇게 답하라'로 시작하는 거룩한 명령과도 같이 보다 더 긴 문장 속에 삽입된 형태로 드러나 있다.

그렇다면 쿠란은 누구를 위해 쓰였을까? 쿠란이 담고 있는 메시지는 모든 시대와 장소를 향하지만, 예언자 무함마드가 살았던 7세기경 아라비아의 사람들이 쿠란의 일차적인 독자들이었다. 그렇기 때문에 쿠란은 의도적으로 아랍어를 통해 발현되었다. 흥미롭게도 쿠란은 일신교의 경전 중 유일하게 남성과 여성 모두를 독자로 상정하고 있으며 종종 양쪽 모두에 관련된 이야기를 하기도 한다. 한 예시로 쿠란에서 신은 그 성별에 관계없이 모든 선한 자를 용서하고 풍족하게 보상할 준비가 되어 있다고 말한다.

> [신께] 복종하는 남자들과 [신께] 복종하는 여자들이여,
>
> 믿음이 있는 남자들과 믿음이 있는 여자들이여,
>
> 순종하는 남자들과 순종하는 여자들이여,
>
> 진실한 남자들과 진실한 여자들이여,
>
> 인내하는 남자들과 인내하는 여자들이여,
>
> 겸손한 남자들과 겸손한 여자들이여,
>
> 자선을 베푸는 남자들과 자선을 베푸는 여자들이여,
>
> 단식을 행하는 남자들과 단식을 행하는 여자들이여,
>
> 겸허한 남자들과 겸허한 여자들이여,
>
> 하나님을 염원하는 남자들과 여자들이여.
>
> (33:35)

그럼에도 쿠란은 인류 전체를 독자로 가정하며, 스스로를 '인류의 지침서(후단 릴나스hudan li'l-nas)'라고 지칭한다.

쿠란은 7세기 아라비아에서 22년, 혹은 23년에 걸쳐 예언자 무함마드의 입을 통해 발현되었지만 무함마드가 세상을 떠난 직후에야 글로 쓰였으며 성서로 인정받았다. 무함마드가 살아있는 동안 그를 따르

이 슬 람 의
시 간

던 자들은 그의 선언을 때때로 기록해두기도 하였으며 가끔은 그것을 속으로 외워둔 뒤 말로 전했다. 무함마드 및 하피즈(Hafiz, 쿠란을 암송하던 사람)들이 모두 세상을 떠나자 그 동료들은 쿠란이 후대에까지 전달될 수 있도록 글로 남기고자 했다. 무함마드의 절친한 친구였던 자이드 이븐 타비트(610-655)가 무함마드의 사망 직후부터 쿠란 구절에 대한 기록을 모으기 시작한 게 쿠란 성문화 작업의 시발점이다. 자이드와 더불어 명망 있는 학자 수 명은 전해져 오던 문서 및 구전 기록들에 의거하여 권위 있는 성문 쿠란을 만들고자 하였으며 예언자의 제3대 계승자(칼리프)였던 우스만 이븐 아판(?~656)이 이들에게 자문을 해주었다고 알려져 있다. 성문화 작업은 무함마드 사후 20년 동안 이어졌다. 이렇게 만들어진 성문 쿠란은 널리 복제되어 여러 무슬림 사회에 반포되었으며, 이 문서 이외 다른 종류의 쿠란 관련 기록들은 모두 파괴되었다고 알려져 있다. 고대 아랍어에서 모음을 표기하지 않았던 사실이나 다양한 지방 방언 등으로 인해 초기 성문 쿠란을 낭독하는 데 있어 서로 조금씩 다른 방식들이 여럿 생겨났다. 아랍어 체계를 통합하기 위해 9세기 말에는 새로운 아랍어 모음글자가 도입되기도 했으나, 쿠란 낭독에 있어서는 오늘날까지도 일곱 가지 방식이 정통으로 인정된다.

근대 이전까지 쿠란은 모두 필사 등 수작업을 통해 복제되었다. 첫 활자 인쇄본은 1530년 로마에서 만들어졌으며 두 번째 인쇄본은 1694년 함부르크에서 탄생했다. 한편 1834년 구스타프 플뤼겔은 유럽 최초로 쿠란의 비평 연구서를 출간하였다. 다수의 무슬림 학자들이 선호하는 1925년의 이집트 표준판과 대다수의 서구 학자들이 애용하는 1834년 플뤼겔판은 구절의 숫자를 약간씩 다르게 표기하고 있다(파키스탄판과 인도판은 주로 이집트 표준판을 따르지만 예외적으로 각 수라를 여는 첫 문장 '자비로우시고 자애로우신 하나님의 이름으로'를 제1절로 치고 있다). 각 판마다 다른 번호를 가진 구절은 채 몇 문장에 지나지 않으며, 한 구절이 어디에서 끝맺음되는지에 대해 저자들이 서로 다르게 해석했음을 보여준다.

쿠란은 아랍어로 되어 있을 때에만 진정한 경전으로 인정받는다. 따라서 무슬림들은 아랍어권 국민이 아닐지라도 모두 아랍어로 기도한다. 비록 오늘날 아랍 민족은 무슬림 인구 전체의 3분의 1에도 미치지 못하지만, 아랍어는 여전히 무슬림 세계의 통합을 상징한다. 하지만 쿠란 자체는 수많은 언어로 번역되어 출간되었다. 첫 라틴어 번역본은 12세기 프랑스 클뤼니 수도원의 수도원장 가경자 베드로의 지도에 의해 만들어졌으며 이후 16세기에 이르러 두 번째 번역본이 스위스에서 출간되었다. 쿠란의 번역(더욱 올바르게 말하자면 '쿠란의 해석')은 이제 사실상 모든 언어로 읽을 수 있으며 인터넷에서도 쉽게 찾아볼 수 있다. 하지만 쿠란을 손으로 옮겨 적는 일은 여전히 시각예술의 정수이자 정신수양의 한 방법으로 여겨진다. 수많은 무슬림들의 집에는 수작업으로 아름답게 꾸며놓은 쿠란 구절이 걸려 있는데, 이는 종이에 잉크로 쓴 것에서부터 천에 수를 놓은 것이나 나무나 동판, 석판에 조각한 것까지 다양하다. 무슬림들은 종종 쿠란의 구절을 써넣은 작은 목걸이를 걸치고 다니기도 한다. 매년 돌아오는 성지순례 시기에는 카바 신전(메카에 위치한 중앙신전으로 무슬림들이 매년 행하는 성지순례 하지의 대상이 됨)을 **감싸기 위해** 쿠란 구절을 금실로 수놓은 특별한 천을 만든다.

수많은 독실한 이슬람교도들은 쿠란의 말씀 자체가 기적적인 힘을 지녔다고 믿는다. 쿠란 구절이 적힌 조그마한 책을 지니고 다니면 병이나 사고를 피할 수 있다는 것이 통설이다. 하지만 쿠란을 경험할 수 있는 가장 흔한 방식은 역시 낭송되는 쿠란을 듣는 것이다. 쿠란을 암송하는 행위(타즈위드tajwid)는 고도로 발전된 학문이자 아주 까다로운 행위다. 무슬림 학생은 앞에서 설명했던 각기 다른 발음 및 어조의 일곱 가지 방식(끼라아quira'at) 중 하나를 외워야 하며, (아랍어 사용자가 아니라 하더라도) 그 뜻을 이해해야 한다. 또한 겸손을 비롯한 여러 가지 정신 태도에 관한 규칙을 준수해야 하며, 순수함 및 (가능하다면 메카를 바라보고 서는) 몸가짐 등을 지켜야 한다. 경건하고 올바른 쿠란 낭독을 듣는 것은 매우 중요한 일이기 때문에 쿠란 암송을 배우는 것은 전통적으로 지역사회의 의무로 여겨진다(즉, 해당 지역사회의 모든 사람들이 이를 배워야 하는 것은 아니지만 주민들에게 쿠란을 낭송해줄 충분한 숫자의 낭독자를 유지하기 위해 일정 인원은 낭송을 배울 의무를 진다).

재능 있는 쿠란 낭독자는 무슬림 세계에서 크게 존경받는다. 최근 몇 년 사이 수 명의 여성들이 쿠란 낭독자로서 손꼽히는 지위에까지 올랐다. 하지만 쿠란을 낭독할 줄 모르는 무슬림들 또한 쿠란에 손을 얹음으로써 정신적 순수의 경지에 다다를 수 있음을 보이며 성서에 대한 존경을 표할 수 있다. 정통파 유대교와 마찬가지로 이슬람에서는 피를 포함한 모든 체액을 불순한 물질로 여긴다. 따라서 무슬림은 쿠란을 만지기 전에 반드시 손을 씻어야 한다. 나아가 월경 중인 여성이 쿠란 책을 만지는 것은 전통적으로 금지되어 있다.

쿠란을 이야기할 때 가장 중요한 것은 바로 쿠란이 이슬람의 믿음 및 신앙생활의 중심점이라는 사실이다. 쿠란은 이슬람에게 기적 그 자체다. 성서 속에서 수많은 기적을 행한 예수 그리스도와는 달리, 예언자 무함마드는 쿠란을 전한 것 이외에는 어떠한 기적도 일으키지 않았다. 무슬림들이 예언자 무함마드를 전적으로 추앙하며 그에 대한 사랑과 존경을 표하는 동시에 다른 이와 견줄 수 없는 모범적 인물로 떠받들기는 하지만, 그가 이슬람교 내에서 가지는 위상은 예수 그리스도가 기독교 신앙에서 차지하는 지위에는 한참 못 미친다. 대신 쿠란이 그 자리를 점한다. 쿠란 속의 이야기에서 사람들은 무함마드에게 그가 행하는 예언의 진위 여부를 증명하라며 다른 예언자들이 하는 것처럼 어떠한 기적을 보이라 요구하는데, 이때조차 무함마드는 그저 경건하게 쿠란의 한 구절을 읊었을 뿐이다. 그 언어의 절묘한 아름다움과 내포된 숭고한 메시지는 그 무엇과도 견줄 수 없으며 따라 할 수조차 없는 것으로 간주된다.

이러한 믿음은 쿠란의 모방 불가능성을 강조하는 교리(이자즈 i'jaz)로 연결된다. 기독교인이 예수 그리스도의 생을 기적적인 것이자 종교의 기반으로 삼는 것과 마찬가지로 무슬림들은 쿠란을 이슬람교의 초석으로 여긴다. 무슬림들은 하루에 다섯 번(일출과 낮, 오후, 일몰, 그리고 저녁 시간) 기도한다. 각각의 기도에서는 쿠란 구절을 특정한 순서와 횟수로 반복해서 암송한다(아침 기도에는 두 번, 저녁 기도에는 네 번까지 반복하기도 한다).

신자들은 개인적으로 추가 기도를 할 수는 있으나 이 역시 쿠란에 기초한 것이어야 한다. 금요일 낮의 집단 기도는 다른 때와 같은 방식으로 쿠란을 암송하지만 주로 쿠란의 주제에 관한 설교(쿠트바khutbah)가 추가된다. 단식을 행하는 신성한 한 달인 라마단 기간에 독실한 무슬림들은 쿠란 전체를 낭독하는데, 이를 위해 성서를 총 서른 부분으로 나누기도 한다.

쿠란 및 다른 성서들

쿠란은 쿠란 이전에 존재하였던 여러 일신교적 성서들을 참조하고 있는데, 밝히고 있는 것만 해도 토라, 구약성경의 시편, 복음서 등이 있다. 무슬림들은 쿠란이 다른 성서의 내용을 거듭 확인하며 완성시키면서, 그 속에 담긴 진리를 기억하고 존경하기를 사람들에게 촉구한다고 여긴다. 실제로 쿠란은 독자들이 이와 같은 성서들의 내용을 이미 잘 알고 있음을 가정한다. 따라서 쿠란은 성서들 속에 등장했던 역사적인 이야기를 직접 서술하지는 않는다. 대신 쿠란은 유대교인이나 기독교인들에게 익숙한 인물 혹은 사건들을 차용하여 여러 도덕적, 신학적인 이야기를 풀어놓는다. 그 결과 쿠란에는 아담과 노아, 아브라함, 이삭, 이스마엘, 야곱, 모세와 예수 등의 인물들이 빈번하게 등장하면서도 시대순과는 상관없이 기술되었다.

쿠란은 스스로 그 종교를 '알딘al-din'이라 칭하는데, 이는 아브라함의 복종으로 대표되는 신과 인류 사이의 성약에서 시작되는 일신교적 전통을 아우르는 말이다(흥미롭게도 알딘의 '딘din'은 종종 '종교'로 번역되지만 실제로는 '심판'을 의미한다. 그 예시로 쿠란에서 등장하는 '욤 알딘yom al-din'이라는 용어는 '심판의 날'을 의미한다. 히브리어로 된 이 단어는 '의무'나 '빛', 그리고 '법도' 등의 의미와도 관련이 있다). 아담을 첫 번째 선지자로 보는 시각도 있는데, 이는 (유대교나 기독교 성서에서 등장하는 이야기와 똑같이) 아담과 이브가 에덴동산에서 겪었던 일을 통하여 신이 특정 목적을 가지고 인간을 창조했음을 알 수 있기 때문이다. 인간은 그 목적을 달성하기 위해 하나님의 뜻에 복종해야 하며, 그렇지 않을 경우 고통과 벌을 받게 된다. 하지만 인물이 전달하는 메시지의 깊이로 보았을 때 아담보다는 아브라함이 첫 번째 주요 선지자로 간주된다.

아브라함의 이야기는 일신교적 종교의 신자들에게는 무척이나 익숙한 것이다. 이라크 지역의 나이 지긋한 목자였던 아브라함은 오랫동안 후손을 갈망하고 있었다. 신은 아브라함에게 아이를 내려주었지만 대신 훗날 그 사랑하는 아들을 죽임으로써 신에 대한 복종을 보이라고 명하였다. 마지막 순간에 신이 아브라함의 아들을 살려주기는 하였으나, 신의 명령을 피하지 않고 스스로 희생하고자 했던 아브라함의 정신은 신과 인간 사이에 깊은 연결고리를 만들어주었다. 하나님은 신의 명령에 복종하는 자라면 누구에게나 영원한 보상을 내려줄 것을 약속하였는데, 여기서 신의 뜻에 따르는 자를 가리켜 '무슬림'이라고 하였다. 마찬가지로 신은 의도적인 불복종에 대한 벌도 함께 약속하였다.

한편 아브라함이 어떤 아들을 희생하고자 했느냐는 문제에서 무슬림과 유대인 사이의 가장 큰 차이점 중 하나가 드러난다. 쿠란이 명시적으로 드러내고 있진 않지만, 무슬림들은 아브라함이 이삭이 아닌 이스마엘을 희생시키고자 했다고 믿으며 따라서 자신들 스스로를 아브라함과 이스마엘, 그리고 그의 어머니 하갈의 후손으로 여긴다.

또한 이슬람에 따르면 아브라함의 희생은 그만의 개인적인 일이었기 때문에 후세대는 아브라함의 행동으로만 상을 받을 수 없다. 인류의 조상인 아브라함은 우리가 본받고 따라야 할 인물이긴 하나, 개개인의 상급은 자기 스스로가 신의 뜻에 복종함으로써 얻어내야 한다.

> 성서를 받은 이들이 그를 올바르게 따르고자 할 때 그들이야말로 믿음을 가진 이들이며, 이에 불신을 가진 자 멸망하리라.
>
> 이스라엘의 자손들이여, 너희에게 베푼 나의 은혜와 너희를 다른 백성 위에 두었던 나의 은혜를 기억하라.
>
> 어느 누구도 서로가 서로에게 유용하지 않고 어떤 보상도 수락되지 않으며 어떤 중재도 효용이 없고 어떤 도움도 받을 수 없을 그날을 두려워하라.
>
> 주님이 명령으로 아브라함을 시험할 때 그는 그것들을 이행하였으니 하나님이 말씀하사 내가 너를 인류의 지도자로 임명하노라. 아브라함이 가로되 저의 후손으로부터 지도자들이 있을 것입니까 물으니 하나님이 말씀하사 나의 약속은 우매한 자를 포함하지 않으리라 하시더라.
>
> (2:121-124)

다시 말하자면 어떠한 희생을 이룬 이가 집단에 속해 있다고 하여 그 집단 모두에게 구원이 보장되지는 않는다는 것이다. 쿠란에서는 선을 행함으로써 신의 뜻에 따르고자 하는 이슬람의 순종만이 상급을 가져다줄 것이라고 말한다. 그럼에도 불구하고 무슬림 역시 아들을 희생하고자 했던 아브라함의 행동이 큰 의의를 가진다는 점에 동의한다. 신의 말씀에 대한 복종을 여실히 보여줌으로써 하나님과 그를 섬기는 자들 간의 근본적인 성약을 만들어냈다는 것이다. 유대교인과 무슬림들은 모두 아브라함의 자손이며 동시에 이 성약의 계승자들이다.

하나님의 말씀을 전했던 또 다른 위대한 선지자 모세를 통해 전해진 토라 역시 쿠란 속에 잘 드러나 있다. 쿠란 속에서 토라는 총 열여덟 번에 걸쳐 언급되며, 믿음이 있는 자들로 하여금 그 율법을 따를 것을 계속해서 상기시키고 있다.

실제로 쿠란은 토라를 묘사하며 "내 이전에 구약의 율법이 있었음을 확증하고(3:50)" 신자들에게 "구약의 율법을 가져와 읽어보라(3:93)" 말하기도 한다. 신자들은 정직하고 너그러우면서 궁핍한 자들에게 베풀 줄 알아야 하고, 단식을 행하며 식습관에 관한 금기사항을 지키면서 결국 신을 섬기고 신의 피조물에 대해 존경을 표할 것이 요구되는데 이는 모두 토라에 명시된 것들이다.

무함마드 이전에 존재했던 마지막 위대한 선지자는 바로 예수 그리스도다. 예수는 쿠란에 총 스물다섯 번 등장하면서 '메시아(이 말의 뜻은 명확하게 밝혀지지 않았다)', 성모의 아들, 또는 신의 위대한 뜻을 품은 아이로 불린다. 예수가 전한 말씀인 복음은 모든 선지자들이 전한 말씀들 속에서 다시 한 번 확인되며 그 맥락을 공고히 한다. 무함마드의 입을 통하는 쿠란에서 신은 노아와 아브라함, 모세, 그리고 예수에게 단 하나의 종교(딘)를 계시하였음을 밝히며 "[참된] 종교에 충실하고 그 안에서 분열하지 말라(42:13)"하였다. 하지만 쿠란은 예수를 신의 아들이자 삼위일체의 일부로 여기거나 예수 자체를 섬기는 일은 잘못되었다고 말한다.

> 성서의 백성들이여 너희 종교의 한계를 넘지 말며 하나님에 대한 진실 외에는 말하지 말라. 실로 예수 그리스도는 마리아의 아들이자 하나님의 선지자로서 마리아에게 말씀이 있었으니 이는 주님의 영혼이었노라. 하나님과 선지자들을 믿되 삼위일체설을 말하지 말라. 너희에게 복이 되리라. 실로 하나님은 단 한 분이시니 그분에게는 아들이 있을 수 없노라. 천지의 삼라만상이 그분의 것이니 보호자는 하나님만으로 충분하니라.
>
> (4:171)

하지만 쿠란은 다른 선지자들과 마찬가지로 예수가 전하는 말씀 역시 진정한 것이며, 유대인이 예수의 말씀을 받아들이지 않는 것도 잘못된 것이라고 말한다.

무함마드는 신의 뜻을 전하기 위해 세상에 보내진 마지막 예언자로 그려진다. "모세가 사람들에게 가로되, 백성들아 내가 하나님의 선지자임을 알지 않느냐 어째서 나를 해치려 하느냐. (중략) 성모 마리아의 아들 예수가 가로되, 이스라엘 자손들이여 실로 나는 너희에게 보내진 선지자이니 내 앞에 온 율법을 확증하고 내 후에 올 선지자의 복음을 전하노라. 그의 이름은 아흐마드이니라(61:5-6)." (아흐마드란 무함마드와 같은 기원을 가진 이름으로 여기에서는 예언자 무함마드를 말한다. 무슬림은 무함마드의 출현을 예고한 부분이 기독교적 텍스트에서 삭제되거나 잘못 해석되었다고 믿는데, 그 예시로 요한복음 16장 6-15절을 들 수 있다.)

이와 같이 무함마드 이전의 시대에도 하나의 신만이 존재한다는 믿음은 여러 말씀들에서 명확하게 드러나 있었으나, 쿠란은 성서를 받드는 사람들이 이에 대해 혼란스러워했다고 말한다(42:14). 그것이 무지로 인한 것이었는지 아니면 의도적으로 메시지를 곡해함에서 비롯되었는지는 알 수 없으나 수많은 유대인들과 기독교인들은 서로가 진실을 말하고 있다고 주장하며 대립해왔다. 실제로 쿠란은 유대교와 기독교가 서로를 거부하는 행태를 크게 꾸짖는다. "유대인들은 기독교인들이 진실이 아닌 것을 따르고 있다 말하고, 기독교인들은 유대인들이 진실이 아닌 것을 따르고 있다고 말하며 서로 같은 성서를 읽고 있노라(2:113)." 모든 사람들의 운명은 심판의 날 하나님의 손에 의해 결정될 것이며, 이때 하나님은 모든 사람들의 행실을 정의의 저울 위에 올리실 것이다. 따라서 참된 믿음을 선행으로 증명해왔던 이들이라면 "두려움도 슬픔도 없을 것이다(2:112)."

쿠란에 따르면 기독교인과 유대인 간의 갈등은 그들이 성서를 올바르게 이해하게 될 때 사라지며, 나아가 그들은 지금까지 드러난 것들에 대해 쿠란이 진정한 확증을 주고 있음을 깨닫게 될 것이다. "이것은 축복받은 성서로서 그 이전에 있었던 말씀을 확증하노라(6:92)", "쿠란은 이스라엘의 자손들이 서로 의견을 달리 하는 것들에 대해 이야기하고 있노라. 실로 이것은 믿는 자를 위한 길이요 은혜라(27:76-77)."

여기서 일신교 전통 간의 연속성이 다시 한 번 단언된다. 쿠란은 유대교나 기독교에서는 찾아볼 수 없는 선지자들도 여럿 소개하고 있다. 한 예로 아랍인 선지자 후드는 그의 이름을 딴 제11수라에서 마을 사람들에게 신을 따를 것을 경고한다. 이를 거부한 그 마을 사람들은 뒤이어 또 다른 선지자 살리가 하는 말까지 무시했다가 결국 비극적인 최후를 맞이하게 된다. 이와 비슷하게 선지자 슈아이브를 외면했다가 화를 면치 못했던 미디안 사람들의 이야기 역시 쿠란에 담겨 있다. 이 이야기들은 모두 하나님의 말씀을 피하는 것이 곧 스스로 파놓은 구덩이에 빠지게 되는 길임을 말하고 있다. 쿠란은 아담에서부터 무함마드까지 스무 명이 넘는 선지자를 소개하면서 "예언자들 간에는 아무런 차이가 없노라(2:136, 3:84)"라고 말하는데, 이는 그들이 전하는 말씀들이 모두 일맥상통하는 진리임을 천명한다.

사실 쿠란은 신이 각 나라마다 선지자를 내려주었다고 말한다("모든 민족에게 선지자가 보내어졌노라[10:47]", "하나님이 각 민족에 선지자를 보내었으니 [16:36]" 16:63 및 35:24 또한 참조). 쿠란은 어떤 선지자들은 다른 선지자들보다 탁월한 인물이었음을 밝히는데(2:253) 이는 보통 율법이나 책을 남긴 자들, 또는 역사에 커다란 변혁을 일으켰던 선지자들을 가리킨다. 하지만 선지자들이 전하는 말씀은, 하나님의 뜻을 행하는 자에게 보상이, 그렇지 않은 자에게 벌이 내려질 것을 말한다는 점에서 본질적으로 모두 같다. 쿠란은 무함마드의 계시 또한 이와 같은 전통의 일체임을 밝힌다.

그분은 노아에게 내려진 종교를 너희를 위해서 확립하였나니 그분이 그대에게 계시한 것이라. 또한 그분은 아브라함과 모세와 예수에게도 명령하여 그 종교에 충실하고 그 안에서 분열하지 말라 하셨노라.

(42:13)

쿠란은 아브라함의 종교 역시 뿌리가 같음을 밝히며 신자들에게 이를 유의할 것을 당부한다.

그들이 말하길 "유대인이나 기독교인이 되어라. 그러하면 너희가 옳은 길로 인도되리라." 일러 가로되 "우리는 가장 올바른 아브라함의 종교를 따르노라. 그는 우상숭배자가 아니었노라."
말하라. "우리는 하나님을 믿고 우리에게 계시된 것과 아브라함과 이스마엘과 이삭과 야곱과 그리고 그 자손들에게 계시된 것과 모세와 예수가 계시받은 것과 선지자들이 그들의 주님으로부터 계시받은 것을 믿나이다. 우리는 그들 어느 누구도 선별치 아니하며 오직 그분에게만 순종할 따름이라."

(2:135-136, 26:196-197 참조)

쿠란은 스스로가 하나님의 말씀을 전하는 마지막 천명임을 밝힌다. 무함마드가 전하는 말씀을 들은 이들이야말로 "가장 좋은 공동체의 백성이니 계율을 지키고 악을 배제할 것이며 하나님을 믿으라(3:110)"고 한다. 또한 '성서의 백성들', 즉 앞에서 살펴보았던 '성서를 받은 이들'은 진정한 예언자를 찾기 위해 고뇌하게 될 것이라 말한다. "그들

가운데는 진실한 믿음을 가진 자도 있었지만 그들 대부분은 사악한 자들이라(3:110)"고 쿠란은 말한다. 쿠란은 신의 뜻이 완벽하게 드러난 표상이며 다른 것을 덧붙일 필요조차 없다. 쿠란은 무함마드의 역할이 마무리되었음을 다음과 같은 구절로 말한다. "오늘 너희를 위해 너희의 종교를 완성했고 나의 은혜가 너희를 충만하게 하였으며 이슬람을 너희의 신앙으로 만족케 하였노라. 굶주림에 시달려 죄를 저지른 사람일지라도 (중략) 하나님의 관용과 자비를 받을 것이다(5:3)." 따라서 쭉 이어져 내려오던 예언자의 계보는 무함마드를 마지막으로 끝나게 된다. 쿠란은 무함마드를 가리켜 '최후의 예언자'라 칭한다(33:40).

이와 같이 쿠란은 유대교와 기독교의 성서를 되새기며 확증하고 그 말씀들을 완성한다. 쿠란은 새로운 종교를 창시하려 했다기보다는 오히려 유일신을 섬기는 종교들의 진정한 통합을 추구했다. 쿠란 전체에서 단 여덟 번 사용되는 용어 '이슬람'은 진정한 하나의 종교를 지칭한다. 그러나 이 '이슬람'이란 단어는 신의 뜻에 복종하는 일련의 행위를 가리키는 것이지, 다른 일신교도적 전통들로부터 구별되는 조직적인 종교 체제를 말하는 것이 아니다. 이와는 대조적으로, 인류의 역사 속에서 여러 차례 나타나는 진정한 일신교를 가리키는 단어 '딘'은 코란 전체에 걸쳐 아흔 번이 넘게 등장한다. 무슬림은 쿠란이 다른 성서들의 오류를 지적하긴 하나, 결국에는 유대인과 기독교인, 그리고 무슬림이 목표와 정의를 공유하며 서로 화합하여 영원한 보상을 얻고자 노력하기를 촉구한다고 믿는다. "성서의 백성들이여, 하나의 말씀으로 모여 하나의 주님만을 경배하리라(3:64)."

쿠란의 주제들

쿠란에서 하나님이 모든 민족에게 계시를 내려주었음을 밝히고 있으며, 그 계시에 이미 의례절차와 율법이 포함되기 때문에 무슬림들은 각 사회가 제각기 다른 종교적 활동과 인식을 형성한다는 것을 어렵지 않게 받아들인다. 쿠란은 또한 만약 하나님이 모든 사람들이 똑같은 방식으로 존재하길 바랐다면 애당초 그렇게 창조했었을 것이라고도 말한다. "하나님은 너희 각자에게 율법을 주었나니 하나님의 뜻이라면 너희에게 공동체를 형성케 하려 함이라. 그러나 그분은 [너희가 각자의 모습으로 존재하는 바] 너희에게 준 것으로 너희를 시험하려 함이니. (중략)" 따라서 종교 간 나타나는 차이점들은 하나님의 계획에 포함되어 있는 일이다. 쿠란은 모든 사람들이 무슬림과 함께 하나님의 뜻을 행하는 데 동참하기를 촉구한다. 그 구절을 그대로 옮기자면 다음과 같다. "그러니 서로 선행에 경주하라(5:48)."

개인 간, 공동체 간의 연대는 하나님의 뜻을 받드는 행위라는 점에서 쿠란의 전반적인 주제가 된다. 또한 쿠란은 무슬림 공동체가 지켜야 할 구체적인 규율을 밝히고 있는데, 여기에는 순결과 기도, 자선, 단식과 식습관에 관한 금기사항들, 그리고 성지순례 등이 있다. 하지만 대부분의 쿠란 구절들은 이렇게 상세한 규율을 명시하기보다는 올바른 도덕적 방향을 제시하는 데 치중한다. 앞에서 설명했다시피, 쿠란은 토라 및 복음과 더불어 자신을 '인류의 지침서'로 지칭한다(예를 들어, 3:4). 이 지침은 수 개의 서로 중첩되는 주제들로 설명되어 있다.

쿠란의 근본적인 주제는 유일신 사상, 즉 타우히드tawhid다. 아랍어의 '하나'를 뜻하는 단어에서 비롯된 이 용어는 쿠란 속에서 그다지 많이 등장하지는 않지만(다만 같은 개념을 뜻하는 다른 단어들은 수차례 등장한다) 그 몇 번으로도 유일신에 대한 강렬한 주장을 깊이 있게 담아낸다. 이 단어는 무엇보다도 세상에는 오직 유일한 하나님, 알라신al-ilah만이 존재함을 밝힌다. 메카인들이 숭배했던 다른 어떤 우상도 사실 신성하지 않다는 것이 쿠란의 주장이다. 그러한 우상들은 인간의 삶에 조금도 도움이 되지 않는다. 하나님은 그 어떤 파트너도 두지 않는다. 다른 누군가를 그의 자리에 대리로 세우거나 관련짓는다면(쉬르크shirk) 인간으로서 두 번 다시 행복을 찾지 못할 것이다. 또한 하나님은 나뉨 없이 단일한 존재이다. 앞에서 설명했던 바와 같이, 쿠란은 하나님을 삼위일체의 일부로 보는 기독교의 주장이 틀렸다고 말한다(4:171, 5:73 참조). 하지만 근대의 이슬람 사상가들에 따르자면 타우히드라는 개념은 단순한 유일신 사상을 뛰어넘는 것이다. 신은 오로지 하나님만이 존재하기 때문에 모든 인류의 창조자 하나님, 공급자 하나님, 수호자, 안내자, 그리고 인류의 심판자 하나님 또한 오로지 한 분이다. 모든 인류는 하나님에게 완전히 의존한다는 점에서 동등한 존재들이며, 그 의존성을 깨닫고 그에 충실하게 사는지에 따라 삶의 질이 결정될 것이다. 이는 곧 하나님의 의지와 하나님이 만드신 법도 모두를 깨닫는 일이다. 이집트의 무함마드 압두(1849-1905), 무슬림 형제단의 이데올로기를 주창한 사이드 쿠틉(1906-1966), 그리고 이란의 혁명적 지도자였던 아야톨라 호메이니(1902-1989)와 같은 근대의 이슬람 해석가들은 무슬림이 사회를 신의 뜻에 맞게 재건해야 한다는 것이 타우히드의 진정한 의미라고 주장한다. 타우히드를 기반으로 한 사회는 모든 것들이 창조된 그대로의 존엄성과 평등을 유지할 수 있도록, 또 그것들을 고려하여 사회 구성원들이 신을 섬기는 데 몰두하는 사회다. 하나님의 뜻에 대한 이슬람식 복종은 현재의 삶뿐 아니라 내세의 행복까지도 위하는 길이다.

쿠란은 타우히드식 삶에 대한 상세한 논의를 담고 있는데, 여기서 쿠란의 또 다른 주요 주제인 자비 혹은 연민이 등장한다. 쿠란 속에서는 지옥의 체벌을 생생하게 묘사하며 하나님의 뜻을 따를 것을 경고하는 이야기가 자주 등장하긴 하지만, 그럼에도 쿠란이 무엇보다 강조하는 것은 바로 하나님이 베푸는 자비다. '자비로운 자'라는 뜻의 알라흐만al-rahman은 하나님을 부를 때 '알라'만큼이나 많이 사용되는 단어다. 앞에서 살펴보았듯이 한 장을 제외하면 모든 쿠란의 수라들은 '자비로우시고 자애로우신' 하나님을 부르며 시작한다. 하나님의 자비는 곧 하나님의 용서와 직결된다. 결론적으로 우리는 '주님은 너그러우시고 자비로우시다'는 관용구를 흔히 찾아볼 수 있다. 또한 쿠란은 하나님의 뜻을 무시하는 자들에게 화가 뒤따를 것을 엄중히 경고한다. "뒤에서 중상모략을 일삼는 자에게 재앙이 있을지니 그는 재산을 모아 계산에 열중하며 그 재산이 현세에서 그를 영원케 하리라 생각하도다. 그러나 그렇지 아니하니 그는 지옥에 던져지리라(104:1-6)", "그대는 신앙을 조롱하는 자를 본 적이 있느냐. 그는 고아를 학대하고 불쌍한 자에게 먹을 것 하나 주지 아니하는 자다. 위선적인 기도를 행하는 자들에게 재앙이 있으리라. 그들은 [기도하는 듯] 보이나 자선을 베풀지 아니하는 자들이라(107:1-7)."

쿠란은 사람들에게 경각을 울리는 한편으로 인간 본성이 가지는 나약함에 대해 연민을 드러내기도 한다. "실로 인간은 침착하지 못한 존재로 창조되었다. 재앙이 이를 때면 걱정이 넘실대고 행운이 찾아들 때는 인색해하더라(70:19-21)." 쿠란은 이러한 맥락에서 용기와 조언 또한 준다. "주님이 인간을 시험 삼아 그에게 명예와 은혜를 베풀면 이것은 주께서 내게 영광을 주시었노라 하더라. 하지만 하나님이 그를 시험 삼아 살 길을 옥죄실 때면 주께서 나를 처량하게 만드시도다 말하고 있으나 그렇지 아니함이라. 너희는 고아들에게 은혜를 베풀지 아니했으며 가난한 자를 도우려 일하지 아니했으며 [다른 이들의] 유산을 탐하고 오만하게 재물만을 사랑하였노라(89:15-20)."

> 너희가 배에 타 있고 순풍을 타고 항해할 때 그리고 [배에 탄 이들이] 기뻐할 때, 그리고 그 후 폭풍우가 불고 사방에서 파도가 들이쳐 가라앉겠노라 생각될 때 예를 갖추어 하나님께 구원을 구하노니 만일 당신이 저희를 구하여 주신다면 저희는 진실로 감사하겠노라 [말하더라]. 하지만 하나님이 그들을 구제하시니 실로 그들은 지상에서 하나님을 욕되게 하노라. 사람들이여 너희의 악덕은 너희 스스로를 해칠지어니!
>
> (10:22-23)

쿠란은 인간 본성에 대한 이러한 이해를 바탕으로 하나님이 자비롭고 자애로운 존재임을 끊임없이 되새기고 있다. "나의 자비가 모든 것을 포용하나니(7:156)", "모든 사람의 영이 자신이 행하였던 선과 악에 마주할 그날 사람들은 [악으로부터] 굉장한 거리가 있기를 바랄 것이라. 하나님은 그의 종복들에게 은혜로 충만하심을 알고 있으라. 일러 가로되 너희가 하나님을 사랑한다면 나를 따를 것이라. 하나님께서 너희를 사랑하사 너희의 죄를 사하여 주시니 하나님은 용서와 자비로 충만하시니라(3:30-31)."

이와 같이 쿠란은 사람들이 정의로운 사회를 구현하는 데 모방할 수 있는 모범적인 존재를 그리고 있다. '연민을 가진' 혹은 '자비를 행하는'과 같은 단어(라마rahma)는 쿠란 속에서 다양한 형태로 수백 번에 걸쳐 등장한다. 사람들은 부모에게 상냥하되 그들을 섬겨야 하며(19:14, 19:32) 심지어는 그들의 부모가 실수를 저질렀을 때조차 신에게 용서를 구해야 한다(60:4). 메카 사람들이 무함마드와 그의 추종자들을 거부하며 박해하고 고향에서 내쫓기까지 하였으나, 무슬림들은 이러한 행위에 동참하지 않았던 다른 선량한 메카인들에게 친절과 정의를 보여야 함을 가르치는 구절도 있다. 하지만 쿠란은 무엇보다도 사회 저변에 있는 가장 취약한 자들에게 자비를 보여줄 것을 강조한다. 쿠란은 자주 고아를 언급하며 그들을 보살피고 보호하라고 명한다. 고아가 누리는 복지는 곧 사회와 사회 구성원 모두의 신앙심을 판가름할 척도이기 때문이다. 예를 들어, 사람들이 무함마드에게 고아에 대해 물을 때 쿠란은 다음과 같이 답하라고 말한다. "그들을 위한 [생활의] 개선은 커다란 선행이다(2:220)."

이슬람의
시간

진정한 신앙이란 하나님과 종말의 날을 믿으며, 천사들과 성서와 선지자들을 믿으며, 친척들과 고아들, 가난한 자들과 여행자들, 구걸하는 자들과 노예를 해방시켜준 자에게 자선을 베풀되 섬기며, 기도하고 자카트(zakat, 이슬람세-역주)를 내는 것이노라. 또한 약속을 충실히 이행하고, 불운과 고통과 역경을 인내하는 것이 진정으로 신실한 자들이며 의로운 사람들이라.

(2:177)

흥미롭게도 쿠란은 고아를 보살핀다는 맥락에서 일부다처제를 용인한다. 제4수라 니싸아(여성)에서 사람들은 고아와 그 양육자의 권익을 보호하기 위하여 노력해야 하며 만일 필요하다면 그들과 결혼해야 한다는 이야기가 등장한다. 전쟁과 가난이 사회를 좀먹고 있던 7세기 아라비아에서 고아는 너무나 흔했으며, 그중에서도 여성 고아들은 심각한 위험에 처해 있었다. 당시의 아라비아는 여성이 결코 경제적으로 독립할 수 없었던 사회였기 때문이다. 부를 상속받지 않는 이상 여성은 남성에게 전적으로 의존해야만 했다. 여성을 향한 사회의 잔혹한 부조리 때문에 여성 영아살해 또한 흔하게 발생하였다. 사람들은 아이들을 먹여 살리지 못할 것을 우려하는 동시에 여성을 향한 존중이라곤 가져본 적이 없는 자들의 농간에 놀아나게 될 것을 두려워하며 여자아이들을 죽였다. 쿠란은 여성에 대한 보호를 논하며 여성 영아살해를 금지한다. 아이를 낳았을 때 아들이 아니라 딸이라고 슬퍼하는 자들 역시 강하게 질책한다. 실질적인 수준에서 쿠란은 여자아이들 또한 상속을 받아야 한다고 말하며(4:7) 한편으로는 결혼식에서 오가는 전통적인 지참금은 신부의 부모님에게 '신붓값'으로 지불되는 것이 아니라 오로지 신부를 위한 선물임을 밝힌다(4:4). 쿠란은 또한 남성과 여성이 마땅히 받아야 할 임금에 대한 동등한 자격이 있다고 주장한다. 쿠란은 메디나 사회의 고아들을 거론하며 남성들이 그들을 공정하게 대해야 한다고 말하는데, 만일 그 고아들이 적당한 대우를 받지 못하고 있다고 생각될 때에는 그들과 결혼해서라도 그들을 보호해야 하며 모든 아내들을 치우침 없이 대할 수 있다면 최대 네 명의 아내까지 둘 수 있다고 한다. 만약 아내들 중 하나에게라도 소홀히 대하게 될 것 같다면 그들은 단 한 사람의 아내만을 두어야 한다(4:3). 이 구절들은 약자를 위한 자비와 여성 평등에 더 초점을 두고 있지만 고전적인 해석자들은 이를 단순히 남자가 네 명의 아내를 둘 수 있는 것으로 해석하였다. 현대적인 해석자들은 다시금 사회정의에 초점을 맞추면서 결혼을 논할 때 상호 만족스러운 결혼생활에 대한 쿠란의 높은 이상을 포함하고자 한다. 부부라는 것은 하나님이 서로 안식을 얻게 하고자 만든 존재이며 따라서 '사랑과 친절로' 묶여 있는 존재라고 쿠란은 말한다(30:21). 수많은 현대의 해석자들은 결과적으로 쿠란이 일부일처제를 옹호하는 한편 특수한 상황에서만(예를 들자면 7세기 아라비아에서만) 일부다처제가 예외적으로 허용된다고 말하는 것으로 본다. 그들은 쿠란이 인간 평등을 강조하기 위해 일부다처제 이야기를 꺼내면서 여성을 보호하기 위해 이 같은 조치가 필요 없는 사회를 만들어야 한다고 말하는 것으로 해석한다.

쿠란은 노예제도 역시 이와 비슷한 맥락으로 다루고 있는데, 노예를

이슬람의
시간

해방하는 일은 굶주린 자를 먹이는 일이나 고아를 돌보는 일과 더불어 도덕적으로 매우 중요하다고 말한다(90:13-17). 노예를 해방시키는 일이나 굶주린 자를 돌보는 일은 죄를 용서받기 위해 행하는 일 중 하나로 여겨진다(5:89).

쿠란이 각별히 신경 쓰는 또 하나의 계층은 빚을 지고 있는 사람들이다. 자선은 채무자를 돕기 위해 생겨난 것이며 사람들은 자선의 일환으로 그들 앞에 달린 채무를 탕감해주어야 한다. 쿠란은 특히 7세기 아라비아에서 크게 성행했던 고리대금업이 없어져야 한다고 말한다. 이슬람교가 있기 이전의 기록들은 당시의 이자율이 상상을 초월하는 정도였음을 말해준다. 쿠란은 따라서 고리대금업을 금하며, 고리대금업자들이 "영원한 지옥의 불구덩이에서 고통받으리라(2:275)"라고 예언하고 있다.

쿠란은 가난한 자들에 대한 보살핌 역시 크게 강조하면서, 기도는 열심히 하지만 '그 기도 내용에 연연하지 않는 자들' 혹은 기도를 행하면서도 '고아를 험하게 다루고 가난한 자를 먹일 줄 모르는 자들'을 규탄한다. 쿠란의 말에 따르면 이러한 자들은 신앙에 대한 조롱을 일삼는 것이나 마찬가지다(107:1-7). 쿠란에 따르자면 기도나 다른 종교의례가 신자의 의무라는 것은 하나님을 섬기기 위해서임은 물론이며, 나아가 한 사람이 애초에 왜 존재하게 되었는지를 되새겨보고 삶의 모든 면에서 하나님의 뜻을 충족시키기 위해 노력하는 동기가 되기 때문이기도 하다. 예를 들자면 쿠란은 사람들이 육신을 희생시킨다 해서 그것이 하나님께 전달되는 것은 아니라고 말하는데, 이는 그러한 종교의례가 하나님이 아니라 그 자리에 참가한 신자를 위한 것이기 때문이다. "그들의 살점과 피는 하나님에게 도달하지 못하겠지만 너의 고결한 의는 하나님께 도달할 것이라(22:37)." 같은 맥락에서 죄 자체가 하나님을 해하는 것은 아니며, 다만 죄를 지은 자와 그 공동체를 해할 뿐이다. "무함마드는 그를 앞서 떠나갔던 다른 이들과 마찬가지로 단순히 전령에 지나지 않노라. 만일 그가 죽거나 죽임을 당하거든 너는 [그가 전한 말씀들을] 거부하겠느냐? 그리하는 자들은 하나님을 해치는 것이 아니니 하나님은 감복하는 자들에게 상을 내리시리라(3:144)." 의례적인 기도나 희생 그 자체가 아니라 진리를 추구하는 삶과 그를 바탕으로 선행을 베푸는 것이 가장 중요한 일이라는 이야기다.

> 용서를 위한 겸손한 말 한마디는 무리해서 행하는 자선 행위보다 더 나은 것이라.
> 하나님은 완전무결하며 자비로우시다. 믿음을 가진 자들이여 네가 베푸는 자선을
> 스스로 모욕하거나 헛되게 하지 말라. 이는 곧 사람들에게 보이기 위해서 자선을
> 베푸는 것과 같으며 이는 하나님과 심판의 날을 믿지 않는 것과 같도다.
>
> (2:263-264)

이와 같이 자선은 쿠란의 세계관에서 매우 중요한 위치를 차지한다. 쿠란은 '하나님은 자선을 베푸는 자를 크게 치하할 것'이라며 요셉의 이야기를 꺼낸다(12:88). 자선은 보통 죄를 면하는 한 방법으로 묘사된다. 쿠란은 보복에 대한 성서의 윤리를 차용하여, 법적인 제도나 체제가 부족한 사회에서 자선과 자비는 사회질서를 유지하기 위한 표준적

인 방법이며 어떠한 일에 대해 앙갚음을 하지 않는 것이 한 인간이 가진 원죄를 용서받는 데 도움이 되리라 말한다(5:45). 자선은 또한 자기 정화의 수단으로도 그려진다(9:103). 모든 무슬림들은 이슬람법에 따라 기부를 해야 한다. 이러한 종류의 기부를 가리키는 단어로 자카^{zakah} 혹은 자카트^{zakat}가 있는데 이는 본래 '정화'라는 뜻의 말이다. 부는 가난한 자들이나 '마음이 위안을 받아야 할' 자를 돕거나 노예와 채무자를 자유롭게 해주는 일 등으로 사용될 때 비로소 선한 것이 된다는 게 이 단어의 요체다(9:60).

쿠란이 그리는 사회란 한마디로 '정의'로 대변할 수 있다. "믿는 자들이여 변함없이 신에 의하며 정의에 의해 입증하고 타인에 대한 증오가 끼어들도록 허하지 말라. 이는 정의롭지 못한 일이니 정의로서 행동하라. 그것은 의로운 일이니라(5:8)", "믿는 자들이여 정의를 세우고 하나님을 위한 공정한 증인이 되어라. 심지어 그것이 너희 자신과 부모와 친척들의 일이건, 부유한 자이건 가난한 자의 일이건 그리하여라. 하나님은 너를 우선으로 두시니라(4:135)." 그러므로 '하나님의 뜻을 행하는 자'라는 뜻의 '무슬림(혹은 여성형 무슬리마muslima)'이 가리키는 삶은 전체적으로 정의라는 주제와 관련 있는 것이다. 실제로 쿠란은 하나님이 정의롭기를 요구한다고 말하는 것(예를 들자면 7:29)에서 더 나아가 "하나님은 정의를 사랑하신다(5:42, 49:9, 60:8)"고도 말한다.

정의로 특징지어지는 사회, 사회공동체 전체의 부가 가장 취약한 계층의 부로 가늠되는 사회는 이슬람의 외적인 지향점이다. 내적 지향점은 아마도 이슬람적인 양심을 구성하는 일련의 선행들에서 찾아볼 수 있을 것이다. 무슬림들은 모든 만남과 모든 결정, 그리고 모든 행동들에서 하나님의 뜻에 따를 것을 요구받는다. 무슬림은 타크와^{taqwa}를 따르는 삶을 산다. 이 타크와는 종종 '하나님에 대한 두려움'이나 '의로움'으로 번역되기도 하지만 사실 그보다 더 깊은 의미를 담고 있다. 올바르게 형성된 양심이나 내면의 도덕, 혹은 '하나님을 인식하는 것'을 가리키는 좀 더 복잡다단한 단어이기 때문이다. 쿠란은 몇몇 특정한 일들을 규율하는 말을 하며 그러한 선택들이 '타크와에 가깝도록', 혹은 '거의 타크와와 같이' 행해져야 한다고 이야기한다. 예를 들어 동침 전에 이혼에 관한 질문에 대답하면서 쿠란은 결혼 서약서에 그렇게 정하지 않았다고 하더라도 남자가 신부에게 정해진 지참금의 절반을 공정하게 지급해야 하며 이것이 '타크와에 가장 가까운 일'이라고 말한다(2:237). 마찬가지로 무슬림 신도들은 타인을 향한 적의가 불공정한 행위로 이어져서는 안 된다는 가르침을 받는다. "정의롭게 행동하라. 그것이 타크와에 가까워지는 일이니라(5:8)." 쿠란이 말하는 타크와와 가까운 일이란 대개 다른 이들을 돕는 일들이며(5:2) '진리와 타크와를 위해 공모'해야 한다고도 말한다(58:9, 타크와에 대해서는 제2장에서 좀 더 자세히 다루기로 한다). 따라서 타크와는 이만(iman, 하나님을 향한 믿음)과 이슬람(하나님의 뜻에 대한 복종)과 함께 이슬람식 미덕의 정수를 이룬다. 하나님을 향한 믿음은 인간이 자신의 선천적인 불안정성과 이기심을 극복하기 위해 필수적인 것으로 그려진다. 또한 하나님의 우월한 존재를 깨닫는 것은 타고난 본능에 의한, 매우 자연스러운 일로 간주된다. 하나님의 뜻에 복종한다는 것은 하나님의 존재를 인식하는 데서 오는 올바른 반응이자 실로 유일하게 보일 수 있는 반응으로 여겨진다. 하나님을 진정으로 인식하는 일은 필연적으로 인류 전체의 이익과 신에 의해 규율되는 양심, 즉 타크와 안에서 일어나는 일이다.

이와 비슷한 맥락에서 무슬림들은 '중앙치' 혹은 '중도적인 사회(우마트 알 와시트ummat al wasit)'로 불리는데 이는 무슬림이 극단적인 자들 사이에서 균형을 맞추는 자, 즉 '사람들을 위한 증언자(2:143)'가 되어야 한다는 의미다. 신자들에게 그들이 가장 좋은 공동체의 백성이며 그러므로 계율을 지키고 악을 배제할 것임을 가르치는 어구는 쿠란에서 가장 많이 반복되는 것 중 하나다(아랍어로 아므르 빌 마루프 와 나히 안 알 문카르amr bi'l-ma'ruf wa nahiy an al-munkar, 3:110, 3:104, 3:114, 7:157, 9:67, 9:71, 9:112, 22:41, 31:17).

쿠란은 이러한 주제를 다루는 한편 몇몇 경우에는 구체적인 법을 정함으로써 인류를 규율한다. 하지만 쿠란이 인간의 모든 행위를 규율하지는 않는다. 쿠란은 어떤 것에 대하여 얘기하고자 할 때 자주 그것의 역사적인 맥락과 사실들을 고려하면서 목표를 설정하고는 인류가 그 목표에 도전하기를 촉구한다. 한 예시로, 앞에서 보았다시피 쿠란은 노예를 다루는 일과 관련한 상당한 양의 법률을 가지고 있다. 일반적인 상황에서 첩을 두는 일은 허용되지만 여성 노예에게 성적인 관계를 강요하는 것은 금지되어 있다(24:33). 노예가 자유 시민과 같은 법적 지위를 가지지는 못한다고 보고 있지만, 대신 그들 주인에게 귀책을 물을 수 있는 정도의 귀속적 지위가 있는 것으로 간주된다. 하지만 만일 주인이 결혼하지 않은 무슬림이라면 노예와 결혼하는 것을 추천하며(24:32) 노예와 자유 시민이 도덕적으로 동등한 존재임을 드러내고 있다. 또한 무슬림들은 노예가 돈을 내고 자신의 자유를 되찾는 것을 허용해야 하며, 심지어 가능한 경우라면 그 상환을 도와주어야 한다고 말한다(24:33). 쿠란은 확실히 노예제도가 사회의 불공정한 측면임을 인식하고 있는데 이는 쿠란이 도덕적인 삶을 살아가는 방법(90:12-18)과 면죄를 받는 방법(5:89, 58:3) 중 하나로 가난한 자를 먹이고 입히는 일과 더불어 노예를 해방시켜야 한다는 이야기를 여러 차례 등장시키고 있음에서 알 수 있다. 하지만 쿠란은 그 전반에서 인류의 존엄성 및 평등을 상당히 강조했을 뿐 노예제도 자체를 없애야 한다고 말하지는 않는다. 쿠란이 쓰였던 시기는 구약성경의 시대와 마찬가지로 노예제도가 경제구조의 근간을 이루고 있었으며 따라서 노예제도를 폐지한다는 것은 사회경제 전체를 뒤집어 버리겠다는 말과도 같았기 때문이다. 실질적으로 쿠란을 연구하는 모든 이들은 쿠란이 노예제도를 당장 폐지하는 것보다는 그 어떤 사람도 다른 이를 노예로 삼아서는 안 된다는 것을 공동체가 추구해야 할 사회적 이상으로 설정했다고 의견을 모은다. 그렇기 때문에 쿠란에서 노예제도를 허용했음에도 불구하고 현대의 무슬림사회에서는 노예제도를 금지하고 있다.

여기에서 알 수 있다시피, 쿠란에 등장하는 합법적인 노예제의 실상과 그에 대한 도덕적인 권고 간에는 차이가 있다. 당시의 상황을 반영한 전자는 언제든지 바뀔 수 있는 것으로 간주된다. 반면 후자는 인간 존엄성을 그리는 영원한 목표인 것이다. 초기의 무슬림 공동체에서 모든 노예를 해방시키는 일은 아마도 경제적으로 커다란 혼란을 불러일으켰을 것이며, 이는 모든 사람들의 삶의 질을 높이자는 이슬람 공동의 목표와 명백히 반대되는 일이었을 것이다. 하지만 그럼에도 노예제도를 폐지하는 것이 공동체가 힘써 따라야 할 이상임은 쿠란에 잘 설명되어 있으며, 시대가 변하면서 현대의 무슬림 공동체들은 점차 이 이상을 구현하고자 했다. 그 결과 오늘날 거의 모든 무슬림 세계에서 노예제도는 찾아볼 수 없다.

쿠란의 이야기들 중 무슬림 간 의견이 나뉘는 경우는 몇 가지를 더 찾아볼 수 있다. 예를 들어 쿠란에서 채무자와 관련된 이야기를 할 때 쿠란은 사람들에게 돈을 빌려주는 것을 허용하고 있지만 고리대금업과 같은 이자를 붙이는 것을 금하고 있으며, 그들이 돈을 빌려줄 때면 그 총액을 반드시 기록하여 어떠한 싸움도 일어나지 않게 해야 한다고 말한다. 쿠란은 이러한 거래의 양 당사자들이 이를 공정하게 기록할 제3자와 함께해야 한다고 말한다. 좀 더 구체적으로 말하자면 채무자(만일 채무자가 불가능한 상황이라면 채무자의 보증인)가 모든 거래상황을 받아 적어야 하며 이때 채무의 총액을 반드시 밝혀야 한다. 이후 거래는 당사자 외 두 명의 남자들, 혹은 이것이 불가능한 경우 한 명의 남자와 두 명의 여자가 입회한 상태에서 이루어져야 한다고 말한다(2:282). 이 모든 것들은 돈을 빌려주는 과정에서 어떤 불공정한 일도 발생하지 않도록 하기 위함이다. 하지만 과연 한 남성의 증언을 대신하기 위해 두 명의 여성이 필요한지에 대해서는 의문을 던져볼 수 있다. 이 구절은 여성이 언제나 금융과 관련한 상세한 사항들에 대해서 자세히 알아서는 안 된다고 말하는 것일까? 즉, 이러한 금융거래에 대한 여성의 증언은 그 자체로 또 다른 확인이 필요하다는 의미는 아닌가? 혹은 일상생활의 그 어떤 분야에 있어서라도 여성의 증언이 언제나 또 다른 검증의 대상이 되어야 한다는 말은 아닐까? 혹은 이 구절에서 단순히 여성을 예시로 들었을 뿐 사실 교육받지 못한 모든 이의 증언에 추가적인 보강이 필요하고, 반면 교육받은 여성의 증언은 완전한 효력을 가진다는 것일까? 전통적인 해석자들은 이 구절을 해석함에 있어서 법원에서 여성들이 하는 증언은 남성들이 하는 증언의 절반만큼만 효력이 있다고 판시하였다. 현대적인 해석자들은 두 명의 여성이 한 명의 남성에 의한 증언을 대체할 수 있다는 제한은 대부분의 여성들이 교육을 받지 못했으며 상업적 거래에 무지했던 7세기 아라비아에서나 존재할 수 있는 특수한 상황적 요건이라고 말한다. 대출 거래에서 여성의 경제적 능력을 다루는 쿠란의 구절들은 단순히 예시일 뿐 본질적인 내용은 아님을 쿠란의 근본적인 평등주의로부터 알 수 있다는 것이다.

이러한 예시들로부터 알 수 있듯이 정의를 구현하는 일에는 단 한 가지 방법만 있는 것은 아니며, 쿠란은 인간으로서 가져야 할 표준적인 긍지를 설정하는 한편 끊임없이 변화하는 상황 속에서 그 긍지를 위해 노력할 때 따라야 할 길을 제시하는 역할을 한다. 쿠란은 또한 정의 실현을 위해 얼마나 많은 노력을 기울였는지가 그들이 훗날 심판을 받을 때 그 기준이 되리라는 사실도 알리고 있다. '믿으며 선을 행한 자들'은 내세에 대하여 그 무엇도 걱정할 것이 없다는 구절이 쿠란에서 반복적으로 등장한다. "믿는 자들이여 허리 숙여 부복하고 주님을 경배하며 선을 행하라. 그리하면 너희가 번성하리라. 또한 하나님의 길에서 성전하라(22:77-78)." 여기에서 등장하는 '하나님의 길(피 사빌 알라fi sabil Allah)'과 그 위에서의 성전은 지하드jihad라는 단어가 가리키는 모든 것의 요체가 된다. 실로 쿠란은 인류에게 커다란 과제를 지우고 있다. 예언자 무함마드를 본보기로 삼고 하나님의 용서와 자비를 기억하며, 사람들은 공정한 사회를 만들기 위해 애써야 한다. 지나간 시대들에 대하여 기술한 쿠란의 구절들에 따르면 사회공동체는 그 자체로서 심판을 받게 될 것이며 하나님은 억압적인 사회의 한없는 번영을 결코 용납하지 않는다는 것을 알 수 있다. 또한 개개인들은 그들의 내세에서 다시 한 번 심판받을 것이며, 이는 그들이 다음과 같은 노력을 기울이고자 했는지 여부에 달렸다.

천지의 모든 것이 하나님에게 귀속되어 있다. 그분은 그분이 용서하고자 하는 이를 용서하며 벌하고자 하는 이를 벌하노라. 하나님은 관용과 자비로 충만하심이라. 믿는 자들이여 고리대금업으로 이자를 거듭하여 삼키지 말라. 하나님이 너희에게 맡기신 일을 행하라. 그리하면 너희가 번성하리라. 불신자를 위해 마련된 불지옥을 두려워하라. 하나님께 복종하고 선지자를 따르라. 그리하면 너희가 은혜를 받으리라. 앞다투어 너희 주님께 회개하라. 천국은 하늘과 땅처럼 넓으나 이는 정의에 사는 백성을 위해 준비된 것이라. 부유하거나 어려운 [시기를] 가리지 않고 [관용을 베푸는] 자여 그리고 화를 다스리며 다른 이들을 용서할 줄 아는 자여 하나님은 선을 행하는 자를 사랑하시니 잘못을 저질렀거나 어리석은 짓을 했을 때에는 하나님을 염원하고 너희의 죄를 회개하라. 하나님 외에 누가 너희의 죄를 용서

하여 주겠느뇨. 그리고 저질렀던 잘못을 되풀이하지 말라. 그들에게 보상이 있어 주님의 관용이 있을 것이며 저편으로 강물이 흐르는 천국이 있어 그곳에서 머무르며 행한 바에 따르는 거대한 은혜를 누리게 되리라. 너희 이전에 지나간 시대들이 있었으니 이 땅 위를 여행하며 살펴보라. 불신자들의 종말이 어떠하였는지를 알게 되리라. 이것이 인류에게 내린 말씀이며 의롭게 사는 이들을 위한 복음이자 교훈이라. 포기하거나 비통해하지 말라. 믿는 신앙인이라면 너희가 승리할 것이니. (중략) 하나님은 믿음을 가진 자를 순결케 하사 불신자를 멸망케 하시니라. 하나님께서는 너희 가운데 노력하는 자와 인내하는 자를 알고 계시니라. 너희가 이런 하나님 없이 천국에 들어가리라 생각하느뇨.

(3:129-142)

이슬람의 선지자 무함마드의 삶을 본보기로

이와 같이 쿠란은 인류에게 엄청난 도전과제를 선사한다. 쿠란을 따른다는 것은 단순히 기도와 자선, 단식, 순례, 식이 및 청결에 대한 규율들을 잘 지키는 것에서 끝나지 않는다. 이러한 규칙들은 계시에서 이미 잘 밝혀져 있으며 변할 수 없는 사항들이다. 하지만 쿠란의 포괄적인 규율들을 실행에 옮기는 일, 예를 들자면 언제나 신앙심과 정직함, 진실함, 정의로움, 자비로움과 너그러움을 유지하며 사는 일은 다양한 방면에서 상당한 노력을 요한다. 무슬림은 예언자 무함마드의 삶을 상황의 변화와 관계없이 쿠란이 제시하는 길을 따랐던 하나의 고무적인 모범 사례로 받아들인다.

　무함마드는 6세기경 현재의 사우디아라비아인 아라비아 메카 지역의 한 가난한 가정에서 태어났다. 무함마드의 아버지를 포함하여 대부분의 사람들은 당대의 지배 가문 쿠라이시족을 위한 대상무역(사막에서 주로 낙타를 운송수단으로 이용해 이루어지던 교역-역주)에 종사하였다. 무함마드의 아버지는 그가 태어나기도 전에 세상을 떠났으며 여섯 살이 되던 무렵에는 어머니까지 돌아가시고 말았다. 따라서 무함마드는 다른 친척들의 손을 전전하며 길러졌는데, 처음에는 그의 할아버지가, 나중에는 그의 삼촌이 그를 거두었다가 마침내 어린 나이에 대상무역 산업에 뛰어들게 된다. 마흔 살 무렵 예언에 대한 계시를 처음 받기 전까지도 이미 그는 상업적으로 성공을 거둔 상태였으며 그 정직함과 공정함으로 널리 명성을 떨치고 있었다. 예언의 계시를 받은 이후로 그는 전적으로 하나님에게 봉사하는 삶을 살았다.

　예언자 무함마드로의 삶을 처음 시작할 당시 그를 따르는 이들은 소수에 불과하였다. 메카의 부유한 지배 가문은 그들이 오직 하나의 신만을 믿어야 한다며 사회정의를 외치는 모습에 위협을 느꼈고 따라서 그들을 박해하였다. 무함마드와 그를 따르는 작은 무리는 그들의 고향에서 내쫓겨 마을 변두리에 작은 분리구역을 하나 이루고 살아야만 했으며 주민들은 이들을 거부하였다. 하지만 그들은 하나님의 길을 따르리라는 신념을 굳게 지켰다. 하나님은 이러한 부당함에 대해 긍지로 이겨내라 말씀하셨다. "지혜와 아름다운 설교로 모두를 하나님의 길로 인도하되 가장 훌륭한 방법으로 그들을 맞으라. (중략) 벌을 가하려거든 너희가 당한 그대로 벌하라. 그러나 너희가 인내한다면 [인내하는 이들에게] 더 큰 복이라(16:125-126).”

박해에도 불구하고 무함마드는 하나님의 뜻을 무시하는 것이 끔찍한 결과를 불러오리라고 사람들에게 끊임없이 경고하였다. 그는 하나님의 뜻이 공정한 사회를 위한 것이며, 모든 사람들이 그 창조주 앞에서 평등하다는 점을 사람들에게 설파하였다. 그가 하는 말은 무척 매혹적이었기 때문에 곧 메카와 그 너머의 지방에서도 수많은 추종자를 얻게 되었다. 무함마드는 현명하고 공정한 중재자라는 명성을 얻었고 이는 곧 (메카로부터 북쪽으로 200마일 정도 떨어졌으며) 종족간의 전쟁이 수년간 이어지고 있던 야스립 지방에까지 닿았다. 야스립의 지도자들은 무함마드를 초대하여 그들의 마을에서 살게 해주었으며 그가 야스립의 내전을 잠재워준다면 그의 말에 전적으로 따를 것을 약속하였다.

무함마드는 잠시 고민 끝에 그 제안을 수락하였으며 기원후 622년 마침내 그의 추종자들을 이끌고 야스립으로 이주하였다. 이 사건은 무슬림 사회의 운명에 중대한 변화를 불러왔으며 이를 기리는 의미에서 이 해를 이슬람력의 원년으로 삼고 있다(이슬람력은 메카로부터 야스립까지의 ‘이주’에서 시작되었음을 기념하여 히즈라Hijra력이라고도 한다). 야스립은 곧 메디나라는 새로운 이름을 가지게 되었는데 이는 ‘예언자의 도시’ 마디나 알 나비madinat al-nabi를 줄인 말이다. 비로소 무슬림은 자치 공동체를 세우고, 예언자 무함마드의 입을 통해 전해지는 하나님의 말씀에 의해 올바른 종교의례를 행하고 사회 전반을 다스릴 수 있게 되었다. 인간으로서의 긍지와 약자를 위한 연민에 바탕을 둔 쿠란의 규율이 지배하는 사회공동체를 형성하게 된 것이다.

예언자의 도시가 번성하며 그 힘을 키울수록 메카인들은 점점 이들에 대한 위협을 느끼기 시작했다. 이들이 메디나의 무슬림 공동체를 파괴하려고 아직 메카에 남아 있던 이주민들의 재산을 몰수하고 가족들을 공격하자 쿠란은 이에 대해 조용히 인내하기보다 적극적으로 맞서 싸우라고 전하였다.

> 너희에게 도전하는 하나님의 적들에게 도전하되 먼저 공격하지 말라. 하나님은
> 공격하는 자를 사랑하지 않으시니라. 그들을 발견한 곳에서 그들에게 투쟁하고
> 그들이 너희를 추방한 곳으로부터 그들을 추방하라. 박해는 살해보다 더 가혹하
> 니라. (중략) 하지만 만일 그들이 [싸움을 단념한다면] 하나님은 그들을 관용과 은
> 총으로 충만케 하시리라. 박해가 사라질 때까지 그들에게 대항하라. 이는 하나님
> 을 위한 신앙이니라. 그들이 박해를 단념한다면 우매한 자를 제외하고는 적대시
> 하지 말라.
>
> (2:190–193)

이 구절은 쿠란이 특정 상황에 대한 조언을 말하는 대표적인 구절이다. 첫 번째 박해가 일어났을 때 무슬림 공동체는 인내할 것을 명령받았지만, 두 번째 박해에 대해서는 자기방어를 위해 싸울 것을 허락받았다. 쿠란의 해석(타프시르tafsir)에 대해 연구하는 학자들은 각 계시에 대한 배경적 상황을 고려하여 쿠란 구절을 올바르게 적용하는 법에 대해 연구한다. 쿠란 구절의 올바른 적용법을 결정하는 데에는 여

러 가지가 있다. 전통적 방법을 따르는 주류학파 무파시룬(mufassirun, 타
프시르를 연구하는 학자를 가리키는 말)들은 두 번째 구절이 첫 번째 구절을 압
도하며 따라서 히즈라 이후의 메디나가 받은 쿠란의 말씀이 표준 규
범이라고 해석한다(이를 폐기이론, 나스흐naskh라고 한다). 이 이론에 따르면
무슬림들은 그들이 공격받거나 고향에서 쫓겨날 경우 메카에서 그러
하였듯 인내를 가지고 견디기보다는 적극적으로 맞서 싸워야 한다고
주장한다. 하지만 또 다른 학자들은 쿠란 구절 속 조언들이 계시가 내
려진 당시의 특정 상황에 맞춰진 것이라고 해석한다. 이들에 따르자면
무슬림들이 메카의 상황처럼 그 힘이 약세하거나 수적으로 불리한 경
우 적들에게 맞서 싸우지 않아야 하지만, 메디나에서 그랬던 것처럼
강성한 힘을 가지게 되었을 경우 공격에 대항해 보복해야 한다고 본
다. 어느 방식에 따르건 사람들은 쿠란의 연구방법과 같이 '계시의 배
경적 상황(아스밥 알 누줄Asbab al-nuzul)'을 먼저 알고 있어야 한다. 두 번째
계시가 첫 번째 계시를 폐지시킨다고 믿는 이들은 계시에 대한 배경
상황을 통해 쿠란의 구절을 역사순에 따라 나열할 수 있다고 보는데,
이는 앞에서 살펴보았듯 쿠란 구절이 시간순으로 정리되어 있지 않기
때문이다. 반면 쿠란 구절이 당대의 특정 상황에서 비롯된 것이라고
믿는 이들은 아스밥 알 누줄이 신자들로 하여금 다양한 구절들에 녹
아 있는 역사적 상황들을 밝히는 데 필요할 뿐이라고 말한다.

물론 쿠란의 모든 구절이 배경상황에 바탕을 둔 것은 아니다. 기도
와 자선, 단식, 순례, 식이요법에 관한 규율들과 더불어 살인, 도둑질,
고리대금업, 매춘, 도박 등의 행위를 금지하는 규율은 영원불멸한 것

으로 간주된다. 예배에 관한 규율들이 다른 규율들에 의해 폐지되거나 인간 존엄성을 해하는 일들이 허용되는 일은 없을 것이다. 하지만 앞에서 살펴보았듯 대부분의 쿠란 구절들은 보다 더 보편적인 성격의 것으로 하나님의 섭리와 자비에 바탕을 둔 채 공정한 사회에 대한 일관적이고 논리 정연한 청사진을 그리고 있으며 사람들로 하여금 이러한 사회를 만들기 위해 노력할 것을 촉구하고 있다.

이처럼 하나님의 뜻을 완전하게 충족시키려면 그야말로 온 신경을 쏟아 부어야만 한다. 물론 꾸준한 노력이 요구되지만, 어느 누구도 한 개인이 감당할 수 있는 것 이상의 책임을 지도록 강요받지는 않는다. 쿠란은 종종 하나님께서 사람들로 하여금 그들의 능력 밖에 있는 일을 요구하지는 않는다고 변호한다(2:286, 6:152, 7:42, 23:62). 사람들은 누구나 그들이 가졌던 의도에 따라 심판받을 것이다. "하나님은 (중략) 너의 마음이 원하는 바를 책망하시니라(2:225)." 또한 그 어떤 공동체도 당장의 시대와 장소에서 정의로운 사회를 수립하는 데 성공해야만 한다고 말하지도 않는다. 다만 신자들은 그 목표를 향해 끊임없이 노력해야 하며 이를 위해 쿠란의 규율들을 따르고 메디나에서 예언자 무함마드가 보여준 모범적인 삶을 답습해야 할 것이다. 이처럼 무함마드의 역할은 단순히 계시를 전달하는 데 그치지 않는다. 그의 삶은 인류가 하나님의 뜻을 따르고자 할 때 매 순간을 어떻게 살아야 하는지, 또 어떠한 결정들을 내려야 하는지를 말해주는 모범이다. 쿠란에서 묘사된 무함마드의 삶은 이슬람으로서의 최고 모범답안인 셈이다. "진실로 너희에게 하나님께서 보내신 선지자의 훌륭한 모범이 있었거늘 이는 하나님과 심판의 날을 염원하는 자들과 하나님을 염원하기를 원하는 자를 위해서라(33:21)." 다시 말하자면 무슬림들은 정의를 구현하기 위해 그 집단적인 책임을 다하고자 할 때 쿠란과 더불어 예언자 무함마드에 의해 수립된 모범(수나sunna로 통칭된다)을 따라야 한다는 것이다.

초기 무슬림 사회와 이슬람의 기둥들

예언자 무함마드가 이끌었던 7세기의 무슬림 공동체는 정의와 평화, 그리고 조화로 대표되는 사회를 만드는 데 상당한 성공을 거두었다고 알려져 있다. 메디나를 뒤덮었던 수십 년간의 내전 또한 막을 내렸다. 무함마드는 메디나에 처음 당도하면서 그가 이끌었던 메카인들과 그곳의 여러 부족들 간에 조약을 하나 체결시켰는데, 이것이 바로 역사 속에서 '메디나 헌법'으로 불리는 조약이다. 이 헌법의 조문들에 따르자면 메디나의 모든 종교적인 공동체들은 '다른 이들로부터 분리된' 하나의 사회공동체를 형성한다.[1] 이들은 상호 지원의 의무가 있는데, 특히 어느 한쪽이 공격받았을 경우 그러하다. 쿠란의 가르침을 되새기자면 유대인들과 무슬림들은 각자의 방식대로 종교의례를 행하며 분란이 생길 경우 예언자 무함마드와 하나님에게 물어 해결해야 한다. 메디나에는 (수 명의 개종자를 제외한다면) 기독교인 집단이 없었으나 이후 종교적인 이유상의 박해를 금하는 쿠란의 가르침(2:256) 및 메디나 헌법에 판시된 선례를 따라 기독교인 및 다른 종교적 집단들도 인정하였다. 메디나에 이슬람 공동체가 형성되기 이전까지 그곳의 사람들은 주로 부족의 형태를 이루고 살았다. 부족은 가족의 연장선상에 있는 것으로 수장격인 남성의 지도에 의해 통솔되었으며 각 부족마다 자치적인 성격을 띠고 있었다. 이따금씩 결혼에 의한 동맹이 형성되기도 하였으나, 다양한 종교적 전통을 지닌 가지각색의 가문들을 하나의 공유된 이상 아래에 묶었던 성공적인 선례는 이전에 없었다.

가지각색의 종교를 가진 다양한 부족들을 한데 조화시킨 이 공동체의 번영과 평화는 곧 다른 이웃 나라들의 관심을 불러 일으켰다. 물론 내부적으로 몇 번의 소요가 있긴 하였다. 지방 부족이 메디나 헌법을 어긴 경우는 총 세 번이 있었다고 전해지는데 이는 모두 무슬림과 싸우거나 메디나인 사회를 해치고자 외부인과 결탁한 경우였다. 가해자들은 (싸움이 있었던 두 건에서) 추방되거나 (외부인과 결탁했던 세 번째 사건에서) 처형되었다. 세 건 모두 유대인 부족이 벌였던 일이라는 점에서 몇몇 사람들은 메디나 공동체가 유대인에게 적대감을 가지게 되는 것은 아닐까 우려하였다. 사실 이러한 사건을 다루고 있는 몇몇 쿠란 구절들은 유대인이나 기독교인을 믿는 데 주의하라고 당부한다(예를 들자면 제5 수라 51절에서는 다음과 같이 말하고 있다. "믿는 자들이여 유대인과 기독교인을 친구로 두지 말라. 그 둘은 서로의 친구일지어니"). 하지만 다른 유대인 부족들은 메디나 안에서 평화롭게 공존하였다. 게다가 쿠란 구절의 대부분은 앞에서 살펴본 바와 같이 다원주의에 바탕을 두고 있다. 다음의 구절들은 쿠란이 유대인과 기독교인들(그리고 여타 부족들)을 포용하고 있음을 잘 보여준다. "믿음을 가진 신앙인들과 유대인과 사비 사람들과 기독교인들이

여 하나님과 심판의 날을 믿고 선행을 베푸는 자들이라면 무릇 두려움이 없으며 슬퍼할 필요도 없노라(5:69)." 따라서 대부분의 해석가들은 다른 종교를 비난하는 몇몇 구절들이 그 종교의 특정 교리나 행위에 대한 것이지 그 집단 자체를 비난하는 것은 아니라는 데 입을 모은다.

실제로 메디나의 부족 간 화합은 주변 여러 지역의 사람들을 매료시켰다. 무함마드가 세상을 떠나기 이전까지 아라비아 반도 내 대부분의 부족들이 이슬람교를 받아들였으며 예언자 무함마드에게 충성을 맹세하면서 무함마드는 그 지역 내에서 가장 힘 있는 지도자가 되었다. 히즈라 이후 팔십여 년 동안 몇 번의 전쟁을 거치면서 메카인들 역시 예언자 무함마드의 권위를 깨닫게 되었는데 이는 한 극적인 사건을 계기로 이루어졌다. 628년 무함마드는 반드시 메카로 돌아가 기도하라는 계시를 받았다(48:27). 그는 이에 응해 메카에서 함께 기도하기를 원하는 천여 명의 무슬림들을 데리고 비무장 순례를 시작했다. 이들이 외곽 도시인 후다이비야에 다다르자 메카인들은 순례자들의 입성을 저지하였다. 평화를 유지하고자 했던 예언자 무함마드는 그들에게 평화조약을 제의하며 10년 동안 순례자들의 안전을 보장해주는 대신 순례를 한 해 뒤로 미룰 것을 약속하였다. 하지만 2년 후 이 조약은 깨졌고 무함마드는 메카로의 행진을 단행하였다. 그는 메카의 강성한 부족들 중 하나였던 쿠라이시족의 수장을 만났는데 이들은 이슬람교를 받아들였으며 순례자들의 안전을 보장해주었다. 한때 추방당했던 도시 메카로의 재입성을 허락받은 무함마드는 평화롭게 도시에 진입할 수 있었으며, 메카 중심지에 위치한 고대의 성지 카바에도 무사히 예배를 드릴 수 있었다. 쿠란에 따르면 카바는 본래 아브라함과 그의 아들 이스마엘이 하나님의 영광을 위해 건설한 성지이지만 오래전부터 지역 부족이 이곳을 점령하고 그들이 믿었던 다신교 전통의 상징물과 유물들로 가득 채워놓았다. 지역 부족들은 해마다 도시의 무역 박람회 등 문화행사가 열리는 시기를 기해 메카로 연례 순례를 오고 있었다. 예언자 무함마드는 카바로 돌아오자마자 성지 내의 우상들을 치워버리고는 무슬림의 순례지에 걸맞은 모습으로 꾸몄다.

이슬람교의 순례(하지)는 이슬람 의례의 기초이자 다섯 번째 기둥으로 여겨진다. 첫 번째 기둥은 샤하다Shahadah로 하나님과 예언자 무함마드의 가르침에 충실할 것을 선언하는 일이다. "알라 이외의 다른 신은 없으며, 무함마드는 알라의 예언자다"라는 구절을 읊는 신앙고백이 바로 그것이다. 이 서약에 따라 신실한 삶을 사는 자들은 누구든 무슬림으로 인정받을 수 있다.

두 번째 기둥은 살라트salat, 기도의식이다. 무슬림은 일출, 낮, 오후, 일몰, 그리고 밤에 걸쳐 하루 다섯 번 기도한다. 기도는 순종적인 자세로 쿠란 구절을 읊는 것으로 이루어지는데, 이때 자세는 무릎을 꿇은 자세에서 몸을 깊이 엎드려 이마가 땅에 닿게 해야 한다. 이는 무슬림들이 삶의 모든 부분에 걸쳐 하나님의 뜻에 순종할 것을 되새기는 의미를 가진다. 많은 사람들이 모스크 사원('엎드려 절하는 곳'이라는 뜻의 마스지드masjid라고도 한다)에서 기도하긴 하나 깨끗하게 닦여 있는 장소라면 어디에서 기도해도 상관은 없으며, 이때 기도하는 자리를 닦는 행위는 기도자가 순결한 상태가 되는 것을 상징한다. 주로 나침반이 달린 작은 카펫 형태의 기도용 깔개를 (올바른 기도 방향인) 메카 쪽으로 향하게 놓는 것으로 이를 갈음한다. 기도용 깔개가 없는 경우 천 조각이나 두꺼운 종이로 대신하기도 한다. 신도들은 기도에 앞서 몸을 씻어야 하며 물이 없을 경우 상징적으로라도 씻어야 하는데, 이는 영적으로 완전히 하나님에게만 집중할 수 있도록 준비하는 과정이다. 금요일 낮에는 반드시 모스크 내의 집단 기도에 참가해야 한다. 이때에는 예배를 인도하는 성직자(이맘imam)가 설교(쿠트바)를 하는 것이 보통이다.

세 번째 기둥은 자카트(zakat, 혹은 자카zakah), 즉 자선이다. 앞에서 말한 바와 같이 무슬림들은 자선을 베풀 줄 알아야 하기 때문에 모든 성인 무슬림은 가난한 자를 돕고 이슬람으로서 의무를 다하기 위해 매년 재산의 일부를 '자카트'로 낸다.

네 번째 기둥은 단식(사움sawm 혹은 시얌siyyam)이다. 모든 신체 건강한 무슬림들은 이슬람력으로 아홉 번째 달인 라마단 기간 동안 일출부터 일몰까지 아무것도 먹을 수 없는데, 여기에는 어린 아이나 노쇠한 자, 병약하거나 임신한 자와 이들을 돌보는 자들은 해당되지 않는다. 라마단 기간은 영적인 시간으로 무슬림들은 이 기간 동안 규칙적으로 기도를 드리고 쿠란을 읽으며 하나님의 은혜 속에서 모두가 평등함을 고찰한다. 한 달 동안의 단식 끝자락에는 이슬람 세계의 주요 명절 두 가지가 기다리고 있는데, 이 중 하나는 단식이 끝났음을 기념하는 이드 알피트르eid al-fitr다. 가족들과 지역 공동체는 삼 일에 걸쳐 축제를 열며 기쁨의 식사를 나누고 어린 아이들에게 선물을 나누어준다.

앞에서 말한 바와 같이 다섯 번째 기둥은 '하지'다. 무슬림들은 적

이 슬 람 의
시 간

어도 인생에 한 번, 신체와 재정상황이 허락할 때 '순례의 달'인 두 알 힛자dhu al-hijja에 맞추어 순례하는 것이 의무다. 이 기간 동안 순례자들은 단출한 의복을 입고 사회적인 지위를 나타내는 그 어떤 표식도 달지 않은 채 한데 모여 카바의 설립과 하나님을 향한 복종을 되새기는 행사를 연다. 이 순례는 이슬람 민족 최대의 명절 중 하나인 희생제(이드 알 아드하Eid al-Adha)로 끝난다. 이들은 아브라함의 희생을 기리기 위해 양을 제물로 바치며, 이후 고기를 나눠 먹고 남은 것들을 가난한 이들에게 나누어준다.

이 다섯 가지의 기둥들(아르칸arkan)은 이슬람교의 주요 의례의식이다. 메디나에서 형성된 이 이슬람식 삶은 오늘날까지도 이어지고 있다. 의식들은 모두 신자들로 하여금 하나님에 대한 그들의 서약을 되새기도록 만들어진 것들이다. 또한 이슬람의 주요 가치들도 의례에 잘 녹아있다. 하나님의 앞에서 모든 이들이 평등하다는 점, 그리고 모든 신자들은 사회의 안녕을 위하여 노력해야 할 책임이 있다는 점 등이 그러하다. 초기 무슬림 공동체는 이러한 의례와 주요 가치들 위에 세워졌고 또 번영을 누렸다.

630년, 예언자 무함마드가 다시 한 번 카바를 방문하자 당시 이슬람을 받아들였던 온갖 부족민들이 아라비아 반도 각지에서 그를 찾아와 공동체의 일원이 되기를 간청하거나 동맹을 맺어줄 것을 부탁하였다. 베두인족(사막에 거주하는 유목민족) 중 기독교 부족 및 주로 사막의 오아시스 근처에서 생활하던 유대인 부족들은 메디나인들과 마찬가지로 그들 고유의 종교적 정체성을 유지하였으나, 나머지 다신교를 믿었던 부족들은 대부분 무슬림에 흡수되었다. 예언자 무함마드가 세상을 떠날 즈음 메디나의 이슬람 공동체는 아라비아 반도에서 도덕적으로, 사회적으로 또 정치적으로 가장 생동적이고 강성한 세력이 되었다.

계승자 칼리프

632년 예언자 무함마드가 병사하자 그를 따르던 이들은 비탄에 빠졌다. 무함마드와 가장 가까운 이들 중 하나였던 아부 바크르는 그를 따르던 이들에게 다음과 같이 말했다. "무함마드를 숭배했던 이들이라면 무함마드가 죽었음을 알 것이다. 허나 하나님을 섬겼던 이들이라면 하나님이 여전히 살아계시다는 것을 알 것이다." 그는 사람들이 무함마드가 아니라 그가 전했던 말씀에 다시 관심을 돌릴 것을 촉구하였다. 무슬림들은 무함마드에 대하여 깊은 경의를 표하는 한편 그가 선보였던 모범적인 생활을 따르고자 끊임없이 노력하였다. 하지만 무함마드는 한 사람의 인간이자 단순히 하나님의 선지자에 지나지 않았다. 아부 바크르는 쿠란의 구절을 빌려 사람들에게 이를 상기시켰다. "무함마드는 그를 앞서 떠나갔던 다른 이들과 마찬가지로 단순히 전령에 지나지 않노라. 만일 그가 죽거나 죽임을 당하거든 너는 [그가 전한 말씀들을] 거부하겠느냐? 그리한다고 하나님을 해할 수는 없으나 하나님은 감복하는 자들에게 상을 내리시니라(3:144)." 신자들은 이에 안도했으며 다시 한 번 마음을 다잡게 되었다. 사람들은 하나님의 뜻을 행하기 위해 개인적인 책무를 다하면 되었다. 하지만 무슬림 공동체의 경우는 이야기가 달랐다. 누가 그들을 이끌어야 한단 말인가?

여러 가지 방안이 제시되었다. 몇몇 유목민족들은 그들이 메디나와 맺은 동맹이 예언자 무함마드 개인과의 관계였다고 간주했는데, 따라서 그의 죽음은 무슬림 공동체와의 인연이 단절되었음을 의미하는 것이었다. 그들은 메디나에 자카트를 더 이상 납부하지 않는 방식으로 동맹에서 탈퇴하고자 하였다. 몇몇 이들은 무함마드가 메카를 포함하여 여러 부족들과 공동체들을 상대로 가졌던 중앙집권적 권위가 다시 각 지역의 수장들에게 돌아가야 한다고 주장했다. 또 다른 신자들은 예언자 무함마드가 그의 사촌이자 사위였던 알리를 자신의 정치적 계승자로 지명하며, 공동체의 리더십은 계속해서 무함마드의 가문을 따라 이어져야 한다고 말했다. 이들은 곧 '알리를 따르는 분파'라는 뜻의 시아 알리shi'at Ali, 혹은 시이Shii나 시아파로 불렸다(시아파의 발전은 제3장에서 더욱 자세히 다루도록 한다).

하지만 대부분의 신도들은 무함마드가 그의 사후 특정한 정치체계를 따르도록 하였거나 그 계승자를 정한 일이 없다고 보았다. 아부 바크르도 이들 중 한 사람이었다. 그를 포함한 무함마드의 가장 가까웠던 동료들은 공동체의 새로운 수장이 아라비아에서 흔히 그래왔듯 부족 단위의 대표들에 의해 선출되어야 한다고 믿었다. 이러한 주장을 펼친 이들은 곧 수니파로 불리게 된다. 또한 그들은 무슬림이 일신교도적 전통과 예언자 무함마드의 말씀 아래 도덕적으로 단결해야 할 뿐만 아니라 정치적으로도 단일 공동체를 유지해야 한다고 믿었다. 결국 이들의 의견이 받아들여졌으며, 무함마드를 따랐던 자들은 아부 바크르를 무슬림 공동체의 새로운 수장으로 추대하며 그에게 무함마드의 대변인이라는 뜻의 칼리프(혹은 칼리파Khalifah)라는 칭호를 선사하였다(아부 바크르 자신은 '신도들의 수장'이라는 뜻의 칭호 아미르 알 무미닌amir al-muʾminin 이라 불리는 것을 선호하였다). 그는 다른 이들과 어깨를 나란히 하는 지도자로 공동체의 다른 장로들에게 자문(슈라shura)을 구하며 이들을 통치하였는데, 이는 무함마드가 그래왔던 방식이자 쿠란의 방침과도 알맞은 일이었다. "그들을 인자하게 대하고 관용을 베풀며 일을 다룰 때에는 그들에게 의견을 물어보라(3:159)."

아부 바크르는 곧 공동체에 있어서 가장 중대한 결정을 내리게 된다. 만일 그러할 필요가 생긴다면, 이슬람 공동체로부터 분리 독립하여 나간 부족들을 강제로 다시 끌어들이겠다는 것이다. 쿠란은 "종교에는 강요가 없다(2:256)"고 설파하며 다른 방식으로 힘을 모을 것을 명하였다. 예를 들어 쿠란은 무함마드가 성서의 사람들에게 설교하고자 할 때 따라야 할 지침을 다음과 같이 내려주었다.

> 만일 그들이 그대에게 논쟁한다면 나는 하나님께 귀의하였으며 나를 따르는 자들도 그러하다고 말하라. 성서의 백성들에게 그리고 글을 알지 못하는 자들에게 너희는 [하나님께] 귀의하였느냐고 물어라. 만약 그들이 [하나님께] 귀의한다면 그들은 옳은 길로 인도될 것이며 그들이 등을 돌린다고 해도 그 계시를 전하는 것은 그대의 의무라.
>
> (3:20)

이 구절은 사실 무슬림이 개종을 어떻게 대해야 하는지를 말해준다. 하지만 군대를 동원하여 무슬림 공동체의 정치적 통일성을 키우겠다는 주장에는 변함이 없었다. 분리 독립한 부족들은 변절자로 불렸으며, 이들을 향한 집단적 행동들은 오늘날까지도 '변절자들의 전쟁, 릿다riddah'로 알려져 있다. 신도들을 한데 모으겠다는 이 결심은 이슬람의 발전에 큰 영향을 끼쳤다. 여러 정책들을 통해 역사상 가장 거대한 규모의 정치적 세력 확대가 이루어졌다. 아부 바크르가 세상을 떠나던 634년에 이르러서는 아라비아 반도 내 거의 모든 부족들이 이슬람 정치권에 포함되었다. 아부 바크르의 계승자였던 우마르와 우스만은 시리아와 메소포타미아 지역(현재의 이라크)으로 이슬람 군대를 보내 비잔틴 제국 및 사산 제국을 몰아내고자 하였다(정치적 통일성을 키우고자 했던 정책들의 향방은 제4장에서 좀 더 자세히 다루도록 한다).

당시 중동 지역은 그리스 정교를 믿는 동로마제국과 조로아스터교의 사산조 페르시아 간 격렬한 세력 다툼에 휩싸여 있었다. 비잔틴 제국은 당시의 해안 시리아를 점령하였는데 이는 오늘날의 시리아 및 레바논, 요르단, 이스라엘, 팔레스타인 영토 및 이집트의 일부를 포함하는 지역이었다. 1930년대 이후 이란으로 불리게 되는 사산조 페르시아는 오늘날 이라크 지방의 대부분을 다스리고 있었다. 수십 년간의 처절한 전쟁은 두 제국 모두를 쇠락하게 만들었으며, 제국 변방에 살던 부족들은 무슬림의 통치하에 어렵지 않게 편승되었다. 한때 영광을 누렸던 대로마제국과 페르시아의 군대들은 너무나 쉽게 격파되었다.

비잔틴 제국은 오랫동안 유대인 및 그리스 정교를 거부하는 기독교인들을 박해해왔다. 이들이 무슬림의 통치를 특히 반가워한 것은 당연한 일이었다. 이슬람교로 개종한 이들은 쿠란 낭독자들에게 종교의 기본적인 사항들을 배울 수 있었으나, 기독교인들과 유대인들이 자신의 종교를 유지하는 것 역시 허용되었다. 또한 무슬림들은 구 제국들이 일반적으로 부과했던 것보다 가벼운 세금만을 거두었으며, 다른 정복 군대와 달리 그 군대가 점령지를 개인 사유지처럼 사용하는 것을 금지하였다. 636년 예루살렘이 로마의 통치로부터 벗어났으며 641년에는 페르시아로부터 모술 지방을 탈취하였다. 646년에는 알렉산드리아에서 로마 군대를 격퇴하기도 하였다. 651년 사산조 페르시아의 마지막 통치자를 제거하였으며, 655년에는 무슬림 해군이 로마 함대를 격파하였다. 바야흐로 메디나 중심의 무슬림 국가가 지역의 가장 강성한 세력이 되었다.

공동체에 관한 초기 논쟁

경이롭기까지 했던 이슬람의 영토 확장은 이슬람 공동체의 정치적 통합을 이루고자 했던 무함마드 계승자들의 초기 결정들에 따른 것이었다. 하지만 정치적 통합을 기하던 이슬람 공동체가 언제까지나 넓어지는 것은 사실상 불가능한 일이었다. 통합 강화를 위한 노력들은 여러 갈등을 빚어내기도 했는데 이는 주로 이슬람 공동체의 가장 깊은 본질에 대한 질문들을 낳았다. 이슬람교가 있기 이전 부족들은 사회공동체의 가장 기초적인 단위로서 각자의 가치 및 권력의 기반, 구조, 의례의식과 믿음들을 지니고 있었으며 이 모든 것들은 이후 그들 종교의 일부가 되었다. 바로 이러한 역사적 맥락에서 배교(이슬람교에서 다른 종교로 개종하는 것-역주)가 초기 이슬람의 매우 중대한 문제로 다루어지기 시작했다. 개인이 자신의 종교를 바꾼다는 것은 오늘날 우리가 생각하는 개종과 달리 단순히 영적인 신념을 바꾸는 일에서 끝나지 않았다. 많은 경우에 종교적인 충성심과 정치적인 충성심이 연결되어 있었기 때문에, 개종을 한다는 것은 정치적으로 다른 곳에 충성을 바친다는 것과 다름없었을 뿐만 아니라 나아가 반역을 도모하는 것이나 마찬가지였기 때문이다. 기독교는 이러한 정교일치 행태를 바꾸고자 하였으며, "가이사의 것은 가이사에게 하나님의 것은 하나님에게 바치라(마태 22:21)"는 예수의 말씀을 받들어 자신의 정치적인 충성과 관계없이 종교적인 양심에 따를 것을 설파하였다. 이와 같이 본래 로마제국은 개종을 반역의 행위로 간주하지 않았으나, 이후 기독교를 제국의 공식적인 국교로 선포하면서 종교와 정치적 충성심을 따로 고려하지 않게 되었다. 종교적 자유와 관련한 쿠란의 가르침들은 예수의 이러한 이상들에 대응되는 것으로, 종교적 신념과 민족적 정체성이 서로 독립적으로 존재할 수 있음을 말하였다. 이는 메디나 헌법에서도 드러나 있는 신념으로 예언자 무함마드가 유대인들을 무슬림과 더불어 하나의 정치적 공동체 안에서 살게 했다는 점에서 잘 알 수 있다. 무함마드는 부족 중심주의에서 탈피하기 위한 노력을 이어가면서, 아랍 민족이 다른 민족에 있어서 한 치의 우월함도 가지고 있지 않음을 설파하였다.

그럼에도 불구하고 종교와 민족적 국가정체성을 하나의 개념으로 묶으려는 경향은 사라지지 않았으며 무함마드가 세상을 떠나자마자 곧바로 다시 대두되었다. 제2대 칼리프 우마르는 쿠란의 가르침과 예언자 무함마드가 보여준 종교적인 관용에 개의치 않고 아라비아 반도에 허용된 민족은 이슬람뿐이라는 주장을 펼쳤다. 그의 통치하에 유대인들과 기독교인들은 추방되었으며 모든 아랍인들은 무슬림이 되었다(이전까지만 해도 아랍인이라고 하면 아라비아 반도에 살던 사람들을 아우르던 말이었으며 이후 아랍어를 사용하는 사람들을 가리키게 되었다). 종교적 정체성과 민족적 정체성이 다시금 합치된 셈이다. 우마르의 계승자였던 우스만은 여기에서 한발 더 나아가 다른 아랍계 무슬림까지 배척하기 시작하였다. 그는 그가 속한 우마이야 왕조 사람들에게 거의 모든 행정 요직을 맡겼으며 이로 인해 수많은 항의 시위를 불러 일으켰다. 그가 펼쳤던 조세정책 역시 거센 항의를 낳았다. 정복지에서 발생한 수익들은 메디나로 거둬져서 중앙정부, 즉 그들을 정복한 아랍 군인들 및 그들의 가족들을 위해 사용되었기 때문이다. 비무슬림 아랍인들은 그들의 세금이 지역의 발전을 위해 사용되어야 한다고 주장했다. 이러한 정책들은 정의와 평등에 대한 이슬람의 관습들에 위배되는 것처럼 보였으며 이에 대한 분개는 날로 높아져 갔다. 결국 644년 우마르는 기독교인이었던 페르시아 노예에게 사살되었다. 우스만은 우마르의 정책을 이어받았으며 더욱 극심한 반감을 샀다. 아랍계 무슬림에 의해 전적으로 지배되던 이집트 알푸스타트 지방과 이라크 쿠파 지역에서는 작은 반란이 일어나기도 했다. 656년, 반역을 도모한 무슬림들은 이집트에서 메디나까지 행군하여 우스만을 암살하였다.

날로 고조되던 갈등 속에서 허덕이던 이들은 예언자 무함마드의 측근이자 사촌, 그리고 사위였던 알리에게 희망을 걸었다. 우스만의 죽음 이후 알리는 공동체 대다수의 동의를 얻어 '신자들의 지도자'로 선출되었다. 그는 널리 존경받는 인물이었으며, 앞에서 살펴본 바와 같이 무함마드의 사후 초대 계승자로 거론되었던 이였으나 아부 바크르나 우마르, 우스만보다 한참 어린 연배였다. 그를 지지하는 시아파 사람들은 그만이 예언자 무함마드의 뒤를 이어 무슬림 공동체를 이끌어갈 사람이었으며 그 이전에 있었던 세 명의 계승자들(아부 바크르, 우마르, 우스만)은 사실상 이를 탈취했던 것이라고 주장했다. 모든 이들이 단순히 예언자 무함마드가 알리를 지명했기 때문에 그가 정통성을 가진다고 본 것은 아니다. 극심한 사회갈등에 지친 많은 이들이 알리의 자애로움과 현명함, 그리고 용기에 감복하여 그를 따랐다. 여기에는 이후 '분리교도'라는 뜻의 하와리즈파(Kharijis 혹은 Kharijites)로 불렸던 사람들도 포함되어 있었는데, 이들은 우스만의 정실인사(그의 가문 인사들로 행정부를 꾸렸던 일)가 이슬람의 교리에 심각하게 위배되는 일이며 따라서 우스만은 칼리프는 차치하고서라도 무슬림으로조차 불릴 자격이 없다고 주장하는 이들이었다.

하지만 알리에게도 적은 있었다. 그들 중 가장 강경했던 사람은 예언자의 미망인이자 초대 칼리프 아부 바크르의 딸이었던 아이샤, 그리고 우스만에 의해 다마스쿠스의 지배자 자리에 오른 무아위야가 있었다. 알리에게 개인적인 원한을 품고 있었던 아이샤는 (알리가 근거지를 두었던 이라크 쿠파 지역 근방인) 바스라에서 반란을 일으켰다. 656년, 그녀가 직접 이끌었던 반란군은 허무하게 알리의 군대에 패배하였다. 무아위야는 알리에게 그의 친척이었던 칼리프 우스만을 암살한 자를 찾아내어 벌할 것을 촉구하였으나, 알리가 이에 응하지 않자 반군을 동원하였다(657). 패색이 짙어지자 무아위야의 군대는 중재협상을 요청했고 알리는 이를 받아들였다. 이 중재로 인해 무아위야는 다마스쿠스에서의 지배자 자리를 계속 유지할 수 있었다. 유감스럽게도 이 조치로 인해 알리는 하와리즈파의 신뢰를 잃게 된다. 661년 알리는 하와리즈파중 한 명의 손에 의해 암살당하였으며 이후 칼리프의 자리는 다마스쿠스의 우마이야 가문에 넘겨졌다(하와리즈파에 대해서는 제4장에서 더욱 자세히 다루도록 한다).

결론

초대 네 명의 칼리프 중 세 명이 잔혹하게 목숨을 잃었다는 사실에서 알 수 있듯이, 예언자 무함마드의 사후 당시 무슬림 세계는 상당한 혼란 속에 빠져 있었다. 무슬림 세계는 쿠란과 예언자가 남긴 본보기적 삶(수나)을 지침서로 삼고 있었으나 여전히 그들의 앞에는 넘어야 할 거대한 산들이 산재해 있었다. 앞에서 살펴보았듯이 쿠란은 법전이 아니라 단순한 지침서이자 도덕적 조언의 원천에 지나지 않는다. 쿠란은 아브라함의 성약을 이야기하며 하나님이 인류를 창조하실 때 만들어진 '신뢰', 즉 하나님 앞에서 평등한 모든 인간들이 공평하게 누리는 사회를 재건하고자 노력하는 자들에게 하나님은 영원한 구원을 내려줄 것이라는 약속을 계속해서 상기시킨다. 하지만 이러한 정의를 확립하는 일정한 공식은 존재하지 않는다. 이는 인류가 각 세대와 각 공동체에 있어서, 또 끊임없이 변화하는 상황들 속에서 풀어 나가야 할 과제일 따름이다. 사람들은 도덕적 지침에 비추어 그들이 처한 상황을 바라보아야 하며, 그에 따라 어떠한 행동과 제도들이 그 특정 상황에서 공명정대한 사회를 이끌어낼 것인지 판단해야 한다. 또한 정의는 어느 한 사람이 혼자 이룩할 수 없는 가치이기 때문에 반드시 협동이 필요하다. 쿠란이 그 지침을 명확하게 기술하였기 때문에 어떠한 사회가 정의로운 사회인지에 대해서는 큰 이견이 없다. 하지만 그 이상적인 사회를 어떻게 '이 땅 위에' 실현시킬 수 있는지는 사회의 모든 구성원이 고민해야 할 어려운 질문이었다.

초기 무슬림들은 그들 자신의 지역공동체 내에서 정의를 구현하는 일과 더불어, 지금까지 그들과 마찬가지로 사회정의 없이 살았던 다른 민족들에게도 그 이상과 제도를 전달해야 한다는 거대한 과제에 직면했다. 이는 그들이 로마제국과 페르시아의 격심한 제국주의로부터 해방시켜준 여러 지역들에 관한 이야기이기도 했다. 해방 이후의 통치방식을 놓고 갈등이 빚어졌던 것은 놀랄 만한 일도 아니다. 해방된 부족민들은 그들 내부에서 새로운 지배권을 확립하고자 하였으며 반면 그 공동체 외부의 사람들이 이를 막으려고 했던 일련의 사건들은 모두 극히 자연스러운 현상이었다.

마찬가지로 사람들을 교화하는 과정에서도 여러 의견이 충돌하였는데, 어떤 이들은 통치권이 신실함에서 비롯되어야 한다고 주장한 반면 어떠한 이들은 독실함과 관계없이 부당한 지도자는 축출되어야 한다고 주장하였다. 사실 초기 이슬람 사회는 확고한 상호 충성을 기반으로 형성된 부족사회로부터 국제적 차원의 정의를 추구하는 사회로 이행하려는 과정 속에서 그 혜택과 고초를 동시에 겪었다. 이는 오늘날까지도 이어지는 긴 여정이기도 하다. 다른 신앙을 가진 수많은 사회에서도 그러하였듯, 무슬림 사회는 다원적인 사회에서 어떻게 이슬람의 정의를 실현할 것인지 고민을 거듭하였다. 구원은 무슬림에게만 보장된 것인가? 종교적 신앙을 정치적 신념과 분리시키는 것이 다른 신앙을 가진 자들과 조화를 이루며 살아갈 수 있는 유일한 방법인가? 과연 그 둘을 분리한다는 것이 가능한 일이긴 한가? 다른 종교의 정당성을 인정한다는 것은 그 스스로의 신념을 저버리거나 '불신에 대한 자발적 유예'를 두어야만 하는 일인가? 오늘날 모든 종교인들은 이러한 질문들 앞에 놓이게 되었으며, 초기 무슬림들 또한 이 문제를 놓고 깊이 고심하였다.

이와 같은 갈등들은 한편으로는 그들이 직면했던 문제가 얼마나 복잡한 것이었으며 이를 해결하기 위해 사회구성원들이 얼마나 깊이 참여했는지를 잘 보여준다. 이슬람 역사 속에서도 이 사건들은 정의 구현을 위한 용기 있는 노력으로 받아들여진다. 시아파 무슬림들은 알리가 예언자 무함마드의 뒤를 이은 첫 번째 계승자라고 주장하긴 하지만, 이를 제외한다면 대다수의 무슬림들인 수니파들은 네 명의 초대 칼리프들이 정통, 즉 알 라시둔al-rashidun이라고 믿는다. 이들은 이러한 갈등의 시기를 쿠란이 지시한 도덕적 열망이 이슬람 세계를 지배했던 시대라 믿는다. 무슬림 공동체는 그 수많은 갈등과 실패에도 불구하고 '하나님의 뜻에 따라(피 사빌 알라fi sabil Allah)' 모든 노력을 다하였다. 오늘날에도 전통주의 무슬림들은 이때의 사회를 진정한 이슬람의 삶으로 간주하며 현대에도 이 당시의 선례들, 예를 들면 배교자에게 사형을 내리는 관행 등을 받아들여야 한다고 주장하기도 한다. 반면 개혁적인 성향의 무슬림들은 그 시대에 행해졌던 노력들을 존중하는 한편 당시의 관행들을 받아들이는 것에 대해서는 반대하며 오늘날의 시대에 맞추어 쿠란과 수나를 지침으로 삼아야 한다고 말한다.

수니파와 시아파, 혹은 전통주의자와 개혁주의자에 관계없이 모든 무슬림들은 이 시대에 이슬람의 근본적인 이상이 확립되었음에 동의한다. 시아파가 아부 바크르와 우마르, 우스만을 그들의 정통 지배자로 인정하지 않는 한편 현대의 개혁주의자들은 당시 내려졌던 판결들의 일부를 배격하고 있다. 모든 무슬림들은 그들의 사회가 칼리파의 도전에 응하고 있다고 믿는다. 정치적인 관점에서 예언자의 '계승자'로 해석되는 이 용어는 사실 쿠란 속에서 두 번 등장하며 그보다 더 깊은 의미를 내포한다.

이슬람의 교훈 대부분을 요약해 담고 있는 유명한 구절에서 쿠란은 하나님이 인류를 그의 '칼리파'가 되도록 창조하셨다고 말한다(2:30). 이 구절에서의 의미는 '중간관리자' 혹은 '대의원' 정도가 된다. 인류는 창조된 모든 존재들 간의 공정성을 유지시키는 데 그 책임을 다해야 한다. 또 다른 구절에서 쿠란은 하나님이 다윗 왕을 그의 칼리파라 칭하며 모든 것들을 영광과 정의 안에서 판결할 것을 명하였다고 전한다(38:26). 그 약점과 갈등에도 불구하고 초기 무슬림 사회는 하나님의 뜻을 수행하는 관리인으로서의 역할을 받아들이고, 선을 행하며 악을 막아내고자 노력하였다. 이는 시대를 넘어 무슬림들의 마음을 울리는 유산이기도 하다.

제2장

이슬람의 황금기

알리가 칼리프를 지내던 시기에 무슬림 세계를 휘저어놓은 갈등은 한동안 이슬람 세력의 확장을 주춤하게 만들었다. 하지만 그의 사후인 661년 다마스쿠스에 이슬람 정부가 세워지면서 세력 확장은 다시 한번 성공적으로 전개되었다. 이집트에서 로마군을 몰아낸 무슬림은 곧이어 북아프리카로 진격하였다. 베르베르족(북아프리카의 원주민 부족)의 개종자들과 결탁한 아랍군은 아프리카를 횡단하여 안달루시아(현재의 스페인)에 이르렀다. 이들을 이끌던 타리크는 그들이 넘어온 언덕에 자신의 이름을 따 지브롤터 산이라는 이름을 붙여주기도 하였다('지브롤터'는 아랍어 자발 타리크에서 온 것으로, 타리크의 언덕이라는 의미를 가지고 있다). 예언자 무함마드가 세상을 떠난 지 채 일 년이 되지 않아 무슬림은 스페인에까지 이르는 넓은 범위를 이슬람의 영향력 아래에 두게 되었으며 이는 1492년 레콩키스타(Reconquista, 711~1492년까지 780년 동안 에스파냐의 그리스도교도가 이슬람교도에 대하여 벌인 실지 회복운동-역주)가 끝날 때까지 계속되었다. 유럽으로 뻗어나가려던 무슬림들의 야망은 732년 프랑스 갈리아 지방에서 벌어진 카를 마르텔과의 투르 푸아티에 전투에서 패배하면서 저지당하였다.

동양에서도 역시 기존의 사산 제국 영토를 바탕으로 이슬람 세력의 확장이 이어졌으며 8세기경에 이르자 인더스 강과 중국 국경지역까지 확대되었다. 이슬람 무역상들과 순회 설교자들은 14세기까지 중국과 동아시아, 동북아시아를 여행하는 방식으로 동진을 이어나갔으며, 오늘날 이슬람 국가인 인도네시아와 말레이시아 또한 이때 그 종교적 기반을 확립하였다. 인도반도는 13세기부터 무슬림의 지배를 받았으나 1857년 영국에 넘겨졌다. 이는 실로 대단한 세력 확장이었으며, 나아가 문화의 정교한 발전을 불러오기도 하였다. 개방성과 독창성으로 대표되는 이 세력 확장은 쿠란과 예언자 무함마드의 모범적 삶이 있었기에 가능했던 것이며 나아가 오늘날까지도 진정한 이슬람 사회가 성취할 수 있는 궁극적 지향점으로 받아들여지고 있다.

제도

앞에서 살펴보았듯이, 비잔틴 제국(동로마 제국) 및 사산조 페르시아 제국의 지배하에 있던 많은 이들이 무슬림의 지배를 환영하였는데 이는 그들이 종교적 박해를 유예했을 뿐만 아니라 나아가 전반적으로 낮은 세율을 적용했기 때문이다. 이는 이슬람 세력이 확장할 수 있었던 이

유인데, 실제로 무슬림들은 스스로 이슬람이 전 인류에게 억압으로부터의 해방과 평화를 가져다줄 것을 하나님으로부터 임명받은 사람이라고 믿었으며 그에 따라 새로운 사회에 접근할 때 그들에게 이슬람의 보호를 제공해주었다. 이슬람을 국교로 받아들이고자 하지 않았던 이들에게는 공물을 바치는 대신 종교적 자유와 내부적 자치를 보장한다는 내용의 조약을 맺을 것을 제안하였다. 이슬람에 귀의하거나 또는 조약을 통해 이슬람과 평화롭게 공존하는 것을 모두 거절한 이들은 군사를 동원하여 복종시켰다.

　이슬람의 이러한 정복 방식에 따라 세계를 크게 세 가지로 분류할 수 있게 되었는데, 여기에는 다르 알 이슬람dar al-Islam, 다르 알 아흐드dar al-'ahd 혹은 다르 알 술흐dar al sulh, 다르 알 하릅dar-harb이 있다. 다르 알 이슬람은 이슬람법이 지배하는 영토를 말한다. '조약의 땅'인 다르 알 아흐드와 '평화의 땅'인 다르 알 술흐는 모두 그 지도자가 무슬림 지배자에게 공물을 바치고 그 지역에 사는 무슬림이나 무슬림 동맹 출신 사람들의 권리를 수호해야 하는 것 이외에는 독자적인 사법체계를 포함하여 자치권을 보장받는 지역이었다. 다르 알 하릅은 그 지도자가 위와 같은 합의에 도달하지 못하였으며 따라서 무슬림들과 그 동맹체들이 이슬람법에 따라 살 권리를 보장받거나 안위를 보호받지 못하는 지역이었다. 이러한 이유에서 이곳은 '전쟁의 땅'으로 불렸다. 하지만 이곳이 자동적으로 무슬림이 공격해야 할 대상지라는 의미는 아니었는데, 이는 '하릅'이 이슬람 세계에서 정당하지 못한 전쟁의 일종이었기 때문이다. 이슬람 세계에서 전쟁에 대한 수칙은 '지하드'로 총칭되는데, 이는 '하나님의 뜻을 행하기 위해' 엄격한 교전규칙 아래에 군사적 수단을 동원하는 것을 의미한다. 이는 이슬람법에서 허용되는 유일한 전쟁 행위이기도 하다. 다르 알 하릅으로 불리는 지역은 그 지역 자체가 무슬림에게 호전적이며 그 안에서의 안전을 보장할 수 없다는 의미를 가진다.

이러한 시스템을 통해 '무슬림 세계', 즉 무슬림이 다수를 차지한 지역들은 무슬림 제도의 규율을 받으나 상당한 숫자의 비무슬림 인구를 포함한 '이슬람 세계'로 변모하였다. 이렇게 거대하고 복잡다단한 세계에는 예언자 무함마드와 그 선구자들이 설립하였던 단순한 제도를 넘어서는 행정체계가 있어야 했다. 이전의 제도는 비교적 비공식적이었으며 사회공동체의 구성원들과 지배층이 직접 상호작용한다는 것을 전제로 하고 있었기 때문이다. 이와 같이 확장된 이슬람 제국에서 보다 정교한 행정체계에 대한 필요성이 대두되었다.

조세 구조를 손보는 것이 가장 먼저 요구되었다. 보통 무슬림 정복자는 지역의 지도자가 그들의 관습에 따라서 세금을 거두는 것을 용인하였다. 이는 그들이 새로이 취득한 영토들 중 몇몇 지역이 로마법과 페르시아법, 그리고 또 다른 지역법들을 포함하여 여러 종류의 지배권 아래에 놓여 있었으며 따라서 상당히 복잡한 세법 구조를 가지고 있었기 때문이다. 예를 들어, 이라크는 무슬림들이 그 지역의 아랍 부족민과 더불어 군사적 행동을 통해 정복하기 이전까지 사산조 페르시아의 지배를 받던 곳이었다. 세법에 대한 결정권이 토착 아랍인들에게 주어지자 그들은 사산조 페르시아의 전통을 따르기로 하였는데 이는 토지세와 인두세(거주하는 주민의 수에 따라 부과되는 세금)를 포함하고 있었다. 이 인두세는 하층민들 사이에서는 가진 부의 정도에 따라 부과되었으며 귀족들은 면제되었다. 주로 조약을 통해 이슬람의 영향력 아래에 들어오게 되었던 시리아의 경우에는 세금을 거두는 일이 전적으로 토착 행정부의 재량에 맡겨졌다. 그들은 이전 로마의 지배를 받을 때 사용했던 재정 제도를 전반적으로 가지고 왔는데 이는 페르시아의 세법보다 더 복잡했다.[1] 이슬람의 중앙 재무부는 결국 이 모든 조세 방식에 대하여 면밀히 알고 있어야만 했다.

법

조세제도보다 훨씬 더 중요한 문제가 남아 있었는데, 이는 바로 이슬람 생활의 전반을 규율할 법의 제도화였다. 이 분야 역시 이슬람이 영향력을 확대하기 이전 그 지역을 점령하고 있었던 국가들의 잔재가 확연히 남아 있었다. 이슬람의 영토에서 종교를 선택할 자유는 이슬람 원리 및 예언자 무함마드의 실천에 따라 확고하게 규범으로 자리 잡았다. 메디나 헌법에서 처음 유대인에게 부여된 종교자유권은 이후 기독교, 조로아스터교, 힌두교와 불교 신자들에게까지 확대되었다. 반면 무슬림으로 개종한 자들에 대한 문제가 남았다. 무슬림 공동체에 새로운 인구를 받아들인다는 것은 그들을 다룰 새로운 법체계의 발전이 필요하다는 것을 의미했다. 전통에 따라 예언자 무함마드는 지역의 관습이 이슬람 원칙을 저해하지 않는 한에서 최대한 존중되어야 한다고 설파하였다. 하지만 누군가는 어떤 행위가 이슬람 원칙에 위배되고 어떤 것이 그렇지 않은지 결정할 수 있어야 했다. 무슬림은 이슬람의 확장적이고 다양성 넘치는 왕국에서 유연하게 작동할 수 있으면서 동시에 이슬람만의 독특한 정체성을 유지할 수 있을 만큼 철저한 법체계를 만들어야 했다.

초기 칼리프가 다스리던 시대의 사회체계는 상대적으로 비공식적인 성격을 띠고 있었으며 단순히 예언자의 삶을 본떠 만들어진 것이었기 때문에 무슬림은 정기적 기도, 자선, 단식과 순례 등 이슬람의 의례 정도만 따르면 되었다. 통치체제나 갈등에 대한 여타 문제들에 대해서 쿠란은 무슬림들이 "하나님과 선지자와 너희 가운데 책임이 있는 자들에게 순종하라(4:59)"는 권유만을 남기고 있다. 하지만 이보다도 쿠란은 정부의 형태에 대해서 아무런 제안을 하지 않았다. 무함마드의 초기 계승자들은 따라서 하나님의 '대변인(칼리프)'이자 '믿는 자들의 우두머리'로서 예언자 무함마드가 남긴 선례를 따르면서 경건한 삶을 살고 분쟁이 생겼을 경우 이를 중재하고자 노력하였다. 하지만 이슬람의 영토가 광대해지면서 이러한 비공식적 관행들이 통치에 있어서 역부족이라는 것이 드러나자 국가수반으로부터 독립적으로 작동할 수 있는 법체계가 점진적으로 형성되기 시작하였다.

이슬람 통치체계의 첫 번째 거대한 전환은 권세 높은 메카 가문의 후예인 우마이야 왕조가 권력을 잡으면서 시작되었다. 몇몇 사람들은 알리가 예언자 무함마드와 혈연 관계였으므로 그의 바로 뒤를 이을 계승자가 되어야 했었다고 주장했지만, 사실 지배권의 친족 상속은 아랍 사회에서는 흔히 있는 일이 아니었다. 하지만 무아위야가 칼리프로 지명되면서 그의 가문은 750년에 혁명으로 축출되기 이전까지 지배 권력을 독점하였다. 우마이야 왕조 시대에 이르자 강제적, 집행적 권한으로서의 정치권과 종교적 권한은 확실히 구분되기 시작하였다. 다마스쿠스가 제국의 정치적, 행정적 수도였다면 메카는 여전히 종교 및 입법의 중심지로 남아 있었다. 하지만 정치 체제가 기반을 둘 수 있는 이론은 아직 존재하지 않았다. 앞서 살펴본 바와 같이 칼리프들은 무슬림의 정복 이전에 행해졌던 관행들을 그대로 놓아두는 편이었다. 다른 법적인 문제들에 대하여 우마이야 왕조는 재판관(카디qadi)에 의한 새로운 사법체계를 도입하였다. 카디는 정치적으로 지명되는 사람으로서 경찰행정과 재정조치 등을 포함한 넓은 분야를 담당하였지만 주로 지역 관습과 이슬람 원칙에 따라 분쟁을 해결하는 역할을 하였다. 그들은 판결에 있어서 상당한 정도의 자유를 누렸는데, 이슬람 원칙에 위배되는지 여부 및 행정적 필요성 정도를 고려한다면 나머지는 자기 재량에 의해 판결을 내릴 수 있었다. 하지만 우마이야 왕조가 더 이상 이슬람의 지배층이 마땅히 상징해야 할 지혜와 신심의 표본이 아니라는 것이 (적어도 일부 사람들에게) 명확하게 드러났다. 이러한 인식은 곧 사람들의 반발을 불러 모았는데 여기에는 우마이야 왕조의 정책이 이슬람 원칙에 위배된다고 주장하던 학자들도 포함되어 있었다. 어떠한 행위와 정책이 이슬람 원칙에 알맞은 것인지 토론하는 과정에서 학자들은 사실상 이슬람 생활의 근간이 될 이슬람법에 대한 번듯한 이론을 확립하게 되었다.[2] 4세기경 로마에서 기독교가 정치적으로 제도화되던 시절에는 누가 진정한 기독교 신자인지를 탐구하는 과정에서 이를 가려내는 수단으로서 일련의 교리들을 확립하였다. 기독교의 신념을 받아들인 이는 누구든 기독교인이 되었으며 따라서 온전한 시민으로 인정받을 수 있었으나, 기독교적 신념을 거부한 자들은 비기독교인이자 기독교 공동체에 대한 위협으로 간주되었다. 신학을 통해 교리를 탐구하는 일이 기독교 신자의 주요 의무 중 하나인 것도 여기에서 비롯된다. 반면 이슬람교에서는 유대교와 마찬가지로 신념에 대해 행동만큼의 중요성을 부과하고 있지는 않다. 신념은 중요하며, 올바른 행동은 올바른 신념에 기초한다. 하지만 종교적 정체성은 주로 행위를 통해 확립되며, 이 행위를 다스리는 규율이 법이 된다. 그러나 이슬람은 법 자체만을 따라야 한다고 주장하지는 않았다. 유대법과 마찬가지로 이슬람법은 법정에서 선고되는 강제적 명령 이상의 의미를 가졌다. 현대의 이슬람 학자인 파즐라 라흐만은 이슬람법이 '깔끔하게 적용할 수 있는 법전이라기보다는 오히려 무슬림의 의무에 대한 끝없는 토론'에 가깝다고 주장했다.[3] 따라서 이슬람에 있어서 법은 국가 행정뿐만 아니라 일상생활 및 종교적 행위를 포함하는 이슬람의 삶 자체에 대한 구심점이 되어주었다.

8세기 중반에 이르자 이슬람법의 연원을 밝히고 해석하는 데 있어서 몇몇 학자들이 그 권위를 인정받으면서 두드러지게 활동하기 시작하였다. 이들은 각자 지역적 관행에 따라서 학파를 구성하였다. 예를 들면 메디나 지역의 이슬람법 학파는 메디나의 관행에 기초하여 발전했으며 선대 메디나 사람들이 예언자의 말이나 행동, 즉 그의 규범적이고 모범적인 발자취인 수나의 전승(하디스hadith, 복수형은 ahadith) 및 쿠란 경전을 해석하는 데 중점을 두었다. 이 법학파는 그 사상을 책으로 잘 정리한 말리크 이븐 아나스(711-796)의 이름을 따 말리키 법학파로 불린다. 이라크의 쿠파 지역에서는 이들과 다른 지역관습 및 하디스 기록을 바탕으로 또 하나의 주요 학파가 성장하고 있었다. 아부 하니파(699?-767)에 의해 개창된 이 학파는 그의 제자인 아부 유스프(731-798)와 알 샤이바니(749-804)에 의해 발전하였으며 이후 하니파 학파로 알려졌다. 이러한 학파들의 발전은 본질적으로 민주적이었으며, 지역적 합의(이즈마ijma')에 따라 쿠란과 예언자의 선례에 비추어보았을 때 무엇이 올바른 실천인지를 결정했다. 쿠란이나 수나에 적용할 수 있는 전례가 없는 경우 법학자들은 문제를 해결하기 위하여 계시가 암시하는 바를 재량적으로 가려냈다. 법학자들의 이와 같은 자의적인 해석을 가리켜 이즈티하드ijtihad라고 한다.

기원후 750년 아바스 왕조가 칼리프 자리를 찬탈하면서 우마이야 왕조는 그 권력을 잃게 된다. 애초에 우마이야 왕조를 반대해왔던 법학자들(푸카하fuqaha')은 자연스레 아바스 왕조의 총애를 받게 되었다. 우마이야 왕조가 그들에 대한 충성을 다하는 자들을 판사 자리에 앉혔던 것과 달리 아바스 왕조는 단순히 우마이야 왕조에 반대하는 의견을 개진했던 자들을 임명하였다. 이는 이슬람법의 공식화 과정에 있어서 중대한 발전을 불러왔다. 법사학자 콜슨의 말을 옮기자면 "법학자들은 공공연하게 이슬람 국가 및 사회의 제도를 설계하는 이들로 받아들여졌으며 이에 대한 아바스 왕조의 요구 및 정치적 지원으로 인해 법학은 빠르게 발전하였다."[4] 학자들은 체계의 약점을 밝혀내기 시작하였으며 곧 법에 있어서 더욱 강력한 준칙이 필요하다는 의견에 도달하였다. 여기에서 이슬람법의 세 번째 학파가 발전하였는데, 이슬람 세계 전체를 아울러 법적 추론과정이 서로 일맥상통해야 한다는 것이 그들의 주요 의견이었다. 이는 단일한 사법체계를 말하는 것은 아니며, 다만 단순히 이슬람법의 연원에 대한 합의와 보다 공고한 법적 규칙을 형성하여 선례가 없는 상황 또한 판시할 수 있도록 하는 것이 주 목적이었다. 따라서 이는 절차적인 일관성에 대한 논쟁이며, 정치적 지배권이 누구에게 있든 이슬람의 통일성은 이슬람법을 중심으로 형성된다는 인식이 자라나는 것을 반영하고 있다. 이러한 움직임으로부터 샤피이 법사상학파가 등장하였는데, 학파의 역동적인 주창자 무하마드 이븐 이드리스 알 샤피이(767-820)의 이름을 딴 것이었다.

알 샤피이는 무슬림 세계의 주요 도시를 여행하고는 법적 추론과정에 상당한 다양성이 존재한다는 사실을 발견하였다. 그는 이슬람법의 근간 및 각 법률 간의 우선적 순위를 명확히 밝혀 법적 절차에 있어서 일관성을 확립하고자 했다. 다른 모든 무슬림들과 마찬가지로 알 샤피이에게 있어서 가장 첫 번째 연원은 쿠란이었다. 쿠란이 명확한 판결을 내려주지 않은 상황들에 대해서 사용할 수 있는 다음 연원은 예언자 무함마드의 실천, 수나였다. 하지만 알 샤피이가 살았던 시대만 하더라도 수나를 이용한 판결은 여전히 예언자의 원칙들이나 결정을 내렸던 방법들에 대하여 교육받은 몇몇 이들의 의견에 기반을 둔 비공식적 방법이었다. 알 샤피이는 예언자가 특정 상황에서 어떻게 말하고 행동했는지를 기록해놓은 하디스 중 신빙성 있는 기록에 의거하여 수나를 공식화하고자 했다. 결과적으로 수나란 예언자 무함마드의 행동을 예시로 늘어놓은 것에 지나지 않다는 개념이 생겨났다. 수나는 이를 어떻게 닦는지, 혹은 면도를 할지 말지와 같이 개인의 평범한 삶에 대하여 법적 효력이나 강제성 없이 관여할 수도 있다. 또한 상당한 법적 효력을 발휘할 수도 있는데, 사업을 시작하거나 가난한 이들을 대하는 일 등이 여기에 해당했다. 어떠한 경우든 이러한 선례들은 사람들이 따라 해야 할 모범이었다. 이슬람 행정체계에서 수나가 상당한 지위를 얻게 되자 하디스 기록을 모으고 검증하며 성문화하는 작업이 본격적으로 시작되었다. 9세기에 이르자 부하리와 무슬림이 보유한 두 가지 하디스가 '타당(사히흐sahih, 기록을 제출한 자들이 검증을 거쳐 믿을 만하다는 사실이 입증되었고 기록의 내용이 쿠란의 가르침과 일맥상통함을 의미하는 수식어)'하다고 여겨지게 되었으며 따라서 그 권위를 인정받았다. 네 가지의 다른 하디스 역시 예언자나 쿠란에 대한 통찰력을 담고 있는 원전으로서의 가치를 인정받았으나 부하리나 무슬림의 기록들만큼 권위 있는 것은 아니었다(시아파 무슬림들 역시 하디스 기록들을 인정하였으나 이는 알리와 그의 후손들에게 인정받은 기록물들만을 포함하였다).

알 샤피이가 인정한 이슬람법의 세 번째 연원은 바로 공동체에서 만들어진 합의다. 예언자 무함마드는 공동체 전체가 동의할 수 있다면 그것은 반드시 옳은 사안이라고 설파했으며 이에 따라 공동체 전체의 합의는 이슬람 사회에서 상당히 중요한 의미를 가졌다. 하지만 알 샤피이는 이러한 합의가 이슬람 공동체 전체를 통틀어 형성되었을 때만 그 권위를 인정받을 수 있다고 결론지었으며, 몇몇 지역에서만 이루어진 합의는 법의 연원으로서 의미를 가질 수 없다고 믿었다. 그가 활동하던 시기에는 이미 이슬람 세계의 확장이 상당히 진행된 이후였기 때문에, 공동체 전체를 아우르는 완전한 합의는 사실상 이루기 어려운 것이었다. 따라서 알 샤피이는 이전의 판례들을 가능한 한 수용하고 따르는 것이 최선이라고 믿었다. 이와 같이 이슬람법의 세 번째 연원은 이전 세대가 쿠란을 해석하고 적용함에 있어 이룩한 합의들이 되었다. 네 번째 연원은 이슬람법의 연원을 개인이 독자적으로 추론하는 일(이즈티하드)로, 앞의 세 가지 연원을 사용할 수 없을 경우에만 작동한다. 또한 다른 연원들과 마찬가지로 매우 제한적으로 사용되는데, 예를 들자면 쿠란과 수나의 합의는 법학자 개인의 의견(라이ra'y)에 기초한 비공식적 추론보다는 삼단논법 혹은 유추(키야스qiyas)를 통해 탐구되어야 한다.

알 샤피이의 법학파는 당시 존재하던 수 개의 학파 중 하나에 지나지 않았다. 네 번째 법학파는 샤피이의 제자인 아흐마드 이븐 한발 (780-855)이 주창했다. 한발리 학파로도 불린 이들은 샤피이 학파보다도 더 선례의 구속력을 강조하는 한편 이즈티하드를 더욱 자유롭게 사용하도록 했다. 시아파 무슬림들 역시 나름의 법학파를 발전시켰는데 이들은 자파리 학파로 불린다. 하지만 알 샤피이는 여전히 '이슬람법의 설계자'로 불리는데, 이는 그의 연구가 이슬람교도들의 삶에 있어 가장 중요한 부분들을 실제로 규율하는 규칙들에 공고한 이슬람법

사상을 불어넣었기 때문이다.[5] 샤피이 이후 무슬림들은 비로소 '이슬람법을 따르는 자'로 정의되기 시작하였다.[6]

이러한 사법행정의 체계화 작업은 오늘날까지도 이슬람 세계의 뼈대를 이루는 기본 구조를 구성하였다. 말리키 학파, 하나피 학파, 샤피이 학파, 한발리 학파와 자파리 학파 모두 오늘날에도 전 세계에 걸친 이슬람의 법사상을 대표하고 있다. 지역별로 우선시되는 학파들에는 약간씩 차이가 있는데, 말리키 법은 북아프리카와 서아프리카에서, 하나피 법은 기존 오스만 제국의 지배를 받았던 지역과 인도에서, 샤피이 법은 인도네시아와 말레이시아, 필리핀 등지에서, 한발리 법은 사우디아라비아와 카타르에서, 그리고 자파리 학파는 이란과 같은 시아파 국가에서 우위를 점하고 있다. 하지만 이들 학파 간의 차이는 상대적으로 작은 것이며 사실상 상호 양립할 수 있는 사상들이다. 한 예시를 들자면 모든 무슬림들은 학파에 관계없이 그들이 행할 수 있는 일들을 크게 다섯 가지로 나누어 고려한다. 첫 번째는 다섯 개의 기둥으로 대변되는 의무사항들이며, 두 번째는 자선행위와 같이 의무는 아니나 권고되는 행위들이다. 세 번째는 중립적인 사항들(예를 들자면 대부분의 무슬림들은 흡연을 자제한다), 네 번째는 하지 말 것이 권유되는 사항들(예를 들자면 이혼)이며 금지된 일(술 등에 취하는 것과 돼지고기를 먹는 것, 도박 등)이 다섯 번째다. 첫 번째 카테고리의 일들은 이후 보상받을 수 있는 행위들이며 의도적으로 이에 반할 경우 벌을 받을 수 있다. 두 번째 카테고리에 해당되는 일들은 보상을 받을 수는 있으나 이를 다하지 못할 경우에도 벌을 받는 것은 아니다. 세 번째 중립적 사항들은 상도 벌도 따르지 않는 사항들이며, 하지 말아야 할 네 번째 카테고리의 행위들을 삼가는 자들은 그 절제로 인한 혜택을 볼 것이다. 다섯 번째 카테고리의 금기사항을 어기고 행하는 자들은 벌을 받게 될 것이다.

폭행부터 살해까지를 포함하는 모든 종류의 상해에 보복적 형벌(키사스qisas)을 규정한 쿠란 구절들은 모든 학파들이 인정하는 이슬람법의 고전적 공식이다. 누군가에게 위해를 가하려 시도한 자들은 그에 상응하는 형벌을 받게 된다. 쿠란 구절을 그대로 옮기면 다음과 같다. "생명에는 생명, 눈에는 눈, 코에는 코, 귀에는 귀, 이에는 이, 그리고 다른 상해에는 그와 동등한 보복을 하라(5:45)." 피해자나 피해자의 가족들은 이러한 형벌 대신 보상금(디야diyah)을 받을 수 있으며 이는 쿠란이 독려하는 행위이기도 하다(앞의 구절은 다음과 같이 이어진다. "그러나 그 보복을 자선으로 대신하는 이들은 속죄될 것이라"). 이슬람법에서 특정한 처벌(핫드hadd, 복수형은 후드드hudud)을 규정하고 있는 범죄에는 또 다른 것들이 있는데, 가해자의 정신이 온전한 상태에서 자신이 가하는 위해에 대해 정확히 인지하고 있으며 이와 더불어 행위에 대한 명확한 증거가 있는 경우가 여기에 해당된다. 배교자와 노상강도, 오늘날 테러리즘으로 규정되는 행위들(예를 들어 불특정 다수를 해하는 범죄), 기혼자 간의 간통 등에 구형되는 사형, 도둑의 손목을 절단하는 벌, 또 미혼자나 미성년자의 부정적 성행위 및 음주행위에 대해서 내려지는 채찍질 등이 이러한 후드드 형벌에 포함된다(테러리즘에 대한 논의는 제5장에서 더욱 자세하게 다루도록 한다). 범죄 행위를 뒷받침하는 증거들은 실로 엄격한 조건에 따라 인정되었는데, 예를 들면 간통을 입증하기 위해서는 네 명의 성인 남성이 눈으로 목격했다는 진술이 있어야 했다. 이 형벌들은 설핏 너무 가혹한 것처럼 보일 수 있으나 애초에 예방적 성격을 가진 것들이었으며 그러한 맥락에서 실제로 상당한 효과를 거두었다. 대부분의 무슬림들은 여기에 더불어 여타 사회적인 여건들이 잘 갖추어졌던 상황에만 후드드 형벌이 적용될 수 있다고 믿었다. 무지와 가난, 그리고 불안정성이 판치는 사회에서는 적용될 수 없기 때문이다. 역사를 통틀어 후드드 형벌이 실제로 적용된 사례는 고작 몇 차례에 지나지 않는다.

전통적 이슬람법에서는 신체적 상해나 사망에 이르는 일 및 후드드 형벌이 적용되는 일 외의 사항들은 법원의 결정에 따르도록 했다. 이에 따라 거래행위(판매, 대여, 대출, 비영리 단체에 대한 기부[와크프waqf, 복수형은 아우카프awqaf] 등)와 가족법(결혼, 이혼, 후견, 양육권 등) 및 상속법을 포함하는 상세한 법규들이 적용되었다. 전통적 이슬람 법원에서 판사(카디)는 상당한 재량권을 가진다. 판사는 전문적인 법학자(무프티mufti)에게 권고(파트와fatwa)를 요청할 수 있지만 반드시 그래야 하는 것은 아니다. 개개인은 그 나름의 법적 해석을 주장할 수는 있지만 대부분의 경우 그들의 사건을 상세히 설명하는 정도가 요구되었다. 입증책임이 원고와 피고 중 누구에게 지워지느냐 하는 문제 역시 판사가 결정하였는데 이때 검사는 (대부분의 사건에서) 두 명의 증인을 동반해야 한다. 증거가 불충분한 경우 피고는 신성한 선서를 행함으로써 그 무죄를 맹세할 기회를 부여받는다. 만일 피고가 이 선서를 거부한다면 사건은 원고가 승소하는 것으로 종결된다.

전통적 이슬람 사법 및 형법은 근대의 식민지 시절을 거치면서 대부분 유럽식 법으로 대체되었다. 유럽 문화권에서 지극히 사적인 일로 간주되던 것들, 예를 들면 가족법에 관련된 사항들 외에 이슬람 법원은 더 이상 관할권을 가지지 못하게 되었다. 이러한 조치는 예상치 않았던 결과를 이끌어냈다. 이슬람법은 이슬람 사회를 구성하는 데 있어서 상당히 중요한 구심점 역할을 했기 때문에, 그 관할권을 줄인다는 것은 유럽 사회가 이슬람의 정체성을 희석시키려 한다는 인상을 강하게 주었다. 이에 대한 반발로 사람들은 기회가 있을 때마다 스스로 이슬람법을 수호하려는 행위들을 하게 된다. 이후 제4장과 제5장에서는 근대의 개혁가들과 전통주의자들이 어떻게 이러한 활동들을 펼쳤는지 자세히 살펴볼 것이다. 하지만 이러한 사회적 긴장에도 불구하고 이슬람법은 여전히 드넓은 이슬람 사회를 하나로 통일시키는 상징적인 요소가 되어주었다. 수많은 정치적 소요사태로 점철된 이슬람의 역사 속에서도 이슬람법은 그들에게 통일성을 부여해주었으며 무슬림 공동체가 화합할 수 있는 길을 열어주었다. 이슬람의 통일성에 있어서는 지도자들보다 사상가들이 훨씬 더 큰 상징적 의미를 가졌다.

이러한 현상들은 이븐 바투타의 여행기에도 잘 기술되어 있다. 이븐 바투타는 14세기의 법학자이자 세계여행가로 이슬람 세계에서는 마르코 폴로의 선도자격으로 여겨지는 인물이다. 이븐 바투타는 그의 고향인 탕헤르(모로코의 항구 도시-역주)에서부터 북아프리카 전역과 중동의 아랍, 터키, 페르시아 권역 및 몰디브 섬과 스리랑카, 벵골 지방을 거쳐 중국에 이르는 광활한 지역을 여행했다. 현존하는 그의 여행기에는 그를 맞이하며 따뜻한 온정을 베풀어주었던 마을과 그의 말을 경청해

이 슬 람 의
시   간

주었던 법학자들에 대한 기록이 잘 남아 있다. 즉각적인 의사소통이 가능해진 현대사회에서 어느 개인이 세계여행을 했다거나 여러 사람과 만날 수 있었다는 사실은 더 이상 무의미한 것으로 보일 수 있다. 하지만 종교법학자들은 오늘날에도 여전히 인종과 국가, 종파적 정체성을 넘어 다양한 이들에게 많은 영향을 끼칠 수 있다. 앞으로 제4장과 제5장에서 자세하게 다루겠지만, 학자들은 북아프리카에서 동남아시아에 이르는 이슬람 세계 속 여러 사태들에 대해 종종 정치인들보다도 강력한 영향력을 행사한다.

정치구조

이슬람을 대표하는 정치구조는 존재하지 않는다. 어떤 정부가 이슬람다운 정부인지는 그 행정권의 본질 자체만으로 판단할 문제가 아니기 때문이다. 역사 속에서 무슬림들은 단순히 연장자(셰이크sehikh)가 이끄는 부족 형태에서 칼리프나 술탄, 혹은 샤(shah, 왕)가 이끄는 제국 형태, 입헌민주정과 군부독재에 이르기까지 다양한 형태의 정부를 수립해왔다. 또한 그 정체가 어떠한 형태이든지, 그를 규율하는 법이 이슬람법에서 비롯된 것이라면 정부는 이슬람 세계에서 그 정치적 정당성을 인정받을 수 있었다. 이는 11세기 샤피이 학파의 법학자 알 마와르디(972-1058)가 기술한 『정부법Al-Ahkam al-Sultaniyya』에 잘 드러나 있다. 이에 따르면 통치자들의 의무는 크게 국방, 재정, 행정 세 가지로 구분

된다.[7] 통치자는 공동체를 외부의 공격으로부터 방어할 수 있어야 하며(제3조), 국경에서의 방어태세를 유지하고(제5조), 무슬림이 되기를 거부하거나 무슬림과의 조약을 거부하는 이들을 상대로 군사적 행동을 할 수 있어야 한다(제6조). 수탁책임과 관련하여 통치자는 모든 무슬림의 의무인 자선세(자카트)와 더불어 정당한 전리품을 거둘 수 있다(제7조). 그는 재정상태에 따라 합리적인 급료를 책정한 후 지급해야 하며(제8조) 그가 임명한 이들이 재무부를 정직하게 이끌고 있는지 확인해야 한다(제9조). 하지만 무엇보다도 통치자는 이미 확립된 이슬람의 종교적 원칙들이 제대로 수호되도록 해야 하며(제1조) 그에 따라 법적 판결을 내리고 형벌을 집행해야 한다(제2조 및 4조). 달리 말하자면 통치자의 권한은 행정적인 강제력에 한정되어 있는데, 이러한 지위는 14세기 들어 한발리 학파의 법학자 이븐 타이미야(1263-1328)에 의해 한층 더 강화된다. 타이미야는 정부의 형태가 시대와 장소, 관습과 상황에 따라 달라질 수 있으나, 법을 밝히고 판결을 내리는 사법적 권한만큼은 행정권으로부터 독립적일 것은 물론 다른 권력에 대해 최우선적인 지위를 가져야 한다고 말했다. 따라서 통치자는 그 어떠한 형태로도 존재할 수 있으나, 그가 이슬람의 법체계를 공고히 할 때만 그 정부가 정당성을 획득할 수 있다.

이슬람 제국이 경제적으로도 번영을 이룬 중세시대에 이르자 중앙정부의 영향력은 더욱 한정되었다. 사실 (당시 칼리프로 불렸던) 아바스 왕조는 이슬람이 생겨나기 이전부터 있었던 페르시아의 왕정을 본떠 '이 땅에 내려진 하나님의 그림자'로서 군주가 지배하는 강력한 정치체제를 이룩하였다. 하지만 칼리프가 다루는 사안들은 국민 자체를 다루는 일이 아니었다. 칼리프의 절대적인 권력과는 상반되게도, 고전적인 이슬람 정권에서 대중은 유례없는 자유를 누릴 수 있었다. 세금 걷는 일을 제외한다면 정부는 사람들이 일상적으로 생활하는 사회에 깊숙이 개입하지 않았다. 사람들이 태어나고 교육받으며 결혼하는 일, 돈을 벌고 그 부를 상속하는 일, 무역을 포함하여 다양한 형태의 상거래를 하는 일 등은 모두 중앙정부의 간섭 없이 자유롭게 이루어졌다. 사실상 일상생활의 모든 측면은 법학자들이 중앙 정부로부터 독립적으로 밝혀내고 집행했던 이슬람법의 시계 안에 놓여 있는 상태였다.

종종 이슬람에서는 종교와 정치 간의 구분이 없다는 주장을 하는 자들이 있으나 이는 잘못된 이해다. 물론 이슬람에서 정치적 가치와 종교적 가치를 구분하지 않는 것은 사실이다. 정치적 삶이나 공공 부문에서의 생활을 규율하는 가치들은 개인의 사적인 생활을 규율하는 데에도 똑같이 적용된다. 하지만 행정구조에 관해 논한다면 이슬람법은 이슬람의 행정부로부터 상당히 독립적이라고 말할 수 있다. 행정부가 판사를 임명할 권한을 가지고 있긴 하지만, 이 판사들은 자치적인 기관을 통해 교육받는다. 현대의 삼권분립과 놀랍도록 닮아 있는 이 체제 속에서 무슬림 법학자들은 정부의 통제로부터 독립적인 재원을 운영하며 엄청난 자유를 누렸다. 이러한 독립성은 주로 자선재단의 운용을 통해 확보할 수 있었던 것인데, 아우카프(단수형으로 와크프)로 불리는 이 자선재단은 이슬람 시민 사회의 역사 속에서 언제나 그 구심점 역할을 해왔던 기관이다. 와크프는 일종의 신탁 자금으로 개인의 기증이나 유증, 혹은 사회에 기여하고자 하는 회사의 후원으로 구성된다. 개인들의 모금활동이나 기업체들의 기금은 작게는 마을의 분수를 만드는 일부터 크게는 병원을 짓는 일까지 여러 일들을 가능하게 했다. 와크프의 주된 수혜자로는 모스크 사원이 있었으며 이렇게 받은 공여로 법학자를 교육하고 후원하였다.

　이러한 증여들은 법적으로 등록되어 영속법의 구속을 받았는데, 이는 한번 기부된 돈이라면 사적인 용도로 사용되도록 전환될 수 없으며 그 본래의 목적에 맞게 계속하여 자선적인 목적으로만 사용되어야 함을 의미한다. 와크프 기부금은 기증이 이루어질 당시 임명된 신탁 운영자에 의해 사적으로 운용되었다. 물론 와크프 기금을 악용한 사례 역시 많으며 정부가 시민사회를 통제할 목적으로 기금을 몰수하는 경우도 있었다. 하지만 이론적으로 와크프 기금은 독립적인 기관으로 남아 있어야 했다. 이처럼 와크프 기금은 법학자들을 길러내는 기관들의 독립성을 뒷받침하였으며 따라서 고전적인 이슬람 체제에서 정치적 정당성에 대한 판결자 역할을 하였다.

　일반 시민이라도 샤리아 법정(이슬람법원-역주)이 정의를 행하지 않고 있다고 생각될 때는 언제나 칼리프에게 문제를 제기할 수 있었다는 점도 주목할 만하다. 마잘림 법정이라는 특별법원이 바로 이를 위해 운영되었다. 중앙 정부의 대표들로 구성된 이 법원에서 공무원들은 완전한 재량권을 향유하였다. 사람들은 지역 공무원이나 지역 법정이 내린 판결들에 대해 항소하거나 형사고소에 대한 이의를 제기할 수 있었으며 여기에 마잘림 법정의 판사들은 법학자들에 의해 정의된 표준 이슬람법에 의거하지 않고서도 그들이 옳다고 생각하는 판결을 내릴 수 있었다.

문화적 성취

종교적 자유에 유연한 행정구조가 더해진 이슬람의 독특한 체계는 중세시대에 이르자 상당한 수준의 성장과 안정성을 동시에 확보하였다. 이러한 평화와 번영의 시대는 당대의 과학과 예술이 새로운 경지에 도달할 수 있는 밑거름이 되어주었다. 스페인에서부터 인도에 이르는 광활한 이슬람 세계는 그 공동체 안의 다양한 문화와 인종, 그리고 정치적 다원주의를 인정하면서 유례없는 문화적 개화기를 이룩했다. 학문적 연구는 곧 환산할 수 없는 가치를 지닌 일이자 사회구성원 공동의 행위로 여겨졌다. 이집트의 한 도서관에 오랫동안 잠들어 있었던 고대 그리스의 서적을 발견한 무슬림 학자들은 곧 이를 고대 시리아어로 번역할 수 있었던 기독교 학자들과 협업한 끝에 아랍어 번역본을 출간하는 데 성공하였다. 페르시아부터 인도까지 모든 지적 유산들을 한곳에 모아놓았던 것과 같은 이러한 학문적 토양은 당대 최고의 과학과 예술을 싹틔우며 아름다운 문화체계를 형성하였다. 데니스 오버바이는 이 시대를 다음과 같이 표현하였다.

무슬림들은 지식을 탐구하며 자연에서 창조주의 흔적을 찾을 것을 명하는 [쿠란의] 말씀을 따르는 동시에 고대 그리스가 그들에게 남겨준 보물 같은 연구물들을 발견함으로써 당시 세계 과학의 중심지나 다름없는 수준의 사회를 이룩하였다. 이후 500여 년 동안 아랍어는 그 자체로 과학 혹은 학문과 거의 동의어처럼 여겨졌다. 이들이 선도자로서 남긴 발자취는 차마 다 세기도 힘든데, 현대 과학이나 기하학에서 시작하여 오늘날 우리가 부르는 행성들의 이름과 심지어는 과학이 실증적인 연구라는 개념 그 자체까지 이 시대에 처음 발전되었다.[8]

『천일야화』에서 불사신으로 등장하기도 했던 하룬 알 라시드(763?-809)가 칼리프를 지낸 시기 아바스 왕조의 화려함이 어느 정도였는지는 서구 세계에도 널리 알려져 있다. 아름다운 정원으로 둘러싸인 왕궁은 너무나 광활해서 유지에만 수백 명의 하인들이 동원되었다고 한다. 세간에 의하면 그곳에는 금실로 섬세하게 직조된 수천 점의 양탄자와 커튼이 넘실댔다. 여왕의 식탁에는 금과 은 위에 보석 세공으로 장식된 식기들만이 올라갈 수 있었다. 국왕의 응접실은 그 중앙에 아름답게 장식된 인공 나무가 세워져 있어서 나무의 방으로도 불렸는데, 금과 은으로 만들어진 이 수공예 나무는 그 가지 위에 역시 금으로 만들어진 기계새가 올라앉아 쩍쩍거렸다. 바그다드는 의심할 여지없이 당대 문명세계의 중심지였다. 세계 각지에서 바그다드로 사절단들이 몰려들었는데 여기에는 하룬 알 라시드와 동시대를 살았던 샤를마뉴의 특사단도 포함되어 있었다(하룬 역시 샤를마뉴에게 사절단을 보냈다. 하룬은 샤를마뉴의 요청에 화답하는 의미로 독일 아헨에 위치한 샤를마뉴의 궁전으로 흰색 코끼리 한 마리를 보냈다. 이 코끼리에게는 아바스 왕조의 칼리프를 상징하는 의미에서 '아바스의 아버

이 슬 람 의
시   간

지'라는 뜻의 아부 아바스라는 이름이 붙었다. 이 코끼리는 혹독한 유럽 대륙의 기후 속에서도 80년을 더 살다가 세상을 떠났다).

하룬 시대의 왕정이 누렸던 막대한 부는 아바스 왕조가 점령한 드넓은 영토에서 나오는 세금에 기반을 둔 것이기도 했지만, 아프리카와 인도, 중국, 중앙아시아, 러시아 및 그 너머의 지역들까지 이어졌던 무역 또한 여기에 한몫했다. 이곳에서 주조된 화폐는 독일과 스웨덴, 심지어는 핀란드에서까지 발견되고 있다. 중세시대의 이슬람 스페인은 바그다드와 견줄 만큼 번화한 도시였다. 10세기 우마이야 왕조가 다스리던 이슬람 스페인의 수도였던 코르도바는 유럽 전역에서 '위대한 도시'로 통칭되었다. 무슬림 왕조의 지배하에서 이곳의 인구는 네 배나 증가하여 10만 명에 이르렀는데 이는 당시 콘스탄티노플의 인구와 맞먹는 수준이었다. 거리에는 국가에서 관리하는 수천 개의 가로등이 길을 밝히고 있었으며 수도교로 이어진 수백 개의 분수와 목욕탕도 도시를 채우고 있었다. 이들은 새로운 관개기술을 도입하는 한편 새로운 작물들의 재배를 시도하는 등 농업혁명을 일으킴으로써 막대한 번영을 누렸다. 오렌지(아랍어 나란지naranj에서 유래)와 레몬(아랍어 레이몬laimon에서 유래), 아티초크(아랍어 아르디 쇼키ardi shoki에서 유래), 면화(아랍어 쿠툰qutun에서 유래)와 사탕수수(아랍어 슈카sukkar에서 유래) 등 수많은 작물들이 이 시기에 유럽에 전래되었다. 이 도시는 공공도서관 또한 다수 갖추고 있었으며 왕궁의 도서관만 하더라도 40만 권이 넘는 장서를 보유하고 있었다(비교하자면 당시 유럽의 최대 공공도서관이었던 스위스 수도원의 도서관조차 고작 600여 권의 장서를 보유하고 있었다).

시간이 흐르면서 이슬람의 정치적 영향력이야 어쩔 수 없이 축소되었지만, 지적 업적들은 이슬람 제국의 진정한 유산으로 남았다. 고전 문헌의 번역 작업은 하룬 알 라시드 시대 이전부터 시작되었다. 갈레노스와 히포크라테스가 남긴 의학 서적들, 프톨레마이오스와 유클리드의 수학 및 천문학 연구서들을 포함하여 고대 그리스와 로마 시대가 저문 이후로 이집트 도서관들에 잠든 채 잊혀가던 장서들이 그 대상이었다. 이슬람 세계는 이 장서들이 가진 가치를 곧바로 알아보았으며 따라서 이 번역 작업은 사회적으로 상당히 중요한 의미를 가지게 되었다. 후나인 이스하크(809-873) 및 그의 아들과 조카들은 이 작업을 통해 명성을 떨친 대표주자들이다. 그들은 기존의 번역물들을 손보는 한편 아리스토텔레스와 플라톤의 저서들을 번역하는 등 아랍어를 통해 접할 수 있는 작업물의 수를 늘리는 데 집중하였다. 전설에 따르면 하룬의 계승자 알 마문은 학문을 중시했기 때문에 매번 급여를 줄 때마다 후나인이 번역한 책의 무게를 달아 그만큼의 금을 수여했다고도 전해진다.

무슬림 학자들은 이 번역서들을 토대로 고대 그리스 이후의 서구 세계와는 비교할 수 없을 만큼 엄청난 학문적 성과를 이룩했다. 초기의 연구주제 중 대표적인 것으로는 이미 진리로 받아들여지던 일들에 대한 논리적 분석이 있었다. 당대 학자들은 계시를 분석하는 데 있어서 고대 그리스의 합리주의적 방법을 차용함으로써 이슬람 철학을 탄생시켰다. 이들의 작업물들은 훗날 유럽에서 고대 그리스의 학문을 연구하는 데 있어 중요한 원전으로 사용되는 한편 기독교 철학과 유대교 철학을 발전시키는 데 있어서 좋은 본보기가 되어주기도 했다. 학자 하나를 예시로 들자면 튀르크 제국 치하 중앙아시아 출신의 알 파라비(라틴명 알파라비우스, 870-950)는 플라톤 및 아리스토텔레스에 대한 평전을 쓰는 한편 그 스스로도 매우 독창적인 이상국가론을 확립하였다. 그는 이러한 학문적 작업들을 가리켜 도덕적으로 또 지적으로 깨어 있는 지도자들이 '고결한 도시(알 마디나 알 파딜라)'를 이루고 그 주민들을 이롭게 하는 행위라 표현하였다. 무슬림 세계에서 가장 큰 영향력을 행사했던 학자로는 이븐 시나(라틴명 아비센나, 980-1037)와 이븐 루슈드(라틴명 아베로에스, 1126-1198)가 있다. 부하라(지금의 우즈베키스탄) 출신의 이븐 시나는 중세 이슬람 세계의 그 누구보다도 넓은 분야의 학문들을 다룬 지식인이었다. 그는 미술과 천문학, 기하학, 약학을 포함한 수많은 주제들에 대한 저서를 남겼는데, 그중에서도 철학에 대한 그의 연구는 오늘날의 철학에까지 큰 영향력을 행사하고 있다. 이슬람 교리를 합리적으로 해석하는 그의 연구방법론은 플라톤과 아리스토텔레스에 대한 그의 연구에서 비롯된 것이며 나아가 중세시대의 철학적 신학의 토대가 되었다. 코르도바의 이븐 루슈드는 아리스토텔레스의 철학을 이븐 시나보다도 한층 더 정교하게 해석해내면서 아리스토텔레스와 관련한 학문들에서 중세 유럽 내내 가장 중요하게 다루어졌던 원전들을 저술하였다.

무슬림 철학자들의 연구는 무슬림 세계는 물론 그 바깥의 세계에서도 언제나 논쟁의 대상이 되는 것이었다. 전통주의적 학자들은 그 연구가 계시 자체를 해치지 않는 선에서 계시에 드러나 있는 종교적 원칙들을 합리적으로 파헤치는 작업을 수용했다. 이는 훗날 우리가 신학(아랍어로 칼람kalam)이라고 부르는 학문이기도 하다(이슬람 신학에 대해서는 제4장에서 더 자세하게 다루도록 한다). 하지만 철학의 합리주의적 분석에는 이론적인 한계가 없었다. 합리적 분석에 따른 결과가 계시의 내용과 충돌하는 경우에 철학자들은 계시가 보통 사람들은 이해할 수 없을 만큼 깊은 진리를 담고 있는 은유적 표현으로 받아들여져야 한다고 주장했다. 이러한 결과물들은 종교적인 학자들이 받아들일 수 없는 것이었다. 이와 같은 논쟁은 중세시대를 통틀어 가장 흥미로운 철학적 대담을 탄생시켰다. 신학자 알 가잘리가 철학자들을 가리켜 '지리멸

그림 1 라파엘의 《아테네 학당》에 등장하는 이븐 루슈드와 아리스토텔레스
출처: ⓒ akg-images/Album/Oronoz

렬'하다고 비판한 글『철학자들의 자멸Tahafut al-falasifa』과 그에 대한 이븐 루슈드의 반격을 담은『자멸의 자멸Tahafut al-tahafut』이 바로 그것이다.

알 가잘리(1058-1111)는 페르시아 출신의 학자로 법과 철학, 그리고 신학을 연구하며 최고의 학문적 위상을 누렸으나 한 차례의 영적 위기를 경험한 이후로는 돌연 신비주의를 연구하기 시작하였다. 신비주의에서 영적 충만을 얻은 그는 수피즘(이슬람 신비주의, 뒤에서 더 자세하게 다루도록 한다)만이 신앙생활을 유지하는 데 필요한 단 하나의 확실성이라는 결론에 이르렀다.

이러한 관점에서 그는 철학자들이 이성을 통해 확실성을 찾고자 하는 행태에 대한 통렬한 비판을 남기게 된다. 그는 논리적 분석이란 본질적으로 종교적 진리를 다룰 수 없는 방법론이며 그를 시도할 경우 필연적으로 자가당착에 이르게 된다는 것을 증명하고자 했다. 그는 만일 형이상학적인 문제들에 대해 논리적인 분석방법이 적용될 수 있는 것이었다면 마치 수학적 논리와도 같이 모두가 동의할 수 있는 결론에 이르러야 하지만, 사실상 철학자들은 언제나 계속해서 수많은 문제들에 대해서 대립해왔다고 주장했다. 알 가잘리는 수 명의 철학자들과 그 이론들을 특정하여 비판하고 있으나 무엇보다도 신의 존재를 증명하고자 했던 이들을 공격하는 데 집중하였다. 이들의 주장이 우주가 창조주에 의해 만들어진 것이 아니라 오히려 언제나 존재해왔던 것이라는 논리를 수반했기 때문이다. 신의 존재를 증명하고자 했던 몇몇 철학자들은 아리스토텔레스의 시동자 논의를 빌려와 '부동의 동자'로서의 신이 존재한다고 주장했다. '시동자'는 우주 만물의 움직임, 변화와 그 인과관계들을 최초로 촉발시키는 힘을 지칭한다. 하나님은 영원하고 완벽한 존재이기 때문에, 만일 하나님이 시동자라면 시동자 역시 변치 않는 존재여야 한다. 변화란 불완전한 상태에서 완전한 상태로, 철학적 용어로 말하자면 '잠재성'에서 '형상'으로 이동하는 행위이다('다이나미스'와 '엔텔레케이아'라고도 한다-역주). 따라서 우주 역시 영원한 존재여야만 하는데, 만일 그렇지 않다면 하나님이 세상을 창조하기로 결정한 이래 어떠한 것을 변화시키거나 움직였다는 말이 되기 때문이다. 이러한 논리는 창조주에 대한 통상적인 진리와 양립할 수 없는 결론을 낳았으며 알 가잘리는 이에 대한 오류를 밝히고자 하였다. 그는 철학자들이 창조를 행한 창조주와 창조 행위 그 자체를 구분하지 못하는 오류를 범했다고 설명했다. 그는 영원 안에서 세계와 세상만물이 궁극적으로 창조되는 일이 하나님의 의도라는 결론을 내렸으나 이는 창조물들이 그 자체로 영원하다는 의미는 아니었다. 이븐 루슈드는 이에 반격하면서 알 가잘리가 어떠한 것을 의도한다는 일과 실제로 그를 행하는 일을 구별하는 데 실패했다고 지적했다. 누구나 어떠한 행동을 하기 훨씬 이전부터 그 행위를 하겠노라 결심할 수 있지만, 이는 그 사람이 자신의 결정에 행동을 더하기 이전까지 행해지지 않기 때문이다. 이러한 논리는 이 갑론을박을 세계가 영원하거나, 하나님이 완벽하지 않거나 둘 중 하나라는 원초적 논쟁으로 되돌렸다. 알 가잘리와 이븐 루슈드 모두 상대방의 의견에 동조하지 않았으며 이에 따라 신학자들과 철학자들은 두 파로 갈리게 되었다.

이븐 루슈드는 곧 유럽에서 라틴아베로이즘이란 학파를 형성하며 토마스 아퀴나스의 학문적 신학과 경쟁구도를 이루었다. 토마스 아퀴나스의 신학 역시 아리스토텔레스에 대한 무슬림 철학자들의 저서들을 연구하며 정립된 것이었다. 이러한 논쟁에 대해 아퀴나스는 그의 가장 유명한 저서 중 하나인 『대이교도대전Summa contra Gentiles』을 집필하였는데, '이교도' 무슬림들의 논리에 대해 반박하는 내용의 글이었다. 이븐 루슈드는 단테의 『신곡』〈지옥편〉에도 영향을 끼쳤는데 이는 그나마 가장 덜 고통스러운 첫 번째 지옥에서의 이야기를 통해 잘 드러나 있다. 단테는 이븐 루슈드를 철학자로서 존중했지만 그의 기독교적 세계관에서 무슬림들은 영벌을 피하지 못할 존재들이었다(단테는 예언자 무함마드를 그의 지옥 아홉 개 중 여덟 번째로 깊은 곳에 떨어트렸다).

무슬림 세계의 유대인 학자들 역시 계시 종교를 고대 그리스 철학의 방법론을 통해 이성적으로 분석하고자 했다. 일반적으로 그리스어에서 시리아어와 아랍어를 거쳐 히브리어로 번역된 저서들을 연구하면서 유대인 학자들은 그들의 무슬림 동포들과 같은 논리를 가지게 되었다. 벤 가비롤(1021-1058?)의 저서 『생명의 샘Yanbu' al-Hayah』은 이슬람 스페인은 물론 전 유럽에 걸쳐 중요한 플라톤 연구서로 손꼽혔다. 코르도바의 위대한 모세 벤 마이몬(1135-1204, 라틴어로 마이모니데스, 아랍어로 무사 이븐 마이문)은 훌륭한 철학자이자 의사였으며 궁중 내에서도 높은 위치를 차지하고 있었다. 그는 살라딘의 주치의를 지내기도 했다(십자군 전쟁에 맞선 것으로 유명한 살라딘에 대해서는 제3장 참조).

철학은 유럽과 마찬가지로 이슬람 세계에서도 크게 존경받는 학문이었지만 사실상 중세 사회에 있어서 철학이 일상생활에 끼치는 영향

은 상대적으로 미미했다. 이보다는 실용과학이 더욱 중시되었으며 고
도로 발전한 중세시대의 이슬람 문명 또한 실용과학의 발전에 한몫했
다. 실용과학 중에서도 가장 높이 평가받던 분야는 다름 아닌 의학이
었다. 알 가잘리 또한 의학이 공동체에 부여된 종교적 의무라고 보았
으며 따라서 충분한 숫자의 무슬림들이 의학을 배워 공동체의 수요를
충족시켜야 한다고 주장했다. 의학 전문가들은 상당한 지위를 누렸는
데 전설에 따르면 이는 하나님이 (예언자 이드리스와 에녹을 통해) 지시하신
바다. 무슬림 학자들의 의학 연구는 당대 최고 수준으로 발전한 것이
었다. 특히 아바스 왕조는 이러한 의학 연구들을 후원하는 데 큰 관심
을 보였다.

하룬 알 라시드는 바그다드에 최초로 병원을 설립하였는데 여기에
는 6세기 페르시아(이란)에 지어진 병원 군디샤푸르에서 교육받은 기
독교인 의학자들이 관리감독 등의 도움을 주었다. 9세기 말에 이르자
카이로와 메카, 메디나에도 수 개의 병원이 더 건립되었으며 시골 지
역에는 이동 가능한 의료시설 여러 곳이 갖추어졌다. 이 병원들은 여
자와 남자를 가리지 않고 진료하였으며 가난한 자들 또한 진료를 받
을 수 있었다. 다수의 병원에는 정신병동과 도서관, 교실들을 갖추고
있었다. 10세기 초에는 바그다드에 등록된 의사만 900명에 달하였으
며 이에 따라 의사가 되기 위한 표준시험이 필요해졌다. 13세기에 지
어진 카이로의 만수리 병원은 오늘날까지도 맹인들을 돌보는 병원으
로 사용되고 있다. 이 병원은 성별과 종교 및 재정적 수단을 막론하고
한번 찾아온 환자는 절대로 그냥 되돌려 보내지 않는다는 방침을 지

키고 있었으며 특수병동과 약국, 강의실, 도서관, 예배당 및 모스크 사원까지 갖추고 있었다. 14세기에 이르자 이슬람 치하 인도에도 다수의 병원들이 세워졌는데 아랍 세계와 마찬가지로 이곳에서도 병원은 와크프 기금과 정부의 후원으로 운영되었으며 사람들은 무료로 치료받을 수 있었다.

페르시아에서 큰 명성을 떨쳤던 의학자 알 라지(854-925)는 바그다드의 한 병원에서 일했는데 여기에는 각자 다른 분야를 전공한 24명의 의사들이 일하고 있었다. 그의 저서 『비밀의 책Kitab al-Asrar』은 현대 화학의 선구자격인 연금술의 가장 기본적인 교과서로 여겨졌으며 이후 라틴어로 번역되기도 했다. 이외에도 그는 의학 지식을 집대성한 편서를 여러 권 출간했는데 이 역시 라틴어로 번역되어 16세기에 이르기까지 유럽 내에서 표준적인 의학 원전으로 사용되었다. 하지만 알 라지보다 더 큰 영향력을 행사하였던 사람은 철학자이자 의사였던 이븐 시나였다. 물론 아리스토텔레스에 대한 그의 해설 또한 라틴 학자들에게 주요 원전으로 사용되었지만, 그가 그리스와 이슬람의 의학 지식을 한데 모아 출간한 14권의 개요서 『의학정전al-Qanun fi'l-Tibb』은 유럽 학자들 사이에서 매우 권위 있는 책으로 인정받았다. 1025년에 완성되었으며 이후 1593년 아랍어로 인쇄된 최초의 책 중 하나이기도 했던 이 책은 이후 600여 년 동안 서양 학자들에게 타의 추종을 불허하는 영향력을 행사하였다.

모래와 먼지 가득한 공기, 그리고 강렬한 태양빛 때문에 눈과 관련된 질환은 중동 및 북아프리카 지역에서 매우 흔한 것이었으며 이 결과 이슬람 의학 중에서도 안과 관련 연구는 상당한 수준의 발전을 이루었다. 체계적인 치료방법을 담은 안과 서적 중 가장 오래된 것으로는 9세기에 지어진 이븐 마사웨이의 책이 있다. 수학자 이븐 알 하이삼(965-1040) 또한 연구 도중 프톨레마이오스의 광학 연구에 영감을 받은 이후로 시각 연구에 지대한 공헌을 남겼다. 그는 아리스토텔레스의 형이상학에서 등장하는 질료-형상 개념에 그가 해부학 실험을 통해 얻은 결과물들을 결합하여 새로운 광학 이론을 발전시켰으며 이 과정에서 새로운 과학적 방법론을 창시하기도 했다. 그의 저서『광학의 서 Kitab al-Mandhir』는 반사와 굴절에 관한 중요한 설명 또한 담고 있다.

광학 분야에서도 실질적인 기술진보가 이루어졌다. 기술자들은 확대렌즈 및 굴절렌즈를 발명하여 현미경 및 망원경의 기초를 이루었다. 아스트롤라베(천체의 위치 등을 관찰하기 위한 천문관측기구-역주)와 육분의(천체와 수평선 사이의 각도를 측정하는 광학기계-역주)를 포함하여 방향 및 길을 찾는 데 사용되던 기구들 역시 완벽에 가까운 발전을 이루었는데, 이것들이 대량생산되어 널리 쓰였다. 하지만 이러한 기술진보 중에서도 가장 많은 사람들이 접할 수 있었던 것은 다름 아닌 종이의 도입이었다. 700년대 후반 중국으로부터 도입된 종이의 사용은 이슬람 제국의 동부지역을 중심으로 양피지(양이나 염소의 피부를 종이로 쓰는 것)를 대신하기 시작했으며 곧이어 서부로 빠르게 전파되었다. 이슬람 스페인의 몇몇 지방에서도 종이 생산이 이루어졌다. 이후 종이는 스페인을 통해 유럽 대륙에도 전파되었지만 유럽인들이 가동활자를 발명하기 이전까지 종이는 지극히 제한적으로 사용되었다.

수학은 중세 무슬림 세계 및 무슬림 학자들이 기량을 펼치던 다른 국가들에서 실용학문의 기본으로 여겨졌다. 정확한 계산은 효율적인 항해를 위한 필수조건이었으나 고대의 숫자체계는 요구되는 것만큼 정확한 계산을 하기에는 역부족이었다. 이러한 측면에서 아라비아 숫자의 전파는 아랍 세계가 실용학문에 미친 가장 큰 공헌으로 손꼽힐 수 있을 것이다. 본래 인도에서 유래되었기 때문에 아랍어로 힌디^{hindi}라고도 불렸던 이 아라비아 숫자는 문자를 차용해 표기했던 고대 그리스와 로마의 숫자체계를 대체하기 시작했다. 0의 개념(아랍어로 시프르 sifr, 영어로 cipher) 역시 9세기 알 콰리즈미(780?-850?)의 고급수학에 의해 도입되었다. 그의 저서『복원과 대비의 계산^{Hisab al-jabr wa'l-Muqabalah}』은 대수학(알제브라, 알 자브르al-jabr에서 유래)이라는 용어를 처음 사용한 책이자 서양 대수학의 기본서로 여겨지고 있다. 알고리즘이라는 용어 역시 콰리즈미가 처음 사용했는데, 이는 '콰리즈미'를 라틴어로 문자 변환한 것이다. 그와 동시대를 살았던 알 바타니(850?-929)는 삼각법을 발전시켰다. 이슬람 세계의 다른 수학자들과 마찬가지로 알 바타니는 고전 문헌들을 검증하고 수정하는 방식으로 연구를 이어나갔는데, 그의 경우에는 프톨레마이오스의 태양 및 행성의 공전 주기에 관한 계산 일부를 수정하는 데 성공하였다.

알 비루니(973-1050?)는 동부의 문화적 중심지였던 가즈나(지금의 아프가니스탄) 출신으로 수많은 연구를 남긴 학자이자 과학자였다. 페르시아어와 아랍어, 히브리어, 터키어, 시리아어와 산스크리트어에 능통했던 알 비루니는 다양한 학문을 다루었지만 그중에서도 수학과 천문학,

그리고 고대 달력에 대한 논문을 수 편 써냈다. 그는 지동설 지지자였으며 지구가 평평하다는 이들에 맞서 지구가 구체라는 주장을 펼쳤다. 그는 지구의 경도 및 위도를 정확히 계산하기도 했다. 이슬람 제국의 반대편 끝자락이었던 스페인에서는 수학자이자 천문학자 알 자칼리(1029-1087?)가 별의 움직임에 관하여 깊은 연구를 펼쳐나가고 있었으며 그 과정에서 아스트롤라베 또한 완성시켰다. 알 바타니와 알 자칼리는 모두 코페르니쿠스의 역작 『천구의 회전에 관하여De revolutionibus orbium coelestium』에 인용되는 인물들이다. 천문학은 이슬람 세계에서 극도로 발전된 학문이었으며 심지어는 상설 관측시설 또한 건설되었다. 아마도 전 세계를 통틀어 가장 오래된 천문대였을 이 시설은 오늘날에도 이란 북서부 마라게 시에서 그 유적을 찾아볼 수 있다. 1259년에 건립된 이 천문대는 그 도서관의 방대한 장서들과 함께 수많은 학자들을 매료시켰으며 멀리로는 중국의 학자들까지 불러 모았다. 중세 이슬람의 천문학자들은 또한 천체의 이름들과 기술적 용어들을 만들면서 과학사에 불멸의 흔적을 남겼는데, 알타이르(독수리자리 중 1등 별, 아랍어로 알타이르al-ta'ir)와 베텔게우스(오리온자리의 1등 별, 아랍어로 오리온자리는 '자우지의 집bayt al-Jawzi'이라고 한다) 및 천정점(아랍어로 아스삼트as-samt)과 천저점(아랍어로 나드히르nadhir) 등이 그 예시다.

지적으로 충만했던 중세의 이슬람 사회 속에서 고대 그리스어와 페르시아어, 인도어로 된 책들을 번역하는 일은 중세시대 무슬림 세계가 피워낸 위대한 문화 중에서도 가장 기초가 되는 작업이었다. 이 학문적 성취는 시리아와 시칠리아, 그리고 특히 스페인으로 전파되면서 유럽 문명의 기반 형성에도 한몫했다. 당시 유럽에서 아랍어는 학계의 공용어로 사용되었으며 11세기 스페인 톨레도에는 아랍어 원전을 라틴어로 번역하는 학교가 세워지기도 했다. 영국과 스코틀랜드의 학자들까지 이 학교에 찾아와 이슬람 제국의 학문을 연구했으며 이를 유럽 전역으로 확산시키고자 했다. 최초의 쿠란 번역서 역시 이 학교에서 발간되었는데, 프랑스 클루니 수도원의 수도원장이었던 가경장 베드로의 요청에 의해 체스터 출신의 로버트와 달마티아 출신의 헬만이 번역했다. 역사학자 필립 히티는 다음과 같이 말했다. "아리스토텔레스와 갈레노스, 프톨레마이오스에 대한 [중세 이슬람의] 연구들이 후대까지 전해지지 않았더라면 세계는 이러한 학문이 애초에 존재하지 않았던 것이나 다름없는 지적 빈곤을 겪었을 것이다."[9]

중세 무슬림 학자들은 고대 연구를 보존하고 수정하여 후대에 전해준 일 외에도 세계 문화 발전에 또 다른 공헌들을 남겼다. 이슬람 학자들 역시 그들만의 독자적인 연구를 진행했으며 근대 이전까지 서구 세계에서 확립조차 되지 않았던 학문 분야들에 대한 기반을 다져놓았다. 이븐 할둔(1332-1406)의 연구가 여기에 해당한다. 그의 저서인 『역사서설Muqaddimah』은 아랍, 페르시아, 베르베르족의 역사 개론서로 최초의 역사편찬서이자 근대 인류학, 사회학, 경제학 및 정치학의 선구자격으로 자주 인용되는 명저다. 『역사서설』은 사회발전 및 정치적 발전의 패턴을 다루고 있는데, 이는 할둔이 역사 및 경제 속에서 나타나는 패턴을 관찰하여 기술한 것이다. 이 때문에 역사학자 아놀드 토인비는 이 책을 칭송하며 "이러한 종류의 책 중 사상에 관계없이 가장 위대한 작품"이라고 평했다.[10] 로널드 레이건 전 미국대통령 역시 감세와 인플레이션 간의 관계를 설명하면서 이븐 할둔을 한 차례 이상 인용했다.[11]

할둔의 이론은 이데올로기가 역사적 조건을 바탕으로 형성된다는 마르크스의 이론을 먼저 읊은 것이나 다름없다. 그는 어떤 집단의 사회적, 정치적, 역사적 발전을 이해하려면 먼저 해당 구성원들이 어떻게 생계를 꾸리는지, 어느 정도의 교육을 받았는지, 어떤 종교적 신앙과 관습을 가지고 있는지, 그들이 생활하는 곳이 시골인지 혹은 도시인지, 그리고 그들 스스로를 어떻게 다스리는지 등을 이해해야 한다고 말했다. 그 어느 것도 진공상태에서 스스로 생겨나지 않으며 각각의 현상을 모두 서로의 인과관계 속에서 파악해야 한다는 할둔의 주장은 오늘날 역사편찬의 기본 원칙으로 여겨지고 있다. 또한 그는 비판적 사고법을 옹호했다. 그는 전해 내려오는 지식들을 새로운 시대에 맞추어 검증하는 일 없이 그대로 옮겨 적기만 하는 학자들과 개인적인 정치적 편향성을 녹여서 역사를 저술하는 학자들을 비판했다. '개인의 이기적 이익과 경쟁심으로, 압제와 부정직함의 앞잡이나 다름없이' 행동함으로써 '다른 학자들의 명성을 더럽히고' 있기 때문이었다.[12] 그는 '학자들은 예언자들의 계승자'라는 예언자 무함마드의 말 역시 즐겨 인용하며 당시의 생동감 넘치는 지적 영혼들을 묘사했는데, 아마 위대하고 다재다능했던 이븐 할둔보다 중세 무슬림 세계의 학자들을 잘 표현한 이는 또 없을 것이다.

영성과 신비주의적 전통: 수피즘

중세 이슬람 세계를 제대로 이해하려면 그 정교한 행정체계 및 성행했던 창조적 학문 이외에도 다른 측면 또한 살펴보아야 한다. 이슬람의 내면적이고 개인적인 영역에서는 수피즘이라 불리는 깊은 영적 전통이 자라나고 있었다. 본래 이슬람에 있어서 그 지배자들이나 학자들이 일군 모든 업적들은 본질적으로 개인의 헌신에 지나지 않는 것이었다. 이슬람법 역시 헌신에 대한 외부적 표출인 행위 자체만을 다루고 있으나, '하나님의 뜻을 행하는' 종교인 이슬람에게 진정한 신앙이란 단순한 복종을 넘어서는 의미를 가졌다. 무슬림들은 진정한 신앙심은 물론 의로운 행동을 통해서 외부로 표출되는 것이지만, 그러한 행동들에 대한 진정한 동기는 결국 깊은 내면으로부터 우러나온다고 믿었다. 경건한 행동이란 하나님의 의지를 소극적이면서 동시에 적극적으로 행하는 것으로, 말하자면 하나님의 뜻에 자기 자신을 아낌없이 바치는 일인 동시에 하나님의 뜻을 수행하기 위해 필요한 모든 행위를 다하고자 헌신하는 일이다. 수용과 헌신의 조합이라는 이슬람만의 독특한 요건은 쿠란 속에서 타크와로 표현되어 있다. 쿠란은 신앙(이만iman)과 희망(아말amal), 그리고 자선(사다카sadaqa) 등의 덕목을 행할 것을 요하는데, 이는 기독교에서도 항상 다루는 주제인 동시에 번역 그대로의 뜻을 가지고 있는 용어들이다. 반면 타크와는 쉽사리 번역되기 힘든 단어다. 제1장에서 보았던 것과 마찬가지로 타크와는 종종 '하나님에 대한 두려움'으로 번역되지만 이는 잘못된 표현이다. 타크와는 근본적으로 다른 이들을 보호하고 지켜주며 그들의 안전을 보장해주는 일이다. 쿠란은 타크와를 특정 행동이라고 제한하여 정의내리지 않았으며, 대신 타크와가 제대로 자리 잡은 양심에 따라 행하는 행동들임을 예시적으로 보여주고 있다. "그들이 너희에게 진실할 때 너희도 그들에게 진실해야 되나니 실로 하나님은 정의로운 이들을 사랑하시니라(9:7)."

타크와의 예시들에는 의로운 행동들이 다수 포함되어 있지만 이는 단순히 외부적인 행동에만 국한된 것이 아니며, 어떤 의지 역시 타크와의 범주 안에 들어간다. 의지란 하나님의 뜻을 내면화한 것으로, 자신의 영혼이 하나님의 가르침을 따를 것이며 이를 선행과 자선을 베풂으로써 표출할 것을 의도적으로 선택하는 일이다. 하나님의 뜻에 스스로의 의지로 복종한다는 것은 필연적으로 의로운 행동들을 통해 나타나게 되어 있으며, 제대로 된 양심과 고결한 행동들은 신자들을 진정한 위험, 즉 영벌로부터 구해줄 것이다.

그렇다면 이러한 덕을 기르기 위해 개인은 무엇을 해야 한다는 것인가? 그 덕목을 이해하는 것과 그에 따라 올바르게 행동하는 법은 이슬람 학자나 이슬람 법관에게 배울 수 있을 것이다. 그러나 하나님의 뜻을 자기만의 것으로 만드는 일은 영적인 연습을 필요로 한다. 이와 같이 이슬람의 내면적이고 영적인 측면을 통한 실천, 즉 수피즘(아랍어로 타사우프tasawwuf)은 종종 '내부의 이슬람'이나 '성숙한 이슬람'으로도 불린다. 하나님의 보상에 혹하고 엄벌을 무서워하면서 선을 행하고 악을 피하는 것은 어린 아이가 가질 만한 동기에 불과한 반면, 성숙한 신자들은 의롭게 행동하는 데에서 스스로 희열을 느끼며 악한 행위에 대해서는 혐오감을 느낀다. 이슬람에서 수피즘은 스스로 이를 실천하며 다른 이들 또한 그처럼 선행 속에서 기쁨을 누릴 수 있도록 가르치는 역할을 했다.

수피즘은 이슬람 태동기부터 자라난 사상이다. 예언자 무함마드가 살아있는 동안 공동체는 그를 종교적 지도자이자 정치적 지배자로 따랐지만 그 외에도 그 개인의 모범적인 삶을 받들었다. 무함마드의 삶은 하나님의 뜻을 행한다는 일념에 완전히 사로잡혀 있었다. 물론 그는 하나님의 선지자였지만, 동시에 그는 선지자로서의 삶과는 다른 한 사람으로서의 생활 또한 이어나갔다. 하나님으로부터 계시를 받은 선택과 개인적으로 내리는 선택 간에는 큰 차이가 있음을 사람들에게 종종 경고했다. 계시에 관련된 경우 그의 말은 그의 것이 아니었으며 하나님으로부터 비롯된 것이었기 때문에 부정할 수 없는 권위를 가졌다. 하지만 그 외의 일상생활에서 그는 필요할 때마다 공동체의 구성원들로부터 조언을 얻곤 했는데, 이 역시 쿠란이 그에게 지시한 바에 따른 것이며(3:159 참고) 동시에 인간으로서의 겸손을 잘 나타내는 행위였다. 한 예시를 들자면 하루는 사람들이 농사지은 것을 수확하는 일에 대하여 무함마드에게 질문하였는데, 무함마드는 이에 그들이 지금 하고 있는 것 이상으로 자신이 아는 더 좋은 방법이 없다고 답했다. 이렇게 자문을 구하는 일(슈라shura)은 이슬람이 민주정체를 가지고 있었기 때문이라는 게 현대 이슬람 해설가들의 견해다. 어찌되었든 쿠란은 무함마드가 이슬람의 실천에 있어서 가장 좋은 본보기임을 천명하고 있다. 그의 개인적인 선택들, 그의 삶을 꾸렸던 방식과 다른 이들을 대했던 방식은 모두 이슬람 공동체가 경건한 생활을 이어나가는 데 있어서 본보기가 될 만한 것들이었다. 이러한 맥락에서 그의 죽음은 공동체에 큰 상실로 다가왔다. 실제로 무함마드의 일거수일투족이 기록으로 남아 공동체 사람들의 손에 오르내렸으며 나중에는 모든 이들의 생활을 위한 규범으로서 기록되고 정리되었다. 하지만 이러한 기록에도 불구하고, 살아 숨 쉬는 개인이 신실한 행동으로 보여주는 모범의 역할을 무시할 수는 없었다. 개개인의 학자들과 법관들이 이슬람법 및 이슬람의 통치체제를 확립시켰던 것과 마찬가지로, 영적 발전에 있어서도 타인에게 살아 숨 쉬는 모범이 되어주었던 것은 다름 아닌 몇몇 개인들이었다. 이들은 학자인 경우도, 아닌 경우도 있었지만 하나같이 그 경건한 삶으로 다른 이들에게 영감과 가르침을 주면서 공동체 내에서 명성을 얻은 자들이었다.

  단출하고 경건한 삶을 살았던 이들의 대표격으로는 예언자 무함마드의 친구들 및 그 바로 다음 세대의 인물 다수가 있다. 가장 자주 언급되는 인물로는 바스라(지금의 이라크-역주) 출신의 하산(642-728)이 있다. 금욕적인 생활로 유명했던 그는 매일같이 같은 양모 외투를 걸치고 다녔는데, 그가 세상을 떠날 당시에도 그 외투가 새것인 듯 깨끗했다고 전해진다. 실제로 깊은 내면으로부터 영적 발전을 추구하는 무슬림들을 이르는 말인 '수피'는 그 단출함과 겸허함을 상징하는 의미에서 양모(아랍어로 수프suf)에서 따온 용어다. '언제나 하나님을 기억한다(이는 수피들이 자주 사용하는 반복 구절이다)'는 의미에서 기도용 묵주를 사용하는 것 역시 하산이 처음 시작한 일이다. 세상 물정에 어두웠으나 대신 내면의 삶을 다스리는 데 집중했던 하산의 삶은 많은 이들에게 귀감이 되었다. 수피 이외에도 사람들로 하여금 경건한 삶을 살도록 촉구하는 데 가장 효과적이었던 방법은 바로 예언자 무함마드 및 그의 가족들에 대한 이야기를 들려주는 일이었다. 예언자의 선행과 지혜, 그리고 비범할 만큼 기도에 헌신했던 모습들에 대한 이야기들을 전하던 설교자 중 몇몇은 청중을 감동시키며 상당한 명성을 얻었고, 자연스레 그들의 설교를 들으러 멀리서 찾아오는 이들 또한 생겨났다. 이에 더불어 쿠란 구절을 암송함으로써 신을 '회상(디크르dhikr)'하는 일이나 '서클(할라카트halaqat)'을 이루어 종교적인 주제들을 놓고 토론하는 일 등 의무적인 것 이외에도 여러 신앙행위가 점진적으로 발전하였다.

할라카트와 같은 비공식적 행위에서 시작한 수피즘은 점차 전 세계에서 다양한 현상들로 발전하였으며 이들 중에는 아주 독특한 형태들도 있었다. 특히 종교학자들은 놀라울 만큼 영성의 길에 깊이 사로잡혀 독특한 지적 전통을 발전시켰다. 바스라의 하리스 빈 아사드(781-857)를 한 예시로 들어보자. 그는 자신의 모든 행동들을 불러 일으켰던 동기가 온전히 순수하고 고결한 것이었는지 확인하기 위해 자아를 스스로 검증하는 일을 매우 강조했기 때문에 '자기성찰적인 자'라는 뜻의 알 무하시비로도 불렸다. 그의 가르침에 따르자면 이러한 자기 성찰은 보다 깊은 영성과 일상적인 선행을 낳을 수 있었다. 알 무하시비와 같은 학자들은 주로 바그다드에서 활동하며 수많은 학생들을 불러 모았으며 곧이어 한 종파의 토대가 되는 사조를 형성하였다. 바그다드의 주나이드(?-910)와 알리 알 후즈위리(1009-1072) 등의 인물로 유명한 바그다드 수피 종파가 바로 알 무하시비가 개창한 것으로 알려져 있다. 이 중에서도 파키스탄 라호르에 위치한 알리 알 후즈위리의 무덤은 오늘날까지도 유명한 성지로 여겨지고 있다. 그의 주해 『숨은 이 밝혀내기Kashf al-Mahjub』('신비의 폭로'로도 번역된다)는 수피 전통을 체계적으로 기술한 최초의 글이며 지금까지도 초기 수피들의 삶과 사상들을 엿볼 수 있는 중요한 원전으로 다뤄지고 있다.

영적 발달은 곧 한 단계 진화한 개념으로 거듭났는데, 이것이 바로 실천에 있어서의 일련의 단계(마카마트maqamat)와 동반되는 영적인 단계(아흐왈ahwal)다. 이 단계들은 회개와 자제, 중용과 인내, 감사와 하나님에 대한 믿음을 강조하는 쿠란의 말씀에 기초한다. 영성을 찾는 이들은 이 단계들을 통해 하나님의 존재를 지속적으로 느낄 수 있는 기쁨을 누리게 된다는 것이 이 단계들이 품은 이상이다. 수피 사상가들이 개창한 이 개념은 다수의 학자들에 의해 더욱 발전하였다. 그들은 영적 여정의 마지막 단계는 바로 파나Fana'로, 일종의 흡수 혹은 '자아멸각(자신의 존재를 지우고 신과 합일을 이루는 일-역주)'을 통해 하나님의 존재를 압도적으로 경험하는 일임을 밝혔다. 이집트의 둘 눈(796-859)과 페르시아의 바예지드 알 비스타미(아랍어로 아부 야지드, 804-874)는 수피즘의 체계화 과정에서 이 단계들을 정립한 것으로 알려져 있다. 흡수 혹은 자아의 절멸에 대한 경험을 회고하며 알 비스타미는 "나에게 영광 있으라! 나의 주님은 얼마나 위대하신가!"라는 말을 남겼다고 알려져 있다. 바그다드 종파의 알 카라즈(?-899)는 알 비스타미와 다른 해석을 남겼는데, 그는 마지막 단계에서의 목표가 하나님의 품 안에서 살아남는 '생존'이었다고 전한다. 이러한 경험담 중 가장 유명한 것으로는 10세기 페르시아의 알 할라즈(858-922)의 '나는 진리다'가 있다. 유감스럽게도 당시 이 말은 고도의 신성 모독으로 간주되었다. 진리(알 하크al-haqq)는 하나님을 가리키는 신성한 이름들 가운데 하나이기 때문에, 자신이 진리라고 말하는 것은 '나는 신이다'라고 선언하는 것과 다름없었기 때문이다. 알 할라즈는 사지절단을 거쳐 목을 베이는 방식으로 사형되었으며 그의 시체는 불에 태워진 후 티그리스 강에 뿌려졌다.

이와 같이 신비주의적 황홀감을 표현했던 이들에 대해서 다른 학자들은 중용을 지킬 것을 촉구했다. 페르시아의 아부 나스르 알 사라지(?-987)와 아부 바크르 알 칼라바디(?-995?)는 각각 당대에 성행했던 수피 관행들을 묘사한 책을 썼는데, 두 사람 모두 내면의 무언가에 대한 특별한 깨달음을 얻었다며 흉내만 내는 이들에 대해 입을 모아 경고했다. 이러한 사기꾼들이 선량한 신자들을 진정한 신심으로부터 멀어지게 만들 수 있다는 게 그들의 주장이었다. 두 책은 모두 수피의 관행 및 사상의 초기 단계를 연구하는 데 있어 중요한 원전으로 사용된다. 또한 수피즘이 당시 점차 인기를 얻으며 지리적으로 먼 곳까지도 확산되었다는 사실 또한 알 수 있는데, 알 칼라바디의 경우 무려 부하라에서 이 책을 펴냈다. 이들의 책은 한편으로는 수피즘의 발전에 있어서 여러 갈등이 있었다는 것 또한 보여주는데, 갈등을 일으킨 여러 요소들 중 눈여겨볼 만한 것으로 '마리파'가 있다. 때때로 영적 자각의 가장 높은 단계는 특별한 종류의 지식(마리파ma'rifa)을 받아들이는 행위로 묘사되기도 했는데, 이 지식이란 '궁극적 실재(혹은 모든 것들의 본질, 심지어는 신)'에게로 거치는 것 없이 도달하는 일종의 직관적 지식이다. 이러한 직관은 곧 신실한 수준에서의 단순한 신앙을 넘어서는 일이며 심지어는 전통적인 종교학자들의 주특기였던 합리적 사고 또한 벗어나는 일이었다. 마리파를 겪는다는 것은 신성한 원천에 대해 즉각적이고 의심할 수 없는 지식을 가지게 되는 일이며, 절대적인 확실성을 기반으로 하기 때문에 이를 달리 해석하는 학자들이 제기하는 논쟁 따위는 애초에 거의 허락되지 않았다. 심한 경우에는 샤리아(율법)를 회피할 수 있다는 가능성까지 열어 두었다. 이러한 이유로 알 칼라바디를 비롯한 수피학자들은 수피즘을 행함에 있어서 중용을 강조하는 것과 더불어 수피즘이 주류 이슬람 신앙과 관행에 부합한다는 것을 증명하고자 노력했다.

알 사라지와 알 칼라바디의 저서가 출간된 이후 얼마 지나지 않아 '주류' 수피즘이 자라났는데, 여기에는 알 꾸샤이리(986-1072)가 있다. 알 꾸샤이리의 저서 『사도서간al-Risala』은 당대 영향력을 행사했던 수피들의 전기를 열두 편도 넘게 담고 있으며 그들의 신앙과 의례에 대해서도 기록하고 있는데, 이는 특히 수피즘이 샤리아를 준수한다는 것을 보여주기 위해 쓰인 것이었다.[13] 수피즘의 신앙 및 의례를 주류 이슬람과 통합시키고자 했던 학자들 중 가장 많이 인용되는 인물은 바로 아부 하미드 알 가잘리다. 그의 대표작 『종교과학의 부활Ihya' 'Ulum al-Din』에서 알 가잘리는 신앙생활 및 일상생활과 관련된 다양한 형태의 종교과학을 묘사했다. 여기에는 피크흐(fiqh, 법률학 혹은 판례분석)와 칼람 등이 있으며, 이 행위들은 수피교도들은 물론 신앙을 찾는 모든 이들이 반드시 행해야 한다고 알 가잘리는 설명했다. 이러한 학문은 모든 종류의 올바른 믿음이나 의례의식의 기초가 되어준다. 하지만 그는 이 종교과학들이 '신에게로 가까워지는' 깊은 신심을 반드시 가져다주는 것은 아니라고도 말했다. 올바른 믿음과 의례의 궁극적인 목표는 하나님으로부터 자신을 멀어지게 하는 모든 인간적인 경향성들, 예를 들자면 분노나 탐욕, 그리고 욕망 따위를 이겨내는 것이다. 이 부정적인 특질들은 앞에서 말한 바와 같이 선량한 특질들, 예를 들자면 회개와 중용, 인내, 감사, 그리고 하나님에 대한 믿음 등으로 대체되어야 한다. 따라서 종교과학은 수피교도들이 주장하는 것처럼 특별한 지식에 관한 일이 아니며, 오히려 선을 내면화하며 구원을 바라는 일과 같다. 알 가잘리는 수피즘이 계시로 드러난 하나님의 뜻을 내면 깊이 자각하고자하는 한편 그 계시를 따르고자 하는 방향성을 가지고 있다고 말했다. 알 가잘리는 그의 자서전 『과오로부터의 해방al-Munqidh min al-Dalal』에서 자신이 경험에 근거하여 말하고 있다고 설명했다. 그는 고등교육을 받은 법학자였으며 샤피이 학파의 신학과 철학 모두 깊이 공부한 사람이었다. 하지만 그는 학문을 더 깊이 추구할수록 심한 공허를 느끼게 되었으며, 이후 접한 수피즘을 통해 그는 신에게로의 단순한 복종 및 '생명의 삶'을 모방하는 것을 넘어서서 진정으로 신실한 경지에 도달했다.

다른 학자들은 좀 더 철학적인 방식을 통해 궁극적 실재로의 흡수라는 이 신비주의적 경험을 보다 합리적으로 설명하고자 했다. 이들 중에는 슈하브 알딘 알 수흐라와르디(1154-1191)가 있다. 알 수흐라와르디는 사물을 빛에 빗대어 존재론을 설명하였다. 각각의 존재들(좀 더 평범하게 말하자면 '피조물')은 절대적이고 순수한 '빛 중의 빛'으로서 하나님으로부터 뻗어 나오는 광선이다. 어떤 존재는 이 원천으로부터 멀리 떨어질수록 그 빛이 퇴색하거나 현현을 잃게 된다. 영적 발달의 목표는 이 원천에 좀 더 가까이 다가가며 거대한 존재이자 빛 속에서 자신의 역할을 늘려나가 궁극적으로는 자신의 개인성을 모두 버린 채 이 원천에 완전히 흡수되거나 동화되는 일이다. 이러한 이유로 알 수흐라와르디는 '조명의 철학자'로도 불렸다. 정통 이슬람 학자들은 그의 설명이 하나님과 피조물 사이의 경계를 흐리게 하는 것이라고 비난했다. 이 때문에 사형을 당한 수흐라와르디는 종종 '죽임을 당한 자'라고 불리기도 한다. 하지만 훗날 페르시아의 물라 사드라(1571-1636)가 조명주의 사조의 대를 이었으며 오늘날까지도 이란에서 가장 큰 영향력을 행사하는 철학자로 자리매김하였다.

수피 중 수피즘에 대한 철학적 표현을 남긴 것으로 가장 유명한 이는 스페인의 신비주의자 이븐 알 아라비(1165-1240)다. 이븐 아라비는 얼핏 보기에는 세상이 끝없이 다양한 이산집합으로 이루어져 있는 것 같지만 사실 모든 존재는 하나에 지나지 않는다고 주장하며 세간의 이목을 끌었다. 이것이 바로 '존재의 일체설' 혹은 '존재의 통합설'이다. 이븐 아라비는 '발산'에 관한 신플라톤주의적 이론을 들어 존재통합설을 설명했으며 당대뿐만 아니라 현대의 이슬람 신비주의자에게도 인정받고 있다. 그의 이론에 따르면 하나님은 궁극적인 존재이자 분리할 수 없는 절대적 실재다. 이 절대적 실재로부터 일련의 하위 존재들이 일종의 폭포처럼 태어나며, 나중에 생겨난 존재일수록 불완전하다. 이러한 발생 혹은 발산 과정은 모두 하나님이 자신의 완전한 속성들, 이를테면 진리와 아름다움, 사랑 등에 대해 자각하는 것으로 시작한다. 신성한 속성들, 혹은 신의 이름들은 이후 자연현상으로 표출되는데 여기에는 천구와 지구, 인류와 다른 동물들, 그리고 자연 그 자체가 있다. 그러므로 모든 존재들은 하나님의 발산, 다시 말하자면 '신현(神顯)'의 결과로 생겨났다. 이들은 한번 외부로 표출된 것이기 때문에 도로 내면화하는 일 역시 가능한데, 이는 사실 유일한 궁극적 실재로 재흡수되는 일이다. 다시 말하자면 이것이 바로 종교를 추구하는 이들이 가지는 궁극적 목표라고 이븐 아라비는 말한다. 그는 또한 파나 혹은 바카(baqa, 합일-역주) 등의 용어를 사용하여, 인류가 정성 들인 실천과 명상을 통한다면 자신의 존재적 지위를 상승시켜 그들의 원천과 합일을 이룩할 수 있을 것이라고 설명한다.

이븐 아라비는 궁극적 실재에 재흡수되었던 경험을 다음과 같이 시적으로 표현한다.

사랑하는 이여, 내 눈의 즐거움이여

당신은 나만큼이나 나와 같으며

이로써 매 순간 나는 나의 동행자이리라―

하나님께서 영광 받으시리라―

당신은 곧 나의 본질이다.

손에 손을 잡아 유일한 경애의 존재 속에 우리가 들어가는 것을 허하리라.

우리 간에 그 어떤 경계도 남지 않으매

실재 속에서 하나가 되리라.

아, 이 얼마나 아름다운가.

또한 그 섬세한 융합이란

유리에 견줄 만한 투명함과 그 속의 순수함이

서로 동일해지매 한데 혼화를 일으키리라.

우리가 보는 것은 잔인가 아니면 포도주인가?

우주의 모든 생명들이 사라지리라.

달에는 월식이 일어나고 태양은 해체되며

별들은 폭발한다.

이에 우리는 삼세 번 절멸하며

소멸 그 자체에 가까워지니라.

우리는 이로써 세 단계의 영속적 지위를 이룩할 것이니

영속성 그 자체가 주는 예시를 따르리라.[14]

　모든 존재들이 구별 없는 합일을 이루었던 신비주의적인 경험을 이야기하는 데 있어서 사실상 철학보다 훨씬 더 자주 사용되었던 것이 바로 이러한 시편이다. 페르시아의 시인 자미(1414-1492)가 남긴 표현은 특히 눈여겨볼 만하다.

　이웃들과 동료들과 친구들이여-

　모든 것은 그일 따름이다.

거지의 거친 외투 속과 왕의 비단옷 속에서도-

모든 것은 그일 따름이다.

단절된 군중 속에서도 또 집합에서의 외로움 속에서도-

하나님에 의하면, 모든 것은 그일 따름이며, 하나님에 의하면, 모든 것은 그일 따

름이다.[15]

신비주의적 시편들은 종종 알 수흐라와르디와 마찬가지로 존재의 합일에 대한 지각을 빛에 빗대어 표현하는데, 파리드 알 딘 아타르 (1145-1220)가 남긴 시집 『새의 말Mantiq al-Tair』에서 발췌한 다음 구절이 이를 잘 보여주고 있다.

스스로의 일부를 바라보는 자들이여

거울 속의 나는 나 자신을 유지하고 있구나.

내 자신과 나를 이루는 부분들을 보려거든

그를 보라, 잠겨 죽어도 언젠가는 보이리니.

너를 너이게 하는 것을 버리고 원자로 돌아가

영원한 거울 앞에서 너를 바라보라.

광대한 어둠 속을 떠돌던 빛이 돌아와

너의 태양에 들어 침전하리라.[16]

구별할 수 없는 존재가 밀물처럼 밀려들었다가 썰물처럼 빠져나가는 것을 물에 빗대어 표현하는 방식도 흔히 사용되었는데, 이 역시

파리드 알 딘 아타르의 같은 시에서 찾아볼 수 있다.

또다시 저 깊은 곳에서 끌어올린 물과

각각의 빗방울이 되어 다시 떨어지는 물은

이후 광대한 본류 속에 녹아내리리라.

너희가 있었던 모습들과 본 것들과 행했던 일들과 가졌던 생각들은

너희가 아니라 나였으매, 내가 보았으며 있었으며 초래했으니

나는 내 안의 반역자가 저지른 원죄였으며

나는 나에게 강요되었던 것들에 대한 후회이도다.[17]

위대한 잘랄 알 딘 루미(1207-1273) 역시 존재를 물에 빗대어 상징적
으로 표현했으며, 빗방울이 필연적으로 다시 바다로 돌아오게 되는 과
정을 빗대어 피조물이 그 창조의 원천으로 돌아가고자 하는 여정을
은유적으로 그려냈다.

나는 행복했노라.

진주의 심장 위에 몸을 뉘일 수 있었으니.

삶의 폭풍우에 휘말리기 이전까지,

나는 몰아치는 파도처럼 내달렸다.

나는 천둥과도 같이 포효하노라니

해안선의 흐릿해진 구름과도 같이

나는 잠들었으매 더 이상 휘저어지지 않았노라.[18]

모든 존재들의 원천으로 돌아가고자 하는 신자들의 열망은 종종 아주 깊은 것이었으며 심지어는 그 자신의 개인성을 자각하는 것이 일종의 짐이라고 여기기도 했다. 20세기의 존재론자 가브리엘 마르셀의 말에 따르자면 '나의 자아는 곧 내 스스로 내면에 짊어진 상처'다. 이와 같이 수많은 수피교도들은 그 해방을 염원했다. 하지만 앞에서 말한 바와 같이, 모든 존재들이 하나라고 주장하는 것은 결국 창조자와 피조물 간의 경계선을 흐리게 하는 것으로 귀결될 수도 있었으며, 이 때문에 (심지어는 다른 수피교도들로부터도) 큰 비난을 사기도 했다(수피즘에 대한 비판은 제4장에서 더 자세하게 다루도록 한다).

'신에게로의 도취'와 같이 황홀경에 빠지는 것만이 수피즘의 전부는 아니었다. 수피즘의 학문적 전통이 발달함과 동시에 대중적 수피즘 역시 자라나고 있었으며, 혹자는 후자가 당대에 훨씬 더 큰 영향력을 행사했다고 말한다. 영적 발달에 사용되는 방법은 여러 형태를 가질 수 있으나 보통 타리카로 통칭된다. 이는 어떠한 수단이나 길, 혹은 '단계'로도 번역되는 단어다. 이 역시 당대의 유명한 수피교도들이 직접 정립한 개념이었다. 영적 발전을 추구하는 일은 확실히 개인이 스스로 감당해야 할 일이었지만, 앞서 알 할라즈가 말했던 것처럼 누군가의 지도를 받아 망상에 빠지지 않도록 하는 것이 가장 좋은 방법이기도 했다. 이러한 필요성을 인식한 이들은 이미 수피교도로서 어느 정도 성공을 거두었다는 이들의 영적 발달 과정을 일련의 패턴으로 정리함으로써 많은 이들이 그 가르침에 따를 수 있도록 하였다. 이를 배우고자 하는 이들(무리드murid, 다르위시darwish, 혹은 파크르faqir)은 지도자(피르pir, 페르시아어로 셰이크Sheikh, 아랍어로 무르시드murshid 혹은 무깟담Muqaddam)와 어울리며 영적 발달에 있어서 단계별로 섬세한 지시를 받고자 하였다. 알 가잘리는 이에 관해 다음과 같은 말을 남겼다.

제자란 무릇 그 지도자에게 의지하여 그가 자신을 올바르게 이끌도록 해야 한다. 신실함으로의 길이 이해하기 어려운 한편 악마의 길이 도처에 널려 있다고 느끼는 자들, 그리고 샤이흐(shaykh, 아랍 이슬람에서의 장로—역주)의 가르침마저 받을 수 없는 자들이라면 악마가 그의 길을 이끌게 될 것이다. 따라서 제자는 무릇 눈먼 자가 강가에 서듯 그의 샤이흐에게 꼭 붙어 있어야 하며, 그를 전적으로 믿고 그 어떤 일에 있어서도 그에게 반대하면 안 되고 스스로 스승을 절대적으로 따르고자 다잡아야 한다. 만일 샤이흐가 실수를 저지른다면 제자가 그로부터 배울 수 있는 것들은 샤이흐가 의로운 일을 했을 때보다 훨씬 큰 것임을 아로새겨야 할 것이다.[19]

위대한 수피교도 중 일부는 성인, 또는 '하나님의 친구(왈리 알라wali Allah)'로도 불렸다. 유독 독실한 모습을 보여주었던 이들은 곧 남들보다 강한 영성을 가진 것으로 간주되었으며 누구보다 하나님의 존재를 선명하게 인식하고 살아가는 것으로 여겨졌다. 이들은 심지어 일종의 초자연적인 힘까지 가졌다는 게 당시 사람들의 믿음이었다. 그 존재 안에 살아간다는 것은 다른 이들을 바꿀 힘을 가진 것이나 마찬가지였기 때문이다. 성인들은 사람들의 마음속을 들여다볼 수 있었으며 가장 깊이 숨겨둔 생각까지 읽어낼 수 있는 듯했다. 몇몇 성인들은 심지어 세상을 올바른 길로 인도하는 데 영적으로 힘쓰는 것처럼 보이기도 했다. 9세기 초 즈음 수피즘에서는 쿠트브qutb라는 개념이 발전했는데, 이에 따르면 모든 세대들이 각자 그 영적인 '축' 혹은 '극점'을 가지고 있으나 그것이 언제나 명확하게 드러나 있는 것은 아니었다. 위대한 수피즘 성인들의 명성은 날로 높아졌으며 이에 대한 생생한 이야기들까지 많은 사람들의 입에 오르내렸다. 위대한 성인들 전부가 쿠트브인 것은 아니었으나, 수많은 성인들의 영적 재능이 기적과도 같은 언어로 묘사되었다. 하나님과의 친밀함을 보여주는 모습이나 성인다운 면모는 그들이 가진 영성, 혹은 그들이 받은 '축복(바라카barakah 또는 카라마Karamah)'을 입증해주었다. 수많은 수피교도들은 이 성인들이 그 축복을 통하여 사람의 마음을 읽는 것은 물론 미래를 내다보고, 동시에 여러 곳에 존재할 수 있으며, 엄청난 물리적 압력을 견뎌낼 수 있고, 병을 치료하는 한편 수많은 고통을 치유해줄 힘을 얻었다고 믿었다. 이 영성은 성인이 죽더라도 여전히 사라지지 않는다고 여겼기 때문에, 성인들의 무덤은 영적 은혜를 추구하는 이들과 하나님의 축복을 원하는 이들이 다녀가는 중요한 순례지가 되었다.

무엇보다도 영적 발달을 추구하는 이들을 얼마나 잘 인도하는지가 성인들의 명성에서 가장 중요한 비중을 차지하였다. 당시만 해도 영적 발달을 이루는 방도에 대한 수많은 주장들이 존재했으며 새로운 주장 역시 계속해서 생겨나고 있었다. 금욕주의적 삶이나 명상, 혹은 기도 등에 중점을 두는 이들도 있었으며 몇몇은 극도로 단출한 생활을, 몇몇은 리드미컬한 찬송과 음악, 춤을 통해 예배를 드리는 일을 강조하기도 했다. 이처럼 수피즘의 도(道)는 극도로 단출할 수도, 극도로 화려할 수도 있었으나 대부분은 극적이지 않은 방식을 통한 것이었다. 이러한 타리카 중 가장 오래된 것은 카디리로, 압드 알 카디르 알 길라니(1078-1166)의 이름을 딴 것이다. 알 길라니는 일찍이 탁월한 지능과 헌신을 보였으며, 바그다드로 유학을 떠난 지 얼마 되지 않아 곧 철학 및 법학의 전문가가 되었다. 그는 또한 단순한 복종을 넘어 영적인 신앙생활을 완전히 행할 수 있는 방법들에 대해 무슬림에게 조언을 아끼지 않았던 고무적인 설교로도 유명했다. 그 이전에는 자신을 부정하는 방식이 주를 이루었다면, 그는 이 대신 소박한 신심과 자선, 정직, 신실함 등을 강조하였다. 그는 평소에도 영적 탐구에 있어서 본보기가 될 만한 삶을 살았으며 많은 이들이 그를 따라 영적인 길을 걷고자 하였다. 어린 아이였던 그가 바그다드로 떠나는 길에 돈을 잃어버릴 것이 걱정되었던 어머니는 돈을 외투의 안감 속에 넣고 꿰매 주었다. 아니나 다를까 그의 카라반 행렬은 여행길 도중 강도의 습격을 받았으며, 가진 모든 돈과 보석을 내놓아야 할 상황에 처했다. 하지만 이 와중에도 추레한 행색의 소년이 돈을 가지고 있을 것이라 생각하는 이는 없었다. 이를 눈치 챈 알 길라니는 정직하게도 강도들에게 자신 또한 어느 정도의 돈을 가지고 있다고 고했다. 소년의 정직함과 신실함에 강도들은 크게 감동한 나머지 그 자리에서 이슬람교로 개종하였으며 이후 계속해서 선량한 삶을 이어나갔다고 전해진다.

　다른 영적 지도자들과 마찬가지로, 알 길라니의 신심에 대한 이 이야기는 곧 널리 알려졌다. 카디리파의 타리카와 그 분파들은 곧 중동 전역으로 퍼져나갔는데, 서쪽으로는 북아프리카, 동쪽으로는 중국과 남아시아에까지 전파되었다. 스스로 일련의 규칙들을 만들어냈던 다른 분파들과 달리 카디리파는 단지 이슬람 율법을 따르는 한편 영적인 훈련을 통해 그 율법을 내면화하고자 노력할 것을 조언하였다. 카디리파의 체계는 상대적으로 비공식적이기도 했는데, 몇몇 분파들이 엄격한 가입의식 및 독특한 의례를 요구했던 것과 달리 카디리파는 다양한 지역 관습들을 유연하게 받아들였다. 몇몇 지역 관습 및 의례들은 종종 특정 지역에서 타리카의 중심 행위와 같이 작동하면서 독특한 정체성을 가진 준타리카를 형성하기도 했다. 그 예시로는 19세기 후반 세네갈과 감비아에서 형성된 무리디파가 있다. 무리디파는 그 체계의 상당 부분이 카디리파의 영향으로 형성된 것이긴 했지만, 창시자 아흐마두 밤바는 무리디파를 카디리파와 확연히 구분되는 독특한 분파로 발전시켰다. 오늘날에도 카디리파의 타리카는 전 세계적으로 가장 널리 퍼진 체계 중 하나다. 또한 바그다드에 위치한 알 길라니의 묘지는 여전히 유명한 순례지다.

지역적으로 형성된 체계 중 또 다른 예시는 바로 아흐마드 알 바다위(1199-1276)의 이름을 따 바다위 혹은 아흐마디로 불리는 이들로, 특히 이집트의 시골 지역에 깊이 뿌리내린 분파였다. 창시자 아흐마드의 기적적인 행보는 너무나 위대한 명성을 떨쳤기 때문에 이집트는 오늘날에도 이 성인의 탄생일을 매년 기리고 있다. 하지만 나일 강의 계절제를 비롯한 이집트의 다른 축제들은 보통 이슬람의 음력보다는 콥트교(이집트의 기독교 분파-역주) 태양력에 맞춘 것들이다.

이집트에서는 카디리파와 견줄 만큼 단출한 면모를 보이는 샤딜리 교파가 아불 하산 알리 알 샤딜리(1218-1258)의 지도 아래에서 자라나고 있었다. 샤딜리파는 매일같이 기도를 통하여 하나님에게 감사를 표할 것을 무엇보다도 강조했다. 실제로 그들은 영적 각성을 엄청나게 강조했으며 긴 시간 동안 이어지는 기도 의식에서 잠을 쫓기 위해 커피를 마시는 관례 역시 이들이 시작했다. 샤딜리 체계는 북아프리카와 수단에서 널리 자리 잡았다.

샤딜리파의 냉철한 각성상태와 대조를 이루었던 이들로는 이라크에서 자라난 또 다른 초기 분파, 리파이 분파가 있다. 아흐마드 알 리파이의 이름을 딴 리파이파는 매우 큰 소리로 디크르(dhikr, 신의 이름을 제창하며 사념을 신에게 집중하는 의식-역주)를 행했기 때문에 '울부짖는 데르비시'로 불리기도 했다. 고성과도 같은 찬송과 머리를 강렬하고 리드미컬하게 흔드는 춤은 신자 스스로 신체적 고통을 가함으로써 외부로부터 단절된 황홀경에 들기 위한 행위였다. 피어싱 등 이들이 스스로 가하는 고문 역시 이러한 맥락에서 행해지는 일들이다.

기상천외한 디크르 의식을 행하는 리파이 분파는 서쪽으로는 이집트, 북쪽으로는 터키, 동쪽으로는 아시아에까지 전파되었다. 앞에서 살펴본 바와 같이, 카디리파의 타리카 역시 중앙아시아 및 인도반도를 포함한 넓은 지역으로 전파되었다. 아부 나지브 알 수흐라와르디(1097-1168)가 창시한 페르시아의 수흐라와르디 분파는 그의 조카 우마르 수흐라와르디(1145-1235?)에 의해 한층 더 발전하여 남아시아의 가장 주요한 초기 분파로 자리매김했다. 수흐라와르디파는 '깨어 있는' 분파를 자처하며 수니파의 샤리아 및 규칙적인 기도, 그리고 공동체에 대한 적극적인 참여 등을 강조하였다. 백타쉬파와 같이 터키에 자리 잡은 분파들도 있었다. 13세기 중앙아시아에서 처음 형성된 것으로 추정되는 백타쉬파는 서쪽으로 터키와 발칸반도, 멀리는 남아시아까지 그 영역을 넓혔다. 백타쉬파는 수흐라와르디파보다 훨씬 더 다양한 요소들에서 그 기원을 찾고 있는데, 여기에는 예언자 무함마드와 알리의 후손들을 진정한 계승자로 여기는 시아파적 요소와 더불어 기독교적 요소(이를테면 빵과 와인을 사용하는 의식이나 여성 신자들 또한 모든 의례에 참여할 수 있도록 한 점 등)가 있다. 백타쉬파는 시문학에 있어서도 상당한 발전을 이뤘다.

바하 알 딘 알 낙쉬반드(1318-1390?)가 창시한 낙쉬반드파는 오늘날의 우즈베키스탄인 부하라 지역에서 발전한 분파로, 수흐라와르디파와 상당히 대조적인 모습을 보였으나 이들이야말로 (도취에서) '깨어 있는' 의례를 행하였다. 음악과 노래, 춤을 삼갔던 이들은 그 대신 '침묵의 디크르'를 강조하였다. 스스로 신체에 위해를 가함으로써 육욕을 다스리는 것보다는 정신적 단출함을 갖추며, 하나님에게 집중하고, 군중 속에서도 고독을 지킬 수 있도록 영적 가르침을 받아야 한다는 것이 이들의 지론이었다. 또한 낙쉬반드는 이전에 살펴보았던 시인 자미를 포함하여 위대한 신비주의 시인들을 낳기도 했다.

낙쉬반드파 역시 남아시아를 포함한 넓은 영역으로 전파되었지만, 오늘날 세계 무슬림 인구의 대부분이 살고 있는 남아시아 지역에서 가장 주요한 지위를 차지한 분파는 치스티파와 그 타리카다. 치스티파는 1236년 인도 남부에서 세상을 떠난 무인 알 딘 치스티의 이름을 따왔지만, 그가 살았던 시기보다 훨씬 이전 오늘날의 아프가니스탄 지역에서 먼저 자라났다. 가장 사랑받는 수피 성인 중 하나인 무인 알 딘은 '가난한 이들의 친구'라는 뜻의 가리브 나와즈로도 알려져 있다. 그는 그를 따르는 이들에게 세 가지 덕을 기를 것을 강조했는데, 알 비스타미의 말에 따르면 여기에는 '바다와 같은 너그러움, 태양과 같은 유순함, 토지와 같은 겸손함'이 있었다.[20] 치스티파의 체계 자체가 이러한 덕목을 잘 반영하고 있었다. 차별을 멀리했던 이 분파는 인도의 위계적 카스트 제도를 비롯한 여러 지역사회에서 큰 사랑을 받았다. 무인 알 딘의 가르침들은 훗날 무굴 제국의 악바르 대제(1542-1605)에 의해 '모든 이에게 평화'라는 뜻의 『술이쿨Sulh-i kul』로 정리되기도 했다 (악바르 대제에 대한 자세한 이야기는 제3장에서 다루도록 한다). 치스티파의 유명한 예배의식 중 또 다른 매력적인 요소는 바로 카왈리 음악이다. 오늘날에도 유명 카왈리 연주가들의 고무적인 연주를 듣기 위해 수천 명의 사람이 모여들곤 하며 때로는 그 자리에서 기도의 노래를 함께 부르기도 한다. 아즈마르에 위치한 무인 알 딘의 묘는 여전히 유명한 순례지다.

이들보다 서양에 더 잘 알려진 수피 종파로는 메브레비 교단 혹은 '소용돌이치는 데르비시'가 있다. 메브레비파는 격렬한 회전 춤을 통해 기도예배를 드린다. 이들이 빙글빙글 돌 때마다 새하얗고 긴 의복이 나부끼는 모습은 실로 인상적이다. 음악을 동반하는 이 화려한 공연으로 인해 메브레비파는 전 세계적으로 유명해졌으며 카네기 홀을 포함하여 세계 곳곳에서 공연하였다. 교단의 창시자 잘랄 알 딘 루미 역시 서구 세계에 잘 알려진 인물이다. 앞에서도 살펴본 바와 같이 그의 아름다운 시편은 오늘날 미국에서 가장 많이 팔리는 시집 중 하나다.

수피즘의 모든 분파를 가로지르는 근본적인 주제 중 가장 기본이 되는 것은 바로 사랑에 대한 강조이다. 이는 수피즘의 첫 번째 성인이자 이라크 출신의 젊은 여성이었던 라비아(714?-801)가 남긴 주제이기도 하다. 전설에 따르면 그녀는 가난한 집안에서 태어나 노예로 팔리게 되었다. 하지만 그녀의 깊은 신심은 많은 이들의 마음을 울렸으며, 감동받은 그녀의 주인이 그녀를 해방시켜준 이후로는 다른 이들에게 깊은 헌신과 더불어 절대적이고 이기적인 하나님의 사랑 안에 살 것을

그림 2　메브레비 교단 혹은 '소용돌이치는 데르비시'

출차: ⓒ Ian Berry/Magnum Photos

설파하였다. 그녀가 전한 여러 말씀들은 시대를 넘어 오늘날에도 사람들에게 영감을 주고 있다. 한 예시를 들자면, 그녀는 하나님에게 바치는 두 종류의 사랑이 있음을 고백하였다. 매일같이 하나님을 생각하는 것 이외에는 아무것도 하지 않지만, 그 안에서 스스로 너무나 큰 행복을 느끼기 때문에 이는 이기적인 사랑의 일종이다. 그녀의 말에 따르자면 하나님에게 마땅히 전해져야 할 사랑은 그녀 자신과 하나님 사이의 모든 경계를 벗어던지며, 그로 인해 그 스스로 자신의 존재조차 느낄 수 없게 될 정도의 사랑이다. 또한 라비아는 만일 그녀의 헌신이 지옥을 두려워하는 마음에서 비롯된 것이라면 자신을 지옥 불구덩이에 던져 넣을 것을 간청했으며 그 헌신이 오로지 보상을 희망하는 마음으로부터 나왔을 때에만 자신을 천국으로 인도해달라고 기도했다. 다른 수피들과 마찬가지로, 그녀의 목표는 하나님을 외부적인 이유 없이 무조건적으로 사랑하는 것이었다.

형제들이여, 나의 사랑은 오롯이 내 안에 있으니

사랑하는 하나님이 언제나 홀로 내 곁에 계시기 때문이도다.

그의 사랑에 견줄 만한 것은 아무것도 없으며,

그의 사랑은 내 사막의 모래밭을 갈아 일구어 주시니라.

만일 내가 갈망으로 죽고도 여전히 하나님을 충족시키지 못한다면

그 슬픔에는 끝이 없으리라.

이룬 모든 것들을 버리고

손에 쥔 모든 것들을 버리며

그가 나를 사랑하심을 증명하는 일

그것만이 나에게 주어진 사명이도다.[21]

수피즘의 관점에서 보자면 학자들로부터 배우는 일은 중요하긴 하나 영적 발전에 있어서 하나의 단계에 지나지 않는다. 라비아의 말을 옮기자면 "진정한 수행은 마음속에서 이루어진다."[22] 신비주의자 알사라지(?-987)마저 다음과 같은 말을 남겼다. "사랑이란 무릇 사랑하는 자의 가슴과 심장 속에서 타오르는 불꽃이다. 그 불꽃은 타올라 하나님 외의 모든 것들을 재로 만들 것이다."

이와 같이 황홀경의 사랑을 표현한 말씀 중 가장 유명한 것은 루미의 말이다. 그의 시는 수피즘의 대부분을 관통하는 특징인 '영적인 자유에 대한 갈망'을 아름답게 표현했다. 이 갈망은 자신과 욕망, 그리고 욕심으로부터 자신을 해방시킴으로써 신성한 선과 아름다움 속에 자신을 완벽하게 흡수시키는 일에 대한 것이다. 라비아와 마찬가지로 루미 역시 사람들로 하여금 외면적인 종교의례에서 한 발자국 더 나아가 개인의 내면을 깊이 탐구할 것을 설파하였다.

수 년 동안 다른 이들을 따라 하면서 나는 내 자신에 대해 알고자 하였으나

그 내면에서 나는 무엇을 할지 결정할 수 없었노라.

앞이 보이지 않을 때 나는 나의 이름이 불리는 것을 들었으며

그에 나는 바깥으로 걸어 나왔노라.

루미는 또한 영적 탐구를 위한 실마리는 책 속에 숨어 있는 것이 아니라고 말했다.

오늘 우리는 다른 그 어떤 날과도 마찬가지로 텅 빈 상태로, 겁에 질린 채 깨어났다. 공부를 위해, 무언가 읽기 위해 문을 열지 마라. 그 악기를 내려놓아라. 우리가 사랑하는 아름다움이 우리가 하는 행동 그 자체가 되도록 하여라. 무릎을 꿇고 앉아 땅에 입 맞추는 데에는 수천 가지 방법이 있노라. [23]

대신 진정한 행복은 하나님을 사랑하는 데 도취됨으로써 찾을 수 있다고 했다.

하나님은 우리에게 검은 포도주를 내려주셨으매 이는 너무도 강한 것이라,

그를 마시매 우리는 두 개의 세계로 떠난다.

하나님은 하시시(대마초-역주)의 형태로 힘을 내려주시매

그를 맛본 이들은 자의식으로부터 벗어나리라.

하나님은 잠을 창조하시매

매일 밤 모든 것을 지워버리도록 하셨노라.

하나님은 마주눈이 라일라를 미치도록 사랑하게 만들어

그녀의 강아지마저 그에게 혼란을 낳도록 하셨노라.

세상에는 우리의 마음을 앗아갈

수천 가지의 포도주들이 널려 있으니

모든 황홀경들이

같은 것이라고 생각지 말라!

예수는 하나님을 향한 그의 사랑 안에서 길을 잃었으매

그의 당나귀는 보리에 도취해 있었노라.

성인들의 존재로부터 도취할 것이매

다른 병에 든 것들로부터 취하지 말지어다.

모든 사물들과 모든 존재들은

기쁨으로 가득 찬 병이라.

날카로운 감정가가 되어

신중을 기하여 맛볼지어다.[24]

영적인 시편들에 대한 인기는 오늘날까지도 이어지고 있다. 한 예시로 무함마드 이크발(제4장 참조)은 조예 깊은 철학자이자 '파키스탄 건국의 아버지'로 추앙받는 인물이지만 무엇보다도 그가 쓴 시편으로 가장 큰 사랑을 받고 있다. 그의 걸작 〈영원의 책 Javid Name〉은 루미에 대한 헌사로 시작한다.

격동의 사랑과 도시의 무관심,

도시의 반짝임이 사그라져가는 때,

사막과 산맥 속에서도, 끝도 없는 바다의 해안가에서도 나는 고독을 찾노라.

나는 가까운 이들 중에서조차 비밀을 털어놓을 이를 찾지 못하였으매,

해안가에 잠시 쉬어가리라.

바다, 그리고 지는 석양의 시간―

푸르른 물결은 석양 안에서 루비색으로 넘실대노라.

석양은 눈먼 이에게 앞을 보는 기쁨을 주고,

석양은 저녁에게 새벽의 색조를 선사하노라.

나는 나의 심장과 대화하노라니,

나는 수많은 욕망과 수많은 사명을 가졌노라.

찰나의 것들, 나눌 수 없는 불멸의 영생,

살아있는 것들, 나눌 수 없는 삶 그 자체,

목마름 속에서도 우물가 저 멀리 떨어져 서서,

나는 나도 모르는 새 이렇게 노래하노라.[25]

결론

중세의 무슬림 세계가 일궈낸 비범한 성취들은 하나님을 섬기는 일 및 인간성에 대하여 창조적이고 역동적으로 탐구하는 데서 비롯되었다. 많은 무슬림들은 이러한 탐구를 진정한 이슬람의 정신으로 보기도 한다. 쿠란이 다른 경전들과는 다르게 유독 지적인 노력에 대한 책무를 다수 담고 있는 데서 그러한 탐구가 비롯되었기 때문이다. 쿠란은 심지어 예언자 무함마드조차 지식을 탐구해야 한다고 명했다(20:114). 하지만 이븐 할둔이 포착했듯이, 그 어떤 제국도 영원하지는 않았다. 얼마 지나지 않아 무슬림들은 전염병과 내부적 갈등, 그리고 외부적 공격에 시달렸으며 결국 제국의 중심마저 흔들리게 되었다. 하지만 중

세 무슬림 세계에서 발달한 법과 과학, 그리고 영성은 그대로 살아남아 무슬림 세계의 재건과 성장을 이루는 근간이 되었으며 이는 유럽 식민지 시대 이전까지 계속해서 이어졌다.

제3장

분파와 재편

중세 후기 무슬림 세계를 강타한 대재앙은 다름 아닌 흑사병이었다. 치명적이고 섬뜩한 선페스트, 다시 말해 흑사병은 14세기 중반 유럽 전역을 휩쓸었으며 일부 지역에서는 인구의 3분의 2를 몰살시켰다. 잉글랜드만 하더라도 인구의 절반이 사망했다. 흑사병은 유럽과 더불어 무슬림 세계도 강타했다. 지중해를 건너 흑해로 들어온 무역선들은 이슬람 북아프리카와 스페인을 포함한 아랍 세계에 흑사병을 옮겼으며 몇몇 도시에서는 인구의 절반 이상이 사망하는 일도 벌어졌다.

중세 무슬림 세계를 강타한 것은 슬프게도 흑사병뿐만이 아니었다. 당시 유럽의 침략자들은 기독교를 위한 성전을 치른다는 명목으로 이슬람 세계를 에워싸고 있었다. 10세기경 유럽은 부패와 갈등의 진창 속에 빠져 있었는데, 이는 주로 신성로마제국의 황제와 교황이 그 정치적 우위를 놓고 다투는 데서 비롯된 것이었다. 이 싸움은 단순히 세속적 권력과 종교적 권력 간의 싸움만은 아니었다. 황제 세력과 교황

세력은 (훗날 되돌아보면 그런 모양새이긴 했으나) 그들이 다스리는 영토를 서로 나누어 차지하고자 싸운 것이 아니었으며, 양측 모두 전 지역에 대한 천부권을 원했다. 11세기 말에 이르자 교황 우르바누스 2세는 교회의 지배권이 영적인 영역뿐만 아니라 세속적 세계에까지도 미친다는 사실을 공고히 하기로 결정했다. 콘스탄티노플(지금의 터키)의 비잔틴 제국 황제가 중동 지역에서 자라나는 무슬림 세력을 견제하기 위해 교황에게 도움을 요청한 사건은 교황에게는 둘도 없는 기회였다. 로마 교황청이 콘스탄티노플을 돕는다는 것은 곧 그들이 서구 기독교뿐만 아니라 동방정교에 있어서도 수장격이라는 것을 보여줄 기회였기 때문이다. 교황 우르바누스 2세는 곧 교회 평의회를 소집하여 기독교 군대를 출범시켰다.

무슬림에 대한 기독교인들의 의구심은 이미 무르익을 대로 무르익어 있었다. 그들은 무슬림들을 가리켜 '신앙심 없는 자들'이자 '헛된 선지자'를 따르는 자들이라고 일컬었다. 다마스쿠스의 성 요한(675-749)은 이슬람이 기독교적 기원에서 뻗어나간 이단이라고 설명했다.[1] 9세기 당시 이슬람 스페인의 수도였던 코르도바의 주교 에울로기우스 역시 여기에 한몫했다. 무슬림들은 무함마드가 세상을 떠날 때 하늘에서 천사가 내려와 그를 천국으로 인도할 것이라고 믿었으나 그런 일은 벌어지지 않았고, 대신 개가 그의 시신을 먹어치웠기 때문에 무슬림들은 매년 개 학살을 단행한다는 것이 에울로기우스의 주장이었다. 기독교 유럽에서 무슬림에 대한 공포가 확연히 자라나고 있었다. 8세기경 론세스바예스 지역에서 벌어진 샤를마뉴와 바스크족 간

이 슬 람 의
시   간

의 싸움은 10세기에 이르러 프랑스 최초의 서사시 중 하나인 〈롤랑의 노래〉의 소재가 되었다. 하지만 이 서사시에서 샤를마뉴는 바스크족이 아니라 스페인의 무슬림과 맞서 싸우는 것으로 묘사된다. 이야기 속에서 무슬림들은 불만이 가득 쌓인 몇몇 프랑스군과 결탁하여 프랑스의 가장 고귀한 기사 중 하나를 살해한다. 이 서사시는 이후 무함마드의 죽음을 다룬 다른 이야기의 소재가 되기도 했는데, 이번에는 돼지가 무함마드의 시신을 먹어치우는 것으로 묘사되었으며 무슬림들이 왜 돼지고기를 먹지 않는지를 설명하는 데 사용되었다. 또 다른 이야기에서는 무함마드가 술에 취해 있을 때 돼지에게 살해당했으며 바로 그 때문에 무슬림들이 술을 먹지 않는다고 설명했다. 이와 같은 이야기들은 당시 기독교인 사이에서 널리 확산되었다.[2]

곧 유럽 사회에서는 무슬림들이 불신자일 뿐만 아니라 자비 없는 살인자들이며 전 세계를 정복하고자 한다는 낭설이 파다하게 되었다. 당시 무슬림들은 '성지'를 포함하여 본래 기독교 비잔틴의 영토였던 중동 지역은 물론 스페인의 대부분 지역과 남프랑스 및 시칠리아 일부를 차지한 상태였다. 이와 같은 사회적 분위기는 교황이 무장 군대를 출범시키는 배경이 되었다. 기록에 따르면 무슬림에 대한 히스테리에 사로잡혀 있었던 교황 우르바누스 2세는 1095년 교회 세력을 클레르몽공의회에 소집하여 그 성스러운 전쟁에 모두가 동참할 것을 호소하였다. 잔인한 할례 등 기독교인을 대상으로 했던 끔찍한 고문들에 대한 그의 과장적인 이야기는 무슬림들에 대한 두려움과 혐오를 낳기에 충분한 것이었다. 하지만 기독교에서 복수란 선행과 거리가 먼 일이었으며 살생은 불멸의 죄와 같은 것이었다. 전쟁은 기독교의 계명을 어기는 일이자 예수 그리스도가 보여준 모범적 생활에도 반하는 일이었다. 4세기 콘스탄티누스 1세가 그 황제권 아래에 기독교인들을 정치적으로 통합시킨 이래 군사적 훈련 역시 계속되어 왔으나, 여전히 누군가를 죽인다는 것은 그 속죄가 따르는 일이었다. 하지만 평화주의를 표방하는 종교였던 기독교는 십자군 전쟁을 통해 특정 상황에 따라서는 전쟁을 완전히 허용할 수도 있는 종교로 탈바꿈하였다. 교회가 십자군 전쟁을 정의로운 것으로 천명한 이상 십자군 전쟁에서 사람을 죽이는 일은 더 이상 죄가 아니고 오히려 선행에 가까우며, 그 과정에서 목숨을 잃는 진정한 전사들은 순교자로 인정된다는 것이 교황 우르바누스 2세의 설명이었다. 순교자들에게는 작금의 속세에서 저지른 죄로 인한 모든 내세의 형벌들이 취소될 것이며 따라서 천국에 들어가는 것이 보장될 수 있었다.

따라서 십자군 전쟁에 참여해 무슬림과 맞서 싸우는 것은 곧 기독교적 의무임은 물론 '현세와 내세의 영원한 영광'을 얻기 위한 지름길이 되었으며,[3] 이에 수많은 유럽인들이 열정적으로 교황의 부름에 응하였다. 가난한 자와 부유한 자들, 직업 군인이나 아마추어들을 가릴 것 없이 유럽의 기독교인들은 성지를 탈환하겠다는 명목에 따라 한데 모였다. 거대한 물결을 이루며 무슬림의 땅으로 몰려간 이들은 주된 목표였던 무슬림뿐만 아니라 그곳의 유대인들 및 기독교인들까지 살해했다. 십자군이 처음 함락시킨 도시는 안티오크와 예루살렘인데, 이들은 이곳의 모든 주민들을 몰살시켰다. 곧이어 십자군은 예루살렘과 트리폴리, 안티오크, 그리고 에데사를 정복하고 그들 스스로 '십자군 국가'를 선포하였다. 1144년 에우제니오 3세는 두 번째 십자군을 일으켜 다마스쿠스를 함락시키고자 했으나 실패했다. 이윽고 살라 알 딘(살라 딘, 1137-1193)이 등장하여 강성한 무슬림 군대를 세우고 유럽 침략자들에 맞서 싸우기 시작했다. 이라크 출신 쿠르드족이었던 그는 시리아와 이집트를 다스리는 무슬림 지배 가문의 수장이었으며 1187년에는 군대를 이끌고 예루살렘을 탈환했다. 그다음 두 세기 동안 유럽인들은 시시때때로 침략을 단행하였으나, 1289년에는 유럽인들에게 마지막으로 남아 있던 요새인 트리폴리마저 무슬림에게 도로 빼앗겼다. 오늘날 중동 지역에 덩그러니 남아 있는 십자군 요새의 잔해들은 당시 기독교인들이 유럽식 기독교 정체성을 공유하지 않는 모든 이들에게 보여준 극도의 멸시와 잔혹성을 여실히 드러내며 '십자군 전쟁'이라는 말을 무색하게 만들고 있다.

기독교인들이 저지른 배반 행위는 당대에 공포 그 자체로 회자되었다. 638년 무슬림이 비잔틴 세력을 몰아내고 예루살렘을 정복할 당시, 칼리프 우마르는 그곳에 살던 기독교인들의 안위는 물론 그들의 재산과 교회의 안전까지 보장해주었다. 반면 1099년 유럽 기독교인들의 예루살렘 탈환은 이와는 대조적인 것이었다. 항복한 주민들의 안전을 약속했다는 십자군 내부의 기록이 남아 있긴 하나, 사실 바리케이드를 치고 요새 안으로 숨어든 몇몇 이들을 제외한 모든 이들은 하나같이 살해당했다. 기독교 군인들은 남자와 여자, 어린 아이들, 무슬림과 유대인을 가릴 것 없이 모든 주민들을 학살했다. 무슬림들이 "그 혐오스러운 목구멍 속에 금화를 삼켜 숨긴다"고 믿었던 병사들은 학살한 주민들의 시체를 갈라 내장을 꺼내기도 했다.[4] 무슬림의 기록에 따르면 "십자군은 예루살렘의 알 아크사 사원에서만 7만 명 이상의 사람들을 죽였으며 여기에는 이맘과 무슬림 학자들 및 고향을 떠나 경건한 고립 속에서 살기 위해 성지를 찾은 독실하고 금욕적인 사람들 다수가 포함되어 있었다."[5]

유럽의 십자군으로 인해 그 피해자들이 겪은 역경은 곧 아랍 무슬림 세계 전역에 알려졌다. 당대 역사학자 중 한 명이었던 이븐 알 아티르(1160-1234)는 피해지역에 살았던 이라크 시인의 비가를 다음과 같이 인용하고 있다.

우리는 넘치는 눈물과 함께 핏속을 뒹굴었으며, 우리 마음속에 연민이 들어설 자리는 추호도 남아 있지 않다. 칼끝에서 전쟁의 화염이 이는 이곳에서 눈물을 흘리는 것은 인간의 가장 나약한 무기일 뿐이다. 이슬람의 아들이여, 너의 뒤에는 발치에 머리통들이 굴러다니던 전쟁이 있다. 삶이 과수원의 꽃처럼 부드럽더냐? 축복으로 내려진 안전의 그늘 속에 감히 잠자지 말라. 그 누구의 단잠이라도 깨울 재앙의 시대에 어떻게 두 눈을 감고 잠을 청한단 말인가?[6]

당시 무슬림 세계에서는 십자군 전쟁의 희생양들에 대한 연민과 더불어 그들을 구해야 한다는 강한 의지가 넘쳐났지만, 이와 함께 살라딘의 무용담 또한 수없이 회자되었다. 십자군이 행했던 무차별적인 도륙과 대조적으로, 살라딘은 예루살렘을 탈환하면서 용기와 인내를 보

이 슬 람 의
시   간

여주었기 때문이다. 무슬림이 예루살렘을 다시 탈환하는 데에는 거의 한 세기에 가까운 시간이 필요했지만, 결국 유럽의 군사 지도자들은 이 도시를 포기했으며 살라딘에게 도시에 남은 아군에 대한 일반 사면을 요청했다. 이들은 그 사면을 불허할 경우 무슬림들의 아내와 아이들, 죄수, 동물들을 모두 죽일 것이며 이슬람의 성지 또한 파괴할 것이라고 협박하기도 했다. 살라딘은 이들의 사면을 허가하였으며 몸값을 치르는 조건으로 귀국하는 것 역시 허용했다. 예루살렘을 침범한 유럽의 군사 지도자들은 기독교 성지는 물론 이슬람의 성지까지 모두 약탈했지만 살라딘은 이들을 사면해주었으며 심지어 타레(오늘날의 레바논-역주)까지 이들을 엄호해 데려다주기까지 했다. 기독교군이 고대 성지인 알 아스카 사원을 창고와 변소로 사용한 데에 무슬림들은 경악을 금치 못했으나 살라 알 딘은 이들에 대한 사면을 폐기하지 않았으며 단지 성지를 깨끗하게 복원하고 본래의 목적으로 되돌릴 것을 명했을 뿐이다.

사실 살라 알 딘은 언제나 도량이 넓은 이는 아니었다. 템플 기사단과 기사간호단이 남긴 목격담들이 이를 뒷받침한다. 수 년 동안 무슬림들을 공포에 몰아넣었던 이 두 기사단에 맞서 살라 알 딘은 이백 명이 넘는 이들의 목을 베었으며, 이 처형을 집행한 병사는 큰 상을 받았다는 목격담이 남아 있다. 사실 이러한 일들은 전쟁 중 죄수의 처형을 금지하는 이슬람 관습에 반하는 일이었다. 살라 알 딘은 비록 죄수일지라도 공동체의 안위에 위협이 된다고 명백하게 판단된 인물만 처형했다. 이들 외의 다른 포로들은 품위를 가지고 대해주었으며 이후

몸값을 치르고 본국으로 돌아갈 수 있도록 해주었다. 하지만 대부분의 무슬림에게 살라 알 딘의 이러한 일탈적 처형식은 알려지지 않았다. 살라 알 딘은 예루살렘에서 승리를 거두며 당대 사회에서 고결한 명성을 얻었으며 이후 '정의, 유순함, 자비, 그리고 강한 자들로부터 약한 자들을 기민하게 돕는 일'과 같은 이슬람 덕행을 직접 실천하는 모범적인 인물로 여겨졌다. 그는 자애로웠고, 용감했으며, 변함없었고, 인도적이었으며, 용서할 줄 알았다.[7] 결국 살라 알 딘의 용맹함과 고결함은 이슬람을 서구의 침략자들로부터 구해냈다. 이후 유럽인들이 수차례 또다시 침략을 시도하였으나 모두 실패로 돌아갔다.

이윽고 세 번째 재앙이 무슬림의 중심부를 강타했다. 유럽의 침략자들을 물리친 지 얼마 지나지 않아 다른 방향으로부터 공격받기 시작한 것이다. 몽고인으로 통칭되는 튀르크족은 1220년부터 말을 타고 중앙아시아를 건너 무슬림 세계를 공격하기 시작했으며 지나온 길 위의 모든 것을 정복했다. 칭기즈칸이 이끄는 이 유목민들은 본래 정착 생활이나 도시생활을 하지 않았으며 실크로드를 따라 줄지어 선 이슬람의 거대한 무역 도시들이 만들어내는 생산품에 의존해 살아갔다. 방대한 인구를 가지고 문명을 이루었던 이 도시들은 곧 강력한 몽골 군대의 타깃이 되었다.

13세기 마르코 폴로의 이야기로 잘 알려지게 된 실크로드는 고대 그리스, 로마 시대에 만들어졌으며 중동과 중국에까지 이르는 무역로였다. 지중해부터 만리장성에 이르는 이 길은 시리아와 페르시아, 아프가니스탄, 파키스탄, 인도와 중앙아시아를 거쳤다. 히말라야 산맥과 힌두쿠시 산맥, 카라코룸을 포함하여 세계에서 가장 험준한 산들과 한치 앞을 내다볼 수 없는 사막들이 길 중간에 도사리고 있었으며 여행자들은 극심한 더위와 영하의 추위는 물론 온갖 종류의 노상강도들과 싸워야 했다. 그럼에도 실크로드를 통한 무역은 크게 번성하였으며, 이후 항해술이 발달해서 육로보다 해로를 이용하는 장거리 여행이 더 효율적이게 되기 이전까지 쭉 이어졌다. 실크로드라는 이름은 중국 상인들의 비단무역에서 비롯된 것이지만 비단 이외에도 수천 가지 값진 물건들이 이 길을 따라 거래되었다. 값비싼 금속들, 상아, 기름, 가죽, 도자기, 유리, 향신료 등이 당시 인기 있는 상품들에 속했다. 상인들 이외에도 탐험가들과 선교사들, 정복자들 역시 이 길을 통해 모험에 나섰다.

아프가니스탄과 파키스탄은 실크로드를 이루는 여러 길이 겹치는 요충지였으며 기원전 4세기에는 알렉산더 대왕이 실크로드를 따라 이 지역에 당도하기도 했다. 오늘날에도 아프가니스탄과 파키스탄에는 자신이 알렉산더 대왕이 이끌던 군대의 후손이라고 주장하는 이들이 있을 정도다. 기원전 1세기에는 인도의 불교인들이 아프가니스탄과 파키스탄으로 건너가 그들의 종교를 전파하고 기념물들을 남겼는데 여기에는 2000년 탈레반에 의해 파괴된 바미안 불교 유적 또한 포함되어 있었다. 또한 5세기경 네스토리우스 교파 기독교인들은 그들을 이단이라고 규정했던 로마 제국의 탄압을 피해 실크로드를 타고 동방으로 도망쳐 오기도 했다. 7세기경 무슬림 상인들과 학자들은 실크로드를 따라 중국에 이르기까지 넓은 지역에 이슬람을 포교했으며 그 영향력은 오늘날까지도 이어진다.

수 세기 동안 실크로드는 동서양을 잇는 가장 주요한 가교였다. 고대의 가장 화려했던 도시들이 이 길을 따라 줄지어 서 있었다. 그 예 중 하나인 부하라는 기원전 1세기경 실크로드의 오아시스 근방에 세워진 도시다. 중앙 요새를 기점으로 세워진 이 도시는 실크로드를 이용하는 이들이 위험으로부터 몸을 피할 수 있는 장소는 물론 좋은 무역의 장이 되어주기도 했다. 이곳 주민들의 금공예와 금속 수공업은 동서 무역에서 값진 상품으로 다루어졌다. 8세기 초 아랍계 무슬림은 부하라를 정복해 아름다운 사원들과 수많은 학교들을 건립하면서 지역의 수도로 거듭나게 만들었다. 주요 하디스 기록 두 가지 중 하나를 소유한 알 부하리(810-870) 역시 이곳 출신으로, 본래 아부 압드 알라 무함마드 이븐 이스마일이라는 이름을 가지고 있으나 부하라 시의 이름을 딴 알 부하리로 알려지게 되었다. 이후 1220년 부하라는 칭기즈 칸이 이끄는 몽골군의 손에 파괴되었으며 그다음 세기에도 두 차례 더 공격받았다. 이슬람의 마르코 폴로로 알려진 이븐 바투타는 1330년대 이 도시를 방문해서 다음과 같은 기록을 남겼다. "이곳의 사원과 대학들, 그리고 상점들은 폐허가 되었다. (중략) 오늘날 이 도시의 그 누구도 종교적 가르침을 받아본 일이 없으며, 그에 대한 열망이나 사려 역시 존재하지 않는다."[8]

마찬가지로 오늘날 우즈베키스탄에 위치한 사마르칸트 역시 중앙아시아의 또 다른 고대 도시였다. 본래 '마라칸다'라는 이름으로 불렸던 사마르칸트는 인도와 중국으로 이어지는 실크로드가 교차하는 지점에

이슬람의
시간

160

건립된 도시다. 711년 마라칸다를 정복한 무슬림들은 이곳에 사마르 칸트라는 새 이름을 부여하고 도시를 번영시켜 지역적 요충지로 만들었다. 부하라와 사마르칸트는 당대 무슬림 세계에서 가장 아름다운 도시들로 손꼽혔지만, 부하라와 마찬가지로 사마르칸트 역시 1221년 칭기즈칸에 의해 파괴되었다.

칭기즈칸의 후손들은 무슬림 세계로의 진격을 이어나갔다. 1258년 바그다드에 당도한 몽골군은 도시를 완전히 재로 만들어버렸다. 메카나 예루살렘, 다마스쿠스 같은 이슬람의 주요 고대 도시와 달리 바그다드는 도시계획 위에 세워진 곳이었다. 762년 티그리스 강둑에 위치한 페르시아의 마을이었던 이곳은 도시계획을 거쳐 아바스 왕조의 수도로 거듭났다. 바그다드의 설계자들은 칼리프 왕궁과 거대한 사원을 구심점으로 도시를 구성했으며 세 개의 벽이 동심원을 그리도록 만들었다. 네 개의 길 역시 도시의 중심에서부터 제국의 사방 끝까지 이어졌으며 시장들과 근교 지역들은 장벽의 바깥쪽에 세워졌다. '평화의 도시'를 의미하는 별명 마디나트 알 살람으로도 불렸던 바그다드는 곧 제국의 경제적, 문화적 중심지로 빠르게 성장하였다. 『천일야화』에서 세계의 보물로 묘사될 정도였던 도시 바그다드의 항구에는 중국 등 세계 각지에서 인도양을 가로질러 온 배들이 줄지어 정박해 있었다. 이후 바그다드는 하룬 알 라시드 치하의 소요사태로도 이름을 알렸으나, 칭기즈칸의 손자인 홀라구 칸이 그의 군대를 이끌고 내려오기 이전까지 계속해서 번성을 누렸다.

몽골군이 파괴했던 도시 중 몇몇은 성공적으로 재건되었다. 바그다드에는 아바스 왕궁 및 무스탄시리야(1234년 세워진 이슬람 대학)가 재건되었지만 도시가 과거의 영광을 되찾는 일은 근대 이전까지 쉽사리 이루어지지 않았다. 몽골군의 화려한 정복자 자리를 이어받은 것은 절름발이 티무르, 타메를란으로도 불리는 티무르랑(1336-1405)이다. 사마르칸트 근방에서 무슬림계의 튀르크족 부모 슬하에서 태어난 그는 지배자 자리에 오르면서 사마르칸트를 몽골 제국의 가장 화려한 수도로 거듭나게 만들었다. 그는 거대한 사원들과 학교들을 건설하기 위해 전문가들을 불러들였다. 이때 지은 건물들은 하나같이 거대했다. 돔 지붕과 아치형 출입구들은 대리석과 모자이크, 때로는 금과 보석들로 장식되었다. 오늘날에도 이 건물들은 이슬람 세계에 남은 가장 거대한 건축 기념물들로 손꼽힌다.

몽골의 침략은 이슬람 세계의 정치적 통일이 깨지는 계기였다는 것이 학계의 전통적인 통설이다. 아바스 칼리프 왕조가 실질적인 영향력을 상실한 것 역시 이때의 일이다. 바그다드가 화염에 휩싸이자 아바스 칼리프 왕조는 카이로로 피난을 떠났다. 그 후손들이 계속해서 이슬람의 지도자를 자처하긴 하였으나 이것은 단순히 명목적인 지위에 불과했으며, 이마저도 그 마지막 후예인 알 무타와킬 3세가 오스만의 정복자들에게 납치되어 이스탄불로 끌려가면서 막을 내리게 되었다. 하지만 결과적으로는 무슬림 세계의 많은 영역들이 재건에 성공하였으며 이후로도 그 강성한 힘과 명망을 이어나갔다. 이제 오스만 튀르크와 아랍 세계, 사파비 페르시아, 그리고 무굴 인도의 성장에 대해 살펴볼 것이다.

아바스의 몰락과 오스만의 성장

이집트가 자치적으로 독립한 것은 오래전의 일이었다. 무슬림들이 메디나와 다마스쿠스, 바그다드와 같은 수도에 상주하면서 이집트 지역을 관리하기가 쉽지 않았다. 이집트의 반란 세력은 제3대 칼리프 우스만의 치하 때부터 칼리프의 권위에 도전하기 시작했으며, 끝을 모르고 오르는 세금 및 종교적 차별에 반대하는 반란들이 산발적으로 이어졌다. 9세기에 이르자 이슬람 중앙 정부의 칼리프는 이 부유한 지역의 자치를 일부 허용하며 스스로 행정관을 선출하고 세금을 운용할 권리를 보장해주었다. 다만 이 '세금 농장'을 관리하는 행정관은 지역의 부족 출신이 아니며 특히 노예 출신 튀르크인이 아니어야 한다는 단서를 덧붙임으로써 중앙 정부의 영향력을 조금이나마 살리고자 했다. 이렇게 형성된 튀르크족 자치 행정부는 곧 스스로 노예 군대를 조직하면서 독립적으로 행동하기 시작했다. 이븐 툴룬이라는 자가 이 자치 행정부의 설계를 이끌었다. 세심한 농업정책 및 조세체계를 갖췄던 그의 행정부는 부유하고 강성하게 성장했으며 나중에는 칼리프로부터 시리아 지역을 탈취하기에 이르렀다. 그가 세운 유명한 이븐 툴룬 사원은 오늘날까지도 카이로에 남아 있다. 아바스 왕조는 10세기 초 잠시 동안 이집트에 대한 지배권을 되찾았으나, 969년부터는 튀니지 세력인 시아파 파티마 왕조가 이집트를 정복하여 1171년까지 다스렸다.
파티마 왕조는 가공할 만한 힘을 가진 세력이었다. 시아파 이슬람의 한 갈래였던 이들의 이름은 예언자 무함마드의 딸 파티마로부터 비롯된 것으로, 무함마드의 사촌 알리와 딸 파티마가 결혼하면서 낳은 이들만이 진정한 무함마드의 후손이며 정당한 이맘(본래 '이슬람의 지도자'로 사용되는 용어이지만 시아파는 이를 '지배자'라는 뜻으로 사용한다)이라고 믿기 때문이다. 따라서 파티마 왕조는 스스로를 수니파 계열인 아바스 칼리프 왕조와 독립적인 존재일 뿐만 아니라 정당하게 왕조의 지위를 획득했다고 주장했다. 본래 예멘에 본거지를 둔 이들은 북아프리카 전역을 거쳐 시칠리아, 시리아, 그리고 서부 아라비아 지역에까지 지배력을 행사했다. 파티마 왕조는 맹렬할 만큼 그들의 계보에 집착하였으며 아바스 왕조의 지배에 불만을 가졌던 수많은 무슬림들로부터 열광적인 지지를 얻었다. 얼마 지나지 않아 이들은 부와 권력을 얻게 되었다. 파티마 왕조는 969년 카이로 시를 건립하여 강성한 해군력을 포함한 군사적 요충지로 화려하게 발전시켰다. 카이로는 문화적으로 융성한 도시이기도 했다. 파티마 왕조는 카이로에 알 아즈하르 대학을 세웠는데 이는 서구 최초의 대학이며 오늘날까지도 그 명맥을 유지하고 있다. 하지만 파티마 왕조 역시 계승과 관련한 내부적 문제들을 품고 있었다. 1094년에는 파티마 왕조로부터 한 무리의 사람들이 이탈하였는데, 이들은 정당한 후손인 니자르가 그에 걸맞은 대우를 받지 못하고 동생에게 권력을 넘겨주었다고 주장하였다. 이슬람 역사가들에 의해 니자리파로 기록된 이들은 파티마 정권을 내전으로 몰아넣었다. 이들은 유럽 역사가들에게 아사신(Assassin, 암살자)이라고도 불렸는데 이는 이들이 십자군에게 너무나 맹렬하게 맞서 싸웠기 때문이다(아사신이란 이름은 이들이 전투에 임하면서 하시시, 즉 대마를 임의로 사용했기 때문에 붙여진 이름으로, '하시시를 사용하는 자들'이라는 뜻의 하시신Hashishin이 그 기원이다).

파티마 왕조는 십자군이 처음 예루살렘에 당도하였을 당시 이집트를 지배하고 있었다. 파티마 왕조가 바그다드와 충분히 협력하지 않았기 때문에 무슬림 사회 전체가 유럽의 침략에 강력히 대응하지 못했다는 게 일반적인 견해다. 이들은 살라 알 딘이 수니파 집단을 이끌고 이집트를 정복해 십자군 전쟁에 대항할 만한 하나의 전선을 만들어야 한다고 주장했다. 하지만 살라 알 딘은 스스로 이집트에 독립적인 왕조를 개창하였는데, 이것이 바로 아이유브 왕조(1171-1250)다. 그는 이집트 내에 강력한 군대를 세워 십자군을 격퇴하고 예루살렘 등의 성지를 탈환했으며 나아가 시리아와 이라크, 예멘 및 서부 아라비아(헤자즈)까지 지배하였다. 그의 승리는 이집트에 안정과 번영을 가져다주었지만 이와는 별개로 권력 다툼을 불러일으켰다. 이전의 아바스 왕조와 마찬가지로 아이유브 왕조는 노예를 기용한 왕실 군대를 거느리고자 했다. 외국인 노예들은 어떠한 지역적 연고도 없기 때문에 반대 세력으로 거듭나지는 못할 것이라는 믿음 때문에 이들은 주로 튀르크족 출신 병사들을 모아 아랍어로 맘루크Mamluk라고 통칭되었던 노예군을 설립했다. 하지만 9세기 말에 이르자 맘루크 군대는 아바스 칼리프 왕조를 지배하기에 이르렀다. 아바스는 명목상 칼리프로 남아 있었고, 맘루크는 이슬람 세계 전체를 지배하지 않았음에도 불구하고 실질적인 지배자, 즉 술탄으로 자리매김하였다. 칼리프는 무슬림 세계의 영적인 지도자로 여겨졌으나 이집트는 이로부터 자치권을 유지했다. 13세기 중반에 이르자 아이유브 왕조의 맘루크군은 맘루크 왕조를 개창하며 실질적으로 하나의 독립적인 왕조로 거듭났으며 아이유브 왕조의 살라 알 딘이 세운 이집트 제국을 지배했다.

맘루크 왕조의 술탄들이 무조건 아들에게 왕위를 물려준 것은 아니었으나, 술탄의 선조는 무조건 선대 맘루크군의 노예병사 중 하나여야 했다. 또한 이들은 정당한 지배권을 인정받기 위해서 당시(1258) 몽골군에 의해 바그다드 왕궁에서 쫓겨난 아바스 칼리프 왕조를 불러들여 카이로에서 살도록 해주었다. 이 시기에 이르자 제정일치제는 그 명맥을 완전히 잃게 되었다. 칼리프는 그 어떠한 세속적 권력도 가지지 못했으며, 단지 이슬람 공동체의 통합에 대한 상징이자 정치적 지배자들의 정당성을 확증해주는 역할일 따름이었다.

맘루크 왕조는 그들만의 군대를 운용하면서 두 세기 반 동안의 치세 중 첫 반절을 훌륭하게 이끌었다. 이들은 여섯 번째 십자군을 격퇴한 영웅이자 초기 몽골군의 침입을 물리쳤다(1260). 하지만 이들은 그 영토를 완벽히 지켜내지는 못했다. 14세기에 이집트를 덮친 흑사병은 주민 다수의 목숨을 앗아갔다. 엎친 데 덮친 격으로 유럽인들의 공세가 재개되었는데, 이번에는 군대가 아니라 상인들의 공세였다. 포르투갈의 무역상들은 인도양을 거치는 안전하고 효율적인 항로를 개발하였는데 이는 맘루크 왕조의 주된 수입원이었던 육로 지역을 비켜가는 길이었다. 몽골군 또한 다시 침략해왔다. 바그다드의 아바스 칼리프 왕조를 정복한 이들은 곧이어 중앙아시아와 남아시아, 그리고 중동 지역(서남아시아)에 수 개의 정권을 세웠다.

이 시기에 이르자 몽골족들은 (적어도 명목상으로) 이슬람으로 개종했

이 슬 람 의
시 간

다. 사마르칸트를 재건하여 그 화려한 수도로 내세우고자 했던 유명한 티무르랑은 몽골족 전체를 통일하고자 했다. 중앙아시아와 크림 반도, 오늘날의 서부 아프가니스탄 지역을 포함한 페르시아 지역 및 메소포타미아(이라크) 지역의 부족장들을 굴복시킨 그는 곧이어 인도 델리까지 진격했다. 그는 믿을 수 없을 만큼 잔혹한 인물이었다. 도시의 전 인구가 그에 의해 몰살당했다는 기록이 여럿 남아 있다. 티무르랑의 군대는 활쏘기와 말 타기의 명수였는데, 수천 희생자의 해골로 탑을 쌓아 올릴 정도였다. 그는 다방면으로 능한 자였는데, 예를 들자면 그가 축적한 막대한 부는 사마르칸트를 재건하고 아름답게 꾸미기에 충분한 것이었다. 그가 아랍 세계로 다시 한 번 눈을 돌리게 된 건 당연한 수순이었다. 1401년 그는 이집트 맘루크 왕조의 군대를 격파하고 시리아 및 이라크 지역에서의 지배권을 획득했다. 다마스쿠스가 점령당했고 바그다드는 또다시 파괴되었다.

1405년 중국으로 발길을 옮기던 티무르가 세상을 떠나자 맘루크 왕조가 다시 기세를 펴기 시작했다. 맘루크 왕조는 계속해서 이집트를 다스렸지만 제국의 경제적 번영과 강성한 군사력을 되찾지는 못했다. 몽골족이 아바스 칼리프 왕조의 근간을 뒤흔들던 이 시기에 또 하나의 자치적 세력이 성장하고 있었으니, 바로 셀주크(Seljuk 또는 Seljuq) 가문이다. 중앙아시아를 떠돌던 튀르크계 유목민 부족장 중 하나의 이름을 따온 이들은 9세기와 10세기에 걸쳐 반자치적 세력이었던 페르시아계 사만 왕조를 호위하는 국경 수호부대로 활동을 시작했다. 11세기 중엽에 이르자 이들은 아바스 칼리프 왕조의 이름을 내걸고 바그다드를 지배하기 시작했다.

오스만 조 역시 당시의 또 다른 튀르크계 세력이었다. 셀주크 왕조와 마찬가지로 이들 역시 국경부대로 시작했으며 북서 국경지대에서 침략을 막아내는 한편 이슬람의 사명을 내걸고 스스로 비잔틴 세력을 공격하기도 했다. 셀주크 조가 몽골족과 싸우면서 점점 세력이 기울자 오스만 조는 13세기 아나톨리아(오늘날의 터키)를 점령했다. 이들의 군대는 곧이어 무자혜딘(mujahiddin, 이슬람 포교를 위해 싸우는 전사)이 되고자 하는 무슬림들은 물론 기독교인 용병들까지 많은 이들을 불러 모았다. 14세기가 되자 이들은 발칸 반도에서 기독교인들을 징집해 이슬람으로 개종시켜 '새 군대', 즉 '예니체리'라는 이름의 정규 기갑부대 및 보병대를 편성했다. 14세기 말 오스만 조의 수장 베야지트는 발칸 지역에서 주권을 확립하는 데 성공하였다. 오스만 조의 이름은 곧 이슬람 제국의 재통일을 위한 희망을 상징하게 되었다. 카이로를 점령한 이름뿐인 아바스 칼리프 왕조, 즉 셀주크 왕조 역시 자신들을 보호해주던 맘루크 왕조 대신 오스만 조의 수장을 이슬람 세계의 술탄으로 인정하였다.

오스만 조가 이렇게 성장하자 흉포한 티무르 또한 위기의식을 느끼게 되었다. 그는 중앙아시아에서 인도로 지배력을 한창 넓히고 있었으나 그 한편으로 오스만 세력의 성장을 저지하고자 했다. 당대 이슬람 세계에서 가장 강성했던 두 세력이 주도권을 두고 맞붙은 것이다. 티무르 세력은 1402년 앙카라 전투에서 오스만 조를 격퇴하며 세력 다툼에서 승리를 거두었으나 이슬람 제국의 재통일까지 이루지는 못했다. 여전히 티무르 세력은 동부 지역을 중심으로 영향력을 행사했으며 서부에서는 오스만 조가 세력을 공고히 하고 있었다.

유럽인들 역시 오스만 조의 성장에 위협을 느꼈으며 이에 새로운 십자가군을 일으켜(1444) 오스만 군대를 다시금 다르다넬스 해협(터키 서쪽 끝 갈리폴리에 위치한 해협으로 유럽과 아시아의 경계) 너머로 밀어내고자 했다. 하지만 이러한 시도는 실패로 돌아갔는데, 여기에는 세르비아의 기독교인 지배세력이 오스만 조의 술탄에게 충성을 바친 탓이 컸다. 1453년 오스만 조는 '정복자' 메흐메드 2세(재위 1451-1481)의 지휘하에 비잔틴 제국을 멸망시키고 콘스탄티노플을 점령했다. 콘스탄티노플은 오스만 제국의 새로운 수도가 되었으며 이후 이스탄불이란 이름으로 알려지게 된다.

16세기에 이를 무렵 오스만 제국은 그 지역의 다른 무슬림 세력들을 정복하고 발칸 지역까지 영토를 확대했는데 여기에는 세르비아, 보스니아, 알바니아와 크림 반도까지 포함되어 있었다. 동부 지중해에서도 이들의 해군력이 성장하고 있었다. 이슬람 세계를 재통일한다는 것은 불가능해 보였으나 옛 비잔틴 제국의 영토들을 모두 오스만 조 술탄의 치하에 들인다는 것은 가능성 있는 이야기였다. 오스만 조에게 남은 마지막 과제는 시리아와 이집트에서 그들의 사촌격인 셀주크 왕조를 몰아내는 것이었다. 술탄 셀림 1세(재위 1512-1520)는 이러한 일에 너무도 적합한 인물로, 왕위를 위협하는 세력을 없앤다는 명목으로 형제들과 조카들은 물론 자신의 다섯 아들 중 네 명의 목숨까지 직접 거둔 자였다. 1517년 그의 세력은 이집트와 시리아를 점령하며 아랍 세계에서 오스만 제국의 걸림돌이 되는 것들을 모조리 쓸어내는 데 성공했다. 이후 오스만 조는 아바스 칼리프 왕조의 마지막 후손이 그 칼리프로서의 지위를 그들에게 넘겨주었다고 주장했다.

셀림 1세가 직접 고른 후계자, 즉 홀로 살아남은 아들인 술레이만(재위 1520-1566)은 '입법자'라는 별명을 얻으며 평탄한 길을 걸었는데, 이는 아버지 셀림 1세가 다져놓은 안정적인 행정체제 덕분이었다. 노역에 대한 대가로 토지를 교부하던 이전의 방식은 당시 여러 세력의 행정권을 약화시키는 주된 원인이었으나 셀림 1세는 오스만 제국의 영토를 가로지르는 단일한 조세체계를 완비함으로써 전통적으로 반복되어오던 불만의 원인을 제거하였다. 이슬람법은 오스만 조의 법으로 흡수되었지만 단지 일부에 불과할 뿐이었다. 오스만 조가 설계한 법체계는 그들만의 정통성을 가진 것이었으며 현대의 법체계에도 상당한 영향을 끼쳤다. 오스만 조는 이슬람법을 기용하는 동시에 이슬람 법정에서 다루지 않았던 문제들에 대해 그들만의 법을 스스로 제정했다. 이슬람법, 즉 샤리아는 오스만 조의 법인 카눈(Kanun, 아랍어로 qanun)과 함께 병렬적으로 사용되었다. 오스만 조의 이슬람법은 당대 최고로 발전된 이슬람법으로 종교의례와 개인적인 문제들(예를 들자면 몸을 씻거나 기도, 자선, 단식, 순례를 행하는 올바른 방법이나 결혼과 이혼, 상속에 대한 정당한 방법 등)을 효과적으로 규율했다. 오스만 제국은 이를 바탕으로 행정과 상업 등 정부가 다루어야 할 필수 영역들에 대해 스스로의 법을 자유롭게 발전시켰다. 종교적 차별을 금지하는 이슬람법에 따라 유대인과 기독교인 등 비무슬림 공동체의 자치 역시 허용되었다.

이 슬 람 의
시 간

이렇게 안정적인 체제 속에서 오스만 조는 막대한 번영을 누릴 수 있었다. 당대 오스만 조의 부유함은 예술에 그대로 반영되어 있는데, 이 중에서도 건축 기념물들이 이를 가장 선명하게 드러내고 있다. 예술에 관대한 후원자였던 술레이만의 치하에서 오스만의 건축은 그 정점을 찍었다. 그는 조셉 시난(1488-1588, 미마르 시난으로도 알려져 있다-역주)을 최고 건축가로 임명하였는데, 스무 살의 나이에 징병되어온 조셉 시난은 임명 이후 수백 개의 사원과 궁전, 학교, 공중목욕탕과 구빈원은 물론 다리와 분수, 그리고 곡물창고들을 지었다. 이 중 가장 유명한 것으로는 이스탄불에 위치한 술레이만의 위대한 모스크(술레이마니예)와 에디르네에 위치한 셀림 모스크(셀리미예)가 있다. 시난의 건축물들은 지극히 밝고 우아하다. 그 거대한 중앙 돔들과 벽들에는 수십 개의 창문이 달려 있으며, 벽들은 하나같이 밝은 색으로 칠해진 채 아름다운 타일 및 모자이크로 장식되어 있다. 시난의 가장 위대한 업적은 셀림 모스크라고 할 수 있다. 시난 이전의 세대가 사원을 널찍하고 가볍게 만들기 위해 건축물의 내부지지 구조를 최소화하고자 고군분투했다면, 그는 내부지지 구조를 전혀 사용하지 않은 새로운 건축 양식을 만들어냈다. 이 사원은 건축예술의 기념비인 것은 물론이며 나아가 공학 기술의 정수라고도 할 수 있다.

오스만 제국은 그 안정성과 번영을 바탕으로 더욱 영향력을 확대시켰다. 이집트에 본거지를 둔 이들 오스만 조는 북아프리카(마그레브 지역)의 수많은 자치 정권들을 정복하며 영토를 넓혔다. 술레이만의 재위가 끝날 무렵 오스만 제국은 리비아와 알제리를 점령한 상태였으며

그림 3   에디르네에 위치한 셀리미예 사원 복합 유적

출처: © Chris Hellier/Corbis

곧이어 튀니지 또한 정복했다. 유럽인들은 오스만 제국의 영토 확장을
논하며 술레이만 황제를 '멋진 황제'로 통칭했다. 1521년 오스만 조는
베오그라드를 점령하였으며 이로부터 20년 뒤에는 헝가리 역시 차지
하였다. 1529년 술레이만의 군대는 빈을 포위하였다. 술레이만의 서
진은 빈에서 그치고 말았지만, 오스만 제국은 유럽 대륙 세력이 정치

적 분열로 주춤하는 사이 제멋대로 성장했다. 16세기 유럽에서는 가톨릭과 개신교가 치열한 공방을 벌이고 있었으며 동시에 주력 가문들 역시 분열된 신성로마제국을 차지하고자 싸우고 있었다. 당시 여전히 신성로마제국의 황제권을 쥐고 있던 합스부르크가는 오스트리아와 네덜란드, 룩셈부르크, 부르고뉴와 스페인을 지배하던 상태였다. 이에 고립된 프랑스는 자연스럽게 술레이만을 지지하면서 오스만 제국의 성장이 동쪽으로부터 합스부르크가의 위세를 약화시켜주기를 바라게 되었다. 이러한 상황들이 중첩되면서 술레이만의 세력은 1521년 베오그라드 지역을 점할 수 있었다.

합스부르크가와 오스만 제국은 그 이후 이십여 년 동안 헝가리를 놓고 다퉜으며, 17세기 마지막 빈 전투에서 패배한 유럽은 계속해서 오스만 제국을 두려워하게 되었다. 이 시기에 오스만 제국은 서서히 쇠락의 길로 접어들었으나 제1차 세계대전이 일어나는 동안 무사히 살아남았으며 칼리프 제도도 여전히 유지되었다. 마지막 칼리프라고 할 수 있는 압둘메시드 2세는 파리로 망명했다가 1924년 그곳에서 세상을 떠났으며, 같은 해에 칼리프 체제도 공식적으로 막을 내렸다. 칼리프 체제의 위신과 오스만 제국의 위대한 행보에도 무슬림 제국이 다시 한 번 정치적 통합을 이루는 일은 일어나지 않았다. 오스만 튀르크족의 지배력은 아나톨리아를 중심으로 아랍 세계에 한정되었으며, 대신 페르시아 제국이 독립적으로 자라났다.

페르시아: 사파비 제국

오스만 제국의 유럽 대륙 정복이 빈에서 멈췄다면, 그 동진은 중기 이슬람 제국의 두 번째 지배세력으로 등장한 페르시아 제국에 의해 저지되었다. 혹자는 만일 술레이만이 유럽 대륙으로 전진하는 데 집중하는 대신 이슬람 세계에 모든 노력을 쏟아 부었다면 이슬람의 정치적 통합이 이루어졌을지도 모른다고 평가하기도 한다. 하지만 술레이만은 제국 양 끝에서의 싸움을 선택했다. 동쪽에서 그는 시리아를 압박하며 이라크 및 아제르바이잔의 일부를 점령했다. 여기서 그의 세력확장은 페르시아의 샤(shah, 왕) 이스마일과 그의 아들 타흐마스프 1세에 의해 저지되었다.

바그다드의 함락(1258) 이후 일 칸국의 마지막 칸 아부 사이드가 1335년 세상을 떠나기 이전까지 여러 몽골 왕조들이 이 지역을 점령하였으며 그 지배권을 놓고 싸웠다. 여기서 우위를 차지한 티무르랑은 1385년까지 호라산 지역과 동부 페르시아 일부를 지배했다. 이전에도 살펴보았듯, 티무르랑은 이때부터 이곳에서의 지배권을 확립하게 된다. 비록 셀주크족의 전사들이 바그다드 및 시리아 지역을 점령했으며 이후 오스만 제국이 이를 차지하긴 했으나, 사파비 왕조는 페르시아 제국에서 종교적 체제를 유지하며 몽골족을 격퇴했다. 바로 이때부터 페르시아의 역사는 튀르크족 및 튀르크 중심의 아랍 세계와 노선을 달리 하게 된다.

사파비 왕조는 14세기 튀르크 아제르바이잔계에 뿌리를 둔 수피교단이었다. 붉은 터번을 쓴 사파비 왕조(그 때문에 '붉은 머리'라는 뜻의 키질바쉬Kizilbash라고도 불렸다)는 이란과 더불어 그 접경지역인 시리아와 동부 아나톨리아, 카프카스와 그 너머 지역에서 추종자들을 양성했다. 이들의 세력이 성장하면서 그 정체성 역시 뚜렷하게 형성되었다. 15세기 동안 이들은 자신이 시아파 계열임을 천명하면서 선대의 수니파 이웃들로부터 스스로를 구분하였다. 시아파 이슬람의 주 계열에 기반을 둔 이들은 성장에 성장을 거듭하면서 점진적으로 지역의 지배자로 거듭났다. 16세기가 시작될 무렵 이들은 북부 이란에서 몽골족을 격퇴하고 자신만의 왕국을 선포했다.

사파비 왕조의 영향력이 북쪽으로 점점 확산되면서 동부 아나톨리아에 이르자 오스만 제국은 이들을 저지하기로 결심했다. 정통 수니파의 후계자였던 오스만 제국은 시아파이자 수피교단인 사파비 왕조를 이단자로 규정했다. 16세기 초에 걸쳐 오스만 제국과 사파비 왕조 사이에 중대한 격투가 수차례 벌어졌다. 오스만 제국은 이들의 성장을 매우 심각하게 다루었는데, 오스만 제국의 술탄 베야지트 2세(재위 1482-1512)가 수피즘의 신비주의에 매혹되기 시작하자 그를 폐위시킬 정도였다. 이후 흉포한 셀림 1세가 등장해 시아파 사파비 왕조와의 세력 다툼을 평정했다. 이때까지도 궁수 부대 위주였던 사파비 왕조의 군대는 포병 부대까지 갖춘 셀림 1세 군대의 적수가 되기에 역부족이었다. 결국 1514년 이들은 중앙 페르시아의 지배권을 셀림 1세에게 내어주고 말았다. 하지만 유럽 대륙과도 세력을 겨루고 있던 오스만 제국은 사파비 왕조를 상대로 더 이상의 승리를 거두지 못했다.

1555년 암사야에서 술레이만은 페르시아 제국에 아제르바이잔과 카프카스 지역을 넘기는 한편 메카와 메디나의 성지 및 이라크 내 시아파 순례지에 페르시아인 순례자들의 방문을 허용한다는 조약을 체결했다.

이로써 서부 무슬림 세계에서는 수니파 오스만 제국(1517-1922)과 시아파 사파비 제국(1502-1722) 간의 세력 평형이 형성되었다. 시아파 이슬람 세력은 자유롭게 자신만의 특질을 발전시킬 수 있었다. 제1장에서 다루었듯이, 수니파와 시아파 이슬람교는 근본적인 교리에서 약간의 차이를 보이는데, 가장 주된 차이점은 바로 정부에 대한 이론 및 예언과의 관계에서 드러난다.

수니파 이슬람교에서 예언자 무함마드의 죽음은 곧 예언의 종식을 의미하며, 그 이후로 인류는 직접 책임을 지고 끊임없이 변화하는 상황 속에서 예언자의 모범을 받아들여 쿠란이 요구하는 정의를 실현할 방법을 찾아야 한다. 시아파 이슬람에서도 예언자의 죽음은 예언의 종식을 의미하지만 예언이 가지는 구속력까지 끝난 것은 아니다. 시아파의 교리에 따르자면 하나님으로부터 비롯된 예언의 구속력은 예언자 무함마드의 핏줄을 타고 이어져 내려왔다. 따라서 예언자 무함마드의 후손들만이 지상세계를 다스리는 예언자로서 유일하게 정당성을 획득한 지도자라 할 수 있다. 그 후손들은 비록 예언자는 아니지만, 성서의 구절에 대한 그들의 해석은 그 권위를 인정받는다. 반면 수니파 이슬람교에서는 구절을 해석해 일상생활에 적용시키는 작업은 이슬람 법학자들의 몫이며, 누구나 그에 필요한 교육을 받는다면 법학자가 될 수 있다. 시아파 무슬림들은 종종 예언자의 후손들 중 누가 지

이슬람의
시간

도자가 되어야 하는지를 놓고 갈등을 벌였으며, 7세기 동안 이 문제로 인해 큰 분열을 겪었다. 7세기 이전에도 비슷한 논쟁들이 수차례 존재했으며 그 이후에도 작은 분열들이 계속해서 이어졌다. 시아파의 주요 종파인 12이맘파에 따르자면 공동체의 진정한 지도자 자격을 갖춘 예언자의 후손들은 9세기에서 그 대가 끊겼다. 마지막 이맘(12이맘파에 따르자면 무함마드 알 문타자르)은 세상의 종말이 도래하기 직전 '인도자' 마흐디로서 다시 한 번 세상에 나타날 것이며, 이후 최후의 심판 직전까지 인류가 정의로운 사회를 구현하도록 이끌 것이다. 이때까지 마지막 이맘은 영혼의 상태, 즉 엄폐(아랍어로 알 가이바al-ghaibah) 상태로 존재할 것이며 계속해서 법학자를 통해서 공동체를 다스릴 것이다. 마흐디가 돌아오기 이전까지 시아파 무슬림들은 그 정부와 협력하는 한편 법학자들의 지도를 따라야 한다.

현세에서 이맘이 존재하지 않기 때문에 수니파와 시아파의 정부 구성론은 실질적으로 크게 다르지 않다. 하지만 시아파 이슬람교도, 특히 12이맘교도들은 주류 수니파와 전반적으로 다른 기풍(에토스)을 확립했다. 이 기풍은 기본적으로 시아파가 초기 수니파로부터 박해받았다는 사실에 근거한다. 시아파가 받드는 예언자의 손자들은 수니파 우마이야 왕조에게 공격받았으며 가장 어린 손자 후세인은 결국 순교했다. 결과적으로 가장 초기 시대부터 시아파 이슬람은 경계적인 성격을 가졌으며 부당함에 맞서 싸우며 정의를 찾아 헤맸다. 모하마드 하타미 전 이란 대통령은 다음과 같은 말을 남겼다.

무슬림 세계, 특히 이란에서 압제에 맞서 일어났던 대중은 종교를 바탕으로 한 행
동주의를 보여주었다. 압제와 폭정에 맞서 싸우는 종교 혁명가의 피에 젖은 맹렬
한 얼굴을 사람들은 언제나 목격해왔다. 종교를 이용해 사람들의 고통을 정당화
하려는 위선자들에 진정한 신자들이 맞서 싸웠던 기억들은 우리의 사회적 양심을
가득 채우고 있다. 우리들은 진리와 정의를 찾는 종교, 그리고 압제의 도구로 이
용되었던 억압적이고 뒤틀린 종교 간의 싸움을 역사를 통해 목격했다. 이슬람의
역사에서 종교적이고 세속적인 압제정에 종교가 맞섰던 일이 없다고 할 수 있단
말인가?[9]

부당함에 맞서 싸운다는 시아파의 에토스가 본격적으로 제도화된
것은 사파비 왕조 때의 일이다. 이맘 후세인은 680년 무하람(이슬람력
의 첫 번째 달)의 열 번째 날에 카르발라에서 우마이야 왕조 병사에 의해
순교했다. 이 때문에 이라크의 카르발라는 (오늘날까지도) 시아파의 주요
순례지이며, 무하람의 달은 기독교의 사순절과 비슷한 형태인 애도의
달(타으지야Ta'ziyyah)로 지정되었다. 기독교의 예수 수난극과 마찬가지로
후세인의 순교 역시 시 낭송과 재연으로 이어져 내려오고 있다.

사파비 페르시아 역시 수준 높은 문화를 이룩했다. 당시 세력 평형
이 가져다준 평화는 오스만 튀르크족은 물론 이들에게도 번영과 문화
적 창조를 허락했다. 페르시아인들에게 이슬람교가 전해진 것 역시 이
시기의 일이다. 페르시아인들은 이미 오래전부터 도시사회를 이루고
효율적인 관료체계를 운용하고 있었으며, 아바스 왕조의 행정체계를
설계해준 것 역시 페르시아계 가문의 업적이었다. 평화가 찾아오자 사

파비 왕조는 마치 준비했던 것처럼 이스파한을 중심으로 효율적인 국가행정체계를 발전시켰다.

사파비 왕조의 위대한 샤 아바스(재위 1588-1629)는 이스파한을 제국의 수도로 정하고 공원과 분수들, 건축 기념물들로 도시를 장식해 오늘날까지 견줄 데 없는 아름다운 도시로 거듭나게 만들었다. 도시의 중심에는 거대한 광장이 위치해 있으며 그 주변을 둘러싸고 바자르(bazzar, 페르시아어로 시장)와 공원들, 궁전들과 학교들을 포함해 다양한 공공건물들이 세워졌다. 도시 곳곳에는 아름다운 샤 아바스의 모스크와 로트폴라 사원을 비롯해 수 개의 사원들이 건설되었다. 이 중 로트폴라 사원은 전 세계에서 가장 아름다운 종교 건축물 중 하나로 손꼽히는데, 그 파사드는 다양한 톤의 푸른색 타일로 덮여 있으며 우아한 페르시아 양식의 돔 위로는 품격 있는 터키석 꽃무늬가 수놓아져 있다. 이 사원을 방문한 이들은 모스크가 너무나 황홀해서 신자들은 물론 비신자들의 마음까지도 울리는 것 같다고 평한다. 샤 아바스 역시 예술을 후원했는데 이때 페르시아의 가장 독특한 공헌물인 채색 미니어처 양식이 발전했다. 이 정교한 형태의 예술품 중 가장 오래된 것은 이스파한에서 발견된 것들이며, 그중에서도 모두에게 인정받았던 도시의 수공업자 레자 아바시가 만든 작품은 오늘날 뉴욕의 메트로폴리탄 미술관에서 찾아볼 수 있다.

사파비 왕조 역시 강력한 이웃 세력의 공격에 무너졌는데, 흥미롭게도 사파비 왕조를 전복시킨 것은 아프가니스탄의 부족장이었던 칸다하르의 마흐무드다(1722). 이후 또 다른 페르시아계 카자르 왕조(재위

1794-1925)가 그의 뒤를 이었으며 20세기에 들어서는 팔레비 왕조가 그 자리를 차지했다. 하지만 사파비 제국의 문화는 여전히 지배적으로 남았다. 레자 샤 팔레비(재위 1925-1941)는 이스파한의 아름다운 건축물을 재건하는 일을 최우선으로 삼았다. 페르시아 문화의 영향력 역시 계속해서 이어졌으며 이후 중기 이슬람 세계의 세 번째 위대한 중심지인 인도 무굴 제국의 문화에도 큰 영향을 미쳤다.

인도와 무굴 제국의 성장

페르시아의 동쪽 경계지역은 자치적인 가즈나 왕조가 지배하고 있었다. 이들은 서부 아프가니스탄 지역에 대한 사만 왕조의 지배력이 약화된 틈을 타고 성장했다. 사만 왕조는 아바스 칼리프 조로부터 독립한 페르시아계 가문으로 당시 부하라를 수도로 삼고 아프가니스탄의 대부분과 위대한 실크로드의 도시인 호라산, 사마르칸트를 다스리고 있었다. 이들은 강성한 정치적 힘을 바탕으로 번영을 누렸으며 위대한 예술과 문화로 이름을 날렸다. 11세기에 이르자 사만 왕조의 국경수비대였던 셀주크 왕조가 권력을 잡고 서쪽으로 전진하기 시작했다. 사만 조 영토의 동쪽 끝에서는 또 다른 노예병사 출신 지도자 세북테킨(942-997)이 반란을 일으키고 스스로 가즈나 제국(오늘날의 아프가니스탄 가즈니 지역)을 선포했다. 세북테킨의 아들 마흐무드(971-1030)는 가즈나 제국의 영토를 더욱 확장시켰다. 사만 왕조의 세력이 기울면서 마흐무드

이슬람의
시간

는 일시적으로 페르시아의 일부를 점령했으나 그는 이보다 다른 곳을 집중적으로 공략했다. 수차례의 잔혹한 전투 끝에 그는 오늘날의 파키스탄을 아우르는 영토를 획득했다. 힌두교와 불교가 자리 잡고 있던 이 지역에 마흐무드는 이슬람교를 깊이 각인시켰으며 이는 오늘날에도 이어진다. 힌두교 사원에 집중공세를 퍼부었던 그는 곧 막대한 부를 얻게 되었다(마흐무드는 그의 뒤를 이은 티무르랑과 마찬가지로 다른 종교를 단호하게 배척했다. 타 종교의 우상을 파괴했던 그의 모습은 심지어 현대의 탈레반에게 하나의 선례가 되어주기도 했다). 그는 이렇게 얻은 부를 왕국의 문화를 발전시키는 데 사용했으며 이 중에서도 특히 페르시아의 고급문화를 양성시켰다. 그는 튀르크족 출신배경 및 반-시아파라는 종교적 배경을 가지고 있었음에도 불구하고 페르시아 양식을 왕국 문화의 언어로 규정했다. 또한 그는 과학자 알 비루니와 시인 피르다우시 등 유명한 학자들을 그의 왕궁으로 데려왔다. 피르다우시의 유명한 서사시 〈샤나마〉(왕의 책) 중 마지막 편은 이 잔혹한 지도자에게 헌정된 것이다. 구절 형식으로 쓰인 〈샤나마〉는 고대부터 아랍 점령기에 이르는 페르시아 역사를 노래하며 오늘날까지도 페르시아 문학의 고전으로 남아 있다.

마흐무드의 세력을 승계한 이들은 펀자브 지방의 위대한 고대 도시 라호르로 천도했으며 대부분 이슬람교로 개종했다. 이후 1190년 즈음 페르시아계 구리드 왕조의 지도자가 가즈나 왕조의 지배권을 빼앗고 인도 영토를 공습하기 시작했다. 이들은 라호르에 남아 있던 마흐무드의 마지막 후계자를 내쫓았으며 수십여 년 동안 북부 인도를 군사적으로 점령했다. 이 당시 구리드 왕조가 이끌었던 노예군대(맘루크)는 오늘날 인도를 기반으로 하는 이슬람 세력인 델리 술탄 왕조로 성장했다.

마흐무드의 가즈나 조가 그랬던 것과 마찬가지로, 델리의 술탄 왕조 역시 평화를 이룩한 후에는 페르시아의 영향을 받은 이슬람의 고급문화를 받아들였다. 시인들과 예술가들이 환영 속에 인도로 몰려들었으며 상인들은 상설 시장을 개설했다. 신비주의를 설파하는 수피즘 선교사들은 인도 내 이슬람 포교를 선도했다. 지역 토착세력이었던 힌두교 공동체는 카스트 제도 위에 지역 왕국을 건설하고 살고 있었는데, 무슬림 지도자들은 이들에 맞서 영토를 확장시키고자 했다. 무슬림 세력은 카스트 제도를 폐지하고 종교의 자유를 보장하면서 사실상 지역 주민들이 인정하는 지배세력으로 자리 잡았다. 델리 술탄 왕조는 무역과 지역 농업을 바탕으로 큰 번영을 누렸으며 13세기와 14세기에 걸쳐 그 영토를 확장시킬 수 있었다. 1350년에 이르자 그들은 인도 아대륙의 대부분을 다스리게 되었다.

델리 술탄 왕조 역시 티무르랑의 악명 높은 공격으로 막을 내렸다. 이번 공격은 특히나 더 잔인했다. 티무르는 종교의 자유를 보장한 델리 술탄 왕조의 정책을 용납하지 않았다. 대부분의 무슬림과 달리 티무르는 종교적 자유를 이슬람의 근본적 특징으로 여기지 않았으며 사실상 이에 강렬히 반대하는 축에 속했다. 1398년 그의 군대는 델리를 파괴하고 그 주민들을 학살했다. 하지만 다행히도 1405년 티무르는 세상을 떠났고, 인도의 이슬람 세력은 그 종말을 간신히 모면하고 재립을 시작할 수 있었다. 델리 밖에서 자치적인 세력을 이루면서 티무르의 공격으로부터 살아남은 무슬림들은 14세기 말 아프가니스탄 고원 지대를 중심으로 한 로디 술탄 왕조의 지도하에 델리를 재건할 수 있었다.

위대한 인도 무굴 제국의 시초는 바부르(1483-1530) 황제다. 티무르 계 몽골 세력의 후손이었던 바부르는 카불 지역에 본거지를 두고 몽고인의 후예답게 영토 확장을 꾀하기 시작했다. 1526년 파니파트 전투에서 바부르는 로디 술탄 왕조를 격파하고 델리를 점령했다. 하지만 바부르의 몽고인 후계자들은 이교도에 대해 편협한 태도를 취하지 않았으며 포용적 시각 위에 문화를 양성해 나아갔다. 이들 무굴 제국은 18세기 영국이 인도를 점령하기 이전까지 인도 지역을 다스렸다.

무굴 제국의 포용적인 문화를 설계한 것은 바부르의 손자인 '위대한' 악바르 대제(재위 1556-1605)다. 앞에서 살펴보았듯, 오스만 제국과 사파비 왕조는 악랄한 티무르의 공격을 이겨내고 안녕과 번영을 이룩했다. 중기 이슬람에서 (칭기즈칸은 물론) 티무르의 직계 후손이 지도자가 된 것은 악바르 대제가 유일했다. 하지만 그의 선조들과 달리 그는 타 종교에 대해 관용적이었던, 역사상 손꼽히는 계몽 군주였다. 오늘날의 파키스탄과 방글라데시, 아프가니스탄을 포함하여 사실상 북부 인도 전역의 지배권을 물려받은 악바르 대제는 자신이 문화적으로는 물론 종교적으로도 아류에 속한다고 생각했다. 이슬람교는 인도 지역에서 여전히 비주류였으며 기독교와 유대교, 조로아스터교 등 수십 개의 다른 종교들과 어깨를 나란히 하고 있었다. 악바르 대제는 이러한 종교적 다양성을 환영했다. 그는 비무슬림을 차별하지 않는 단일한 조세체제를 확립했으며 힌두교인들도 행정에 참여할 수 있게 했다. 그는 종교적 차별이 분열과 파괴를 초래한다고 보았으며 이를 막기 위해 파벌 없는 유일신교, 이름하여 '거룩한 종교(딘이 일라히din-i ilahi)'를 설파했다. 다양한 근원으로부터의 화려한 유산들을 받아들였던 악바르 대제는 이로써 이슬람 역사상 가장 독특하고 창조적인 문화를 이룩하게 된다.

비록 인도에서 이슬람 지배세력이 물러난 것이 벌써 두 세기도 더 전의 일이며 오늘날 인도에는 힌두교와 이슬람교 사이에 깊은 갈등이 자리 잡았으나, 무굴 제국의 건축물들은 여전히 그 자리에 남아 과거의 소중한 유산들을 보여주고 있다. 한 예시를 들자면 악바르 대제가 도시계획을 통해 세운 신도시 파테부르 시크리는 16세기 공학의 요람이라고 할 수 있다. 파테부르 시크리의 기념비적인 성문은 한눈에 보아도 힌두 양식과 이슬람 양식의 혼합임을 알 수 있다. 포스트 및 린텔 구조 위로 수 개의 아치들과 장식 조각들이 자리 잡은 이 성문은 파테부르 시크리의 거대한 모스크로 곧장 연결되어 있다. 안타깝게도 악바르 대제와 그의 신도시 공학자들은 파테부르 시크리를 건설하면서 도시계획에서 가장 중요한 요소 중 하나를 간과해 버렸으니, 바로 물의 공급이었다. 급수원이 부족했던 도시는 얼마 지나지 않아 버려지게 되었으나 오늘날에는 관광지로 큰 인기를 끌고 있다. 아그라 요새 역시 그 거대한 성문과 함께 악바르 대제의 또 다른 업적으로 손꼽힌다.

악바르 대제의 아들과 손자는 한층 더 위대한 건축 기념물들을 남겼다. 파테부르 시크리에서 태어난 자한기르(재위 1605-1627)는 무굴 제국을 아름답게 가꾸었던 인물로, 건축과 더불어 미술을 주로 후원했다.

스스로도 화가였던 자한기르는 미술계를 후원하는 데 막대한 재정을 쏟아 부었다. 본래 초기 무굴 양식의 미술은 화려한 색감과 역동적인 화풍을 가지고 있으나, 자한기르가 후원했던 화가들은 주로 초상화를 그렸으며 보다 섬세하고 차분하며 거의 영적이라고도 할 수 있는 화풍을 만들어냈다. 자한기르의 아들 샤 자한(재위 1628-1658) 역시 계속해서 미술을 후원했으나(그가 후원한 작품들은 영국 윈저성 도서관에서 찾아볼 수 있다) 아버지 자한기르만큼은 아니었다.

자한기르가 세운 건축 기념물들은 인도에 그의 이름을 영원히 아로새겼는데, 그 예시로는 델리의 거대한 모스크와 붉은 요새가 있다. 붉은 사암벽돌로 만들어진 거대한 붉은 요새에는 평평한 지붕 아래로 기둥들과 아치들이 줄을 지어 서 있다. 라호르의 샬리마르 정원 역시 자한기르가 건설한 것으로, 80에이커에 달하는 이 광대하고 아름다운 정원의 곳곳에는 반사 연못들과 하얀 대리석 분수대들이 위치해 있다. 하지만 인도의 건축물 중 가장 유명한 것은 역시 샤 자한이 세운 타지마할이다. 아내 뭄타즈 마할을 위해 아그라에 건설한 이 화려한 영묘는 하얀 대리석으로 만들어진 돔과 탑으로 구성되어 있으며, 트레이드마크인 전면의 반사 연못과 함께 모든 이들의 영성은 물론 사랑을 상징하는 건축물로 손꼽힌다.

무굴 제국의 초기 지도자들은 종교적 다양성을 제도로 보장했으며, 제국은 이를 바탕으로 정교한 문화를 이룩할 수 있었다. 무굴 인도 제국의 과학과 학문 역시 이 시기에 크게 발전했다. 그중에서도 사회풍자 유머는 제국의 섬세하고 개방적인 풍조를 그대로 담고 있는데, 그 예시로는 악바르 대제의 궁정 시인 라자 비르발의 이야기들을 들 수 있다. 아그라 근교에 살던 소작농의 아들 비르발은 어느 날 아그라로 가는 길을 찾던 악바르 대제를 안내하게 되었으며 대제는 감사의 표시로 그를 황궁에 초대했다. 이후 어느 정도 나이가 든 비르발은 황궁을 찾아갈 결심을 하고 수도에 당도했으나, 왕궁의 수비병은 비꼬는 듯한 태도로 그를 들여보내주지 않았다. 비르발은 결국 황제가 주는 선물의 절반을 수비병에게 나누어주겠다고 약속한 이후에야 성문을 통과할 수 있었다.

악바르 대제는 알현실로 들어온 비르발을 한눈에 알아보고 크게 반겼다. "너의 심장이 원하는 것을 말해보라, 그러면 그것은 너의 것이 될 것이다." 대제가 이렇게 말하자 비르발은 다음과 같이 대답했다. "황제 폐하, 제 간절한 소망은 채찍질 50대를 받는 것입니다!" 사람들은 그가 미쳤다고 생각했으나 이를 의아하게 여긴 황제는 비르발에게 왜 그리도 이상한 선물을 원하는 것인지 물어보았다. 비르발은 이에 수비병이 황제의 선물을 나누는 것을 조건으로 그를 들여보내 주었다고 설명했다. "우리 국민을 지키는 자가 그리 욕심 많고 악한 이였단 말인가?" 크게 노한 황제는 당장 그 수비병을 데려올 것을 명령했다. 수비병은 결국 50대의 채찍질 전부를 '선물'로 받게 되었으며 다시는 황제를 뵙고자 하는 가난한 이들을 괴롭히지 못했다. 그리고 이 젊은 비르발은 큰 환영과 함께 황궁에 자리 잡게 된다. "오늘부로 우리는 너에게 라자 비르발이라는 이름을 내려줄 것이다. 너는 우리 곁에 머물면서 계속해서 우리를 즐겁게 하고 또 바로잡아 주어야 한다!"[10] 이때부터 비르발은 지배층 인물들에게 웃음을 선사하는 한편 그들을 정중하고 부드럽게 비판하기도 했다.

나스로딘의 이야기들은 비르발의 이야기보다 한층 더 흥미롭게 당대 사회를 반영하고 있다. 전설적인 인물인 나스로딘은 지혜와 우매함, 혹은 그 둘로 위장된 사회풍자를 상징한다. 나스로딘의 이야기는 사회의 그 어떤 부분에 가져다 대어도 훌륭한 풍자가 되는 것으로, 만일 이야기가 조금만 더 교묘하게 설명되었더라면 당대 사람들 사이에서 유행처럼 회자되었을 것이다.

나스로딘의 이야기 중 하나는 신비주의에 관한 것으로, 인도에서 대중 종교로 자리 잡아가던 신비주의에 대한 우려를 담은 이야기였다. 이야기에서 나스로딘은 당시 인도에서 영적 지도자로 큰 인기를 얻고 있었던 이들에 대해 알아보라는 왕의 명령을 받고 여행을 떠나게 된다. 그는 시골 지역을 돌아다니면서 신비주의 공동체를 이루고 사는 사람을 여럿 만나 보았는데, 이들은 나스로딘에게 그 지도자의 경이롭고 기적적인 행보에 대해 열광적으로 이야기해주었다. 고향으로 돌아온 나스로딘은 황제에게 보고서를 써 바쳤는데 여기에는 단 한 글자가 쓰여 있었다. "당근." 왕은 보고서를 이해할 수가 없었다. 도대체 당근과 신비주의가 무슨 상관이란 말인가? 이에 나스로딘은 다음과 같은 설명을 덧붙였다. "신비주의의 실상은 마치 당근과도 같이 대부분 보이지 않는 곳에 숨겨져 있으며 그 성장을 제대로 파악하고 있는 사람조차 거의 없다. 따라서 당근이 밭 전체를 망가뜨리기 전에 이를 제대로 경작하고 관리해야 할 것이며, 여기에는 '이러한 일에 능한 당나

귀들'이 여럿 있다."[11]

사실 인도에 자리 잡은 이슬람교는 전통적으로 수피즘, 특히 치스티파와 슈흐라와르디파 계열이었다. 이슬람의 지배세력은 군사력을 동원해 인도 아대륙을 점령했으나, 이슬람교를 포교한 것은 수피즘의 설교자들이었다. 제2장에서 살펴보았듯, 치스티파는 영적 탐구에 깊이 몰두하는 이들로, 그 설교자들은 사람들이 모든 종류의 물질주의를 버려야 한다고 강조했다. 가난은 덕목으로 여겨졌으며 사회에 참여하는 일은 영적 집중을 흐트러뜨리는 일로 치부되었다. 치스티파는 찬송(디크르)을 통해 자기 자신을 지우고 하나님과 합치되는 것을 영적인 삶의 목표로 삼았다. 치스티파는 13세기와 14세기에 걸쳐 캉카(수피교도의 수도원-역주)를 중심으로 북부 인도에 이슬람 교리를 설파했는데, 수많은 지역 주민들에게 캉카는 이슬람교를 배울 수 있는 유일한 장소이기도 했다. 슈흐라와르디파 또한 하나님의 이름을 노래하는 찬송으로 신심을 키웠다. 이외에도 깔란다르(수피즘 혹은 여러 교리를 통합한 이단의 방랑 탁발승-역주) 등 비전통적인 형태의 종교적 행위 역시 대중적 수준으로 발전하였다. 수피즘의 타리카보다 낮은 수준의 체계를 갖춘 깔란다르 집단은 종종 기존의 이슬람 교리나 샤리아에 어긋나는, 이른바 '비정상적인' 행보를 보여주기도 했다.

영적 발전을 추구하는 수피교도들은 특성상 본질적으로 관대했으며 따라서 타인의 다양한 종교적 표현을 허용했다. 하지만 이에 이슬람 학자들 사이에서는 이슬람 교리의 근본적인 뿌리가 흔들린다는 우려가 자라나기 시작했다. 이들은 이슬람의 주요 교리들이 종교적이거나 영적인 교리들이 뒤섞인 혼합물들로 대체되고 있으며 여기에는 명백히 비이슬람적인 교리들도 섞여 있다고 주장했다. 새로운 교리의 성장이 종교적 기득권자들의 심기를 건드린 셈이다. 또한 이를 차치하고서라도, 모든 현실세계가 사실상 한몸이라는 신비주의적 믿음은 전통적인 이슬람교의 일신교 사상과 반대되는 것이었으며 따라서 이단에 불과한 믿음이었다.

모든 피조물들은 창조주 하나님의 손에서 태어난 것이며, 따라서 하나님과 피조물 사이에는 근본적이고 영원한 경계가 존재한다는 것이 전통적인 종교학자들의 시각이었다. 하나님의 신성을 인류가 어느 형태로든 공유한다는 것은 이단적인 생각일 뿐만 아니라 나아가 불경스럽게 보이기도 했다. 몇몇 학자들은 일원론, 즉 모든 존재들이 본질적으로 하나라는 사상이 사실 힌두교에서 비롯된 것이라고 주장했다. 힌두교의 교리에 따르자면 세상에는 수많은 신들이 존재하지만 결국 그 너머에는 단 하나의 거대한 존재가 있으며, 모든 생물과 무생물은 물론 신들까지 그 일원으로서 참여하게 된다. 이러한 사상들에 경각심을 느꼈던 전통적 이슬람학자들은 이에 비이슬람적인 영향력들을 뿌리 뽑아야 한다고 주장하기 시작했다.

인도 지역에서 정통 이슬람에 대한 우려는 본래 16세기 초 시크교가 등장하면서 시작되었다. 시크교는 마치 이슬람교와 힌두교를 섞은 것 같은 새로운 종교다. 시크교 이전에도 힌두교와 이슬람교는 그 영성을 다루는 방법에 있어서 유의미한 상호작용을 보여왔다. 요가를 통한 힌두교의 영적 의례, 예를 들면 호흡을 통제하는 행위나 명상을 통해 높은 수준의 종교적 자각을 얻는 행위들이 수피즘의 종교의례와 융합되고 있었으며, 이슬람교의 일신교 사상에도 힌두교의 다신교적 표현들이 덧입혀졌다. 시크교는 여기서 한 발 더 나아가, 이슬람의 일신교 사상과 힌두교의 일원론을 능동적으로 융합하는 새로운 종교 운동을 펼쳤다.

시크교의 창시자는 인도 북서부 푼잡 출신의 힌두교 구루(종교적 스승) 나나크(1469-1539)다. 나나크는 신은 유일한 존재이지만, 인간은 해탈(모크샤moksha, 윤회의 굴레에서 빠져나오는 일)에 도달해 유일한 존재에 흡수되기 이전까지 끊임없이 다시 태어나 삶을 이어간다고 믿었다. 인간은 이 굴레에서 벗어나기 위해 선한 삶을 살아야 하며 하나님의 이름 아래에서 명상을 실천해야 한다는 것이 그의 가르침이었다. 무슬림 학자들과 힌두교 학자들, 양측 모두 나나크의 이론에 오류가 있음을 지적했지만 나나크의 이론은 세월을 거듭하며 널리 알려졌다. 다원주의가 인정받았던 악바르 대제의 시대에 나나크의 이론은 특히 큰 인기를 얻었으나, 자한기르의 치세 동안에는 종교적 정통성을 되찾아야 한다는 목소리가 주목을 받기 시작했다. 당시 시크교를 이끌던 이는 나나크의 다섯 번째 후계자 아르준이었다. 학자들의 불만이 커지자 자한기르는 아르준에게 시크교의 성서에서 이슬람교나 힌두교의 교리에 반하는 구절들을 삭제할 것을 요구했으며, 아르준이 이를 거절하자 그를 고문해 죽음에 이르게 만들었다.

신비주의가 너무 멀리 나아갔다는 의견은 종종 수피교도들 사이에서도 등장했다. 셰이크 아마드 시르힌디(1564-1625)가 이들 중 하나였

이 슬 람 의
시   간

다. 중앙아시아를 중심으로 보수적인 성향을 가졌던 수피즘의 또 다른 종파, 낙쉬반드파의 지도자였던 시르힌디는 악바르 대제의 종교정책, 그리고 그가 제시했던 절충적인 '거룩한 종교'에 경악을 금치 못했다. 그는 악바르와 자한기르의 종교적 개방성이 이슬람교의 안위를 위협한다고 보았으며, 시아파 무슬림들이 반드시 관용을 보여야만 하는 것도 아니라고 설파했다. 그는 치스티파를 포함한 일원론자들을 가장 격렬하게 비판했다. 존재의 통합(와다트 알 우주드wahdat al-wujud)은 단지 허상에 불과하며, 이를 찬송이나 리드미컬한 춤 등으로 추구한다는 것은 고작 '표면적인 방법'을 통해 의식상태를 조작하는 행위에 지나지 않는다는 것이다. 시르힌디는 존재의 일체(와다트 알 슈후드wahdat al-shuhud) 역시 수피교도의 환상이라고 비판했다. 신비주의적 시각에서 보자면 존재들은 외형적으로 통합된 것처럼 보일 수 있으나, 사실 피조물들은 하나님으로부터는 물론 서로와도 동떨어진 존재다. 인간이 자각하는 통합의 상태가 실제로 존재한다고 믿는 것은 사실상 하나님과 피조물을 동일선상에 올려놓는 사상이며 따라서 이단과 다름없다. 하나님은 필연적으로 선 그 자체이기 때문에, 모든 존재가 하나님의 현현이거나 결과적으로 하나라고 주장하는 것 역시 악마의 속삭임과 마찬가지다. 시르힌디는 신비주의 때문에 하나님의 법과는 무관한 행태들이 점점 늘어가고 있으며, 만일 계속해서 샤리아에서 벗어난 행동들이 이어진다면 사람들은 점점 더 도덕적으로 쇠락할 것이라고 주장했다.

자한기르는 시아파라면 관용을 가질 필요가 없다는 시르힌디의 사상을 잘못된 것이라고 보고 그를 감옥에 가두었다. 하지만 시르힌디의 사상은 수많은 무슬림들 사이에서 모종의 공감대를 형성하며 큰 유명세를 얻었다. 그는 곧 이슬람의 '두 번째 새천년을 열 개혁가'라는 뜻의 칭호 무자디드 알 알프 알 타니라고 불리기 시작했다. 시르힌디의 사상은 무굴 제국의 일부에게도 영향을 끼쳤는데, 특히 악바르의 증손자인 아우랑제브(재위 1659-1707)가 대표적이었다. 아우랑제브가 어렸을 당시 무굴 제국에서는 수피즘이 지배적인 인기를 끌고 있었다. 그의 아버지 샤 자하리스가 왕위 계승자로 지목한 다라 쉬코(1615-1659) 역시 수피즘에 열광적인 태도를 보였다. 신비주의에 푹 빠진 다라 쉬코는 다양한 종교들의 비전들을 탐구했으며 다양한 신앙을 가진 인물들과 한데 어울리고, 힌두교 성서의 번역을 개인적으로 후원하기도 했다. 아우랑제브가 가장 먼저 다라 쉬코의 종교적 비정통성을 지적하고 나섰다. 당시 무굴 제국의 일부를 각각 다스리고 있던 아우랑제브와 나머지 두 명의 형제들은 다라 쉬코를 상대로 내전을 일으키며 왕위 계승권을 빼앗고자 했다. 다라 쉬코의 군대는 형제들 중 하나의 군대를 격퇴하는 데는 성공했지만, 일련의 전투 끝에 결국 아우랑제브의 제국군이 승리를 거두었다. 아우랑제브는 이후 다라 쉬코를 이단이라는 명목으로 처형했으며 다른 두 형제까지도 추방하고 살해했다. 스스로 황제의 자리에 오른 아우랑제브는 그의 병든 아버지가 70세의 나이로 세상을 떠날 때까지 그를 감옥에 가두어놓기도 했다.

아우랑제브 치세의 폭력적인 서막은 이후 닥쳐올 일에 비하면 빙산의 일각에 불과했다. 아우랑제브는 선조들과 마찬가지로 군대를 동원해 무굴 제국의 영토를 넓히고자 했다. 그 결과 이에 반발하는 대규모

항쟁들이 그의 치세 내내 이어지며 무굴 제국을 황폐화시켰다. 국내적으로 아우랑제브는 제국 전역에 전통적인 이슬람교를 포교하기 시작했는데 이는 비무슬림, 특히 힌두교인들과의 평화적인 관계를 이룩하는 데 바탕이 되어주었던 악바르 대제의 정책과는 전혀 반대되는 것이었다. 그는 비무슬림에게 가중세를 부과했으며 힌두교 사원 및 학교들을 파괴했다. 힌두교 건축물을 새로 짓거나 원래의 건축물을 보수하는 일들이 모두 금지되었다. 이러한 정책들은 자연스레 힌두교인들을 소외시켰으며 무굴 인도 제국의 사회조직을 심각하게 약화시켰다.

아우랑제브와 시크교인들의 관계는 힌두교인과의 관계보다 더 나빴다. 자한기르가 아르준을 처형한 사건 이후 시크교도는 평화주의를 버리고 푼잡을 근거지로 방어적인 태세를 갖추고 살고 있었다. 아우랑제브는 지역의 가장 거대한 도시 라호르에 웅대한 바드샤히 모스크를 건설해 이슬람교의 승리를 상징하게 했다. 또한 아우랑제브는 시크교 구루 테지 바하두르에게 이슬람교로 개종할 것을 강요했으며 그가 이를 거절하자 곧 처형했다. 바하두르의 처형 이후 시크교 공동체는 무슬림 지배세력에 대한 거센 적대심을 가지고 군사적 무장을 더욱 단단히 정비했다. 푼잡 지역에서는 종종 무슬림 지배세력에 대한 공공연한 반란이 일어났으며, 지배세력은 이 반란세력들을 계속해서 잔혹하게 탄압했다.

이와 같이, 아우랑제브 이후의 무굴 제국 지도자들은 정신적으로 크게 약화된 제국을 물려받게 되었다. 힌두교인을 필두로 다양한 민족이 한데 섞여 살던 이 지역에서 이슬람교의 권위를 세우고자 자행되었던

그림 4　라호르에 위치한 바드샤히 모스크와 신자들

출차: ⓒ Christine Osborne/CORBIS

수많은 일들은 계속해서 내전과 반란을 초래할 뿐이었다. 1757년 영국이 인도 아대륙을 쉽사리 점령하고 직접 통치할 수 있었던 것 역시 이러한 내부 소요 때문이었다. 영국은 1947년까지 인도 아대륙을 점령했으며, 영국 점령기 이후 인도 아대륙은 힌두교가 주를 이루는 인도와 무슬림이 주가 되는 파키스탄으로 분할되었다.

이슬람사 발전에 대한 이해

학문과 사상이 자라나고 기본적 체제가 형성되었던 이슬람의 고전 시대 이후로 무슬림들은 수차례 공격의 대상이 되었다. 역병과 질병, 또 외국의 침략자들이 바로 그 공격자들이었다. 한때 통일을 이루었던 무슬림 공동체는 분열되었다. 아바스 칼리프 조의 쇠락 이후 무슬림은 다시는 단일한 정치체제를 이루지 못했다. 분열의 시기와 끊임없는 전쟁 뒤로 재건 또한 계속해서 이어졌다. 무슬림 세계는 앞에서 살펴보았던 세 개의 제국, 즉 오스만 제국과 사파비 제국, 그리고 무굴 제국으로 재탄생했으며 수 개의 다른 자치적 이슬람 공동체 역시 사하라 사막 이남 아프리카와 남아시아에서 자라났다. 무슬림의 학문은 이러한 발전을 사상에 반영시켜야 할 필요성을 느꼈다. 13세기 역사학자 이븐 알 아티르는 지역적 지도자들끼리의 내분이 이슬람 공동체를 약화시킨다고 우려했으며, 그 내분 때문에 외부로부터의 공격이 성공할 수 있었던 것이라고 설명했다. "무슬림 왕자들 간의 분열 때문에 (중략) 프랑크족(십자군)이 제국의 영토를 짓밟게 되었다."[12] 이븐 알 아티르가 틀렸다고 말하는 이는 거의 찾아볼 수 없다.

우리는 오스만 제국, 사파비 제국과 무굴 제국이 벌였던 전투 대부분이 아바스 왕조의 쇠락 이후 생겨난 권력 공백 속에서 또 다른 무슬림들을 상대로 행해졌음을 살펴보았다. 하지만 우리는 이슬람 제국이 안정을 되찾고 번영과 막대한 창조성을 뽐내었던 것도 살펴보았다. 제2장에서 다루었던 위대한 과학적 성취와 예술적 발전들의 대부분은 우마이야 왕조나 아바스 칼리프 왕조와 같이 단일한 체제 아래에서 이루어진 것이 아니라 오히려 중앙집권체제의 쇠락 이후 성장한 다양한 지역적 체제를 통해서 이루어졌음을 알 수 있다. 당대의 위대한 사상가 및 예술가 다수는 정치적 상황에 따라서 서로 다른 수 명의 후원자 밑에서 일하기도 했다. 유명한 사례로는 나스르 알 딘 알 튀지 (1201-1274)가 있다. 알 튀지는 페르시아의 유명한 점성술사이자 수학자였으며 행성 운동을 당대 최고로 정확하게 포착한 표를 그렸던 인물이다. 그는 아제르바이잔 마라게에 위치한 거대한 천문대에서 천문학을 연구했는데, 이 천문대는 그가 몽골 제국의 훌레구 칸의 신하로 일하면서 직접 건축을 의뢰하여 지었다. 이전에 그는 이스마일파로 알려진 시아파의 한 분파에서 일했던 전력이 있다. 본래 12이맘파였던 알 튀지는 이스마일파가 (소문에 따르자면 알 튀지의 도움으로) 몽골의 공격을 받은 이후 몽골 세력에 합류하여 1258년 수니파가 점령한 바그다드를 함락시키는 데에도 한몫했다.

위대한 역사학자 이븐 할둔 역시 스페인과 북아프리카, 이집트 등 여러 왕조 아래에서 일했다. 하지만 그는 이러한 경험을 정치와 역사에 대한 일반적 과정을 이해하는 데 밑거름으로 사용했다. 제2장에서 살펴보았듯이 이븐 할둔의 『역사서설』은 최초의 역사서로 종종 거론되는 책이고 그는 근대 인류학, 사회학, 경제학, 정치학의 선도자로 여겨진다. 하지만 그는 권력의 흥망성쇠는 일정한 주기를 이룬다는 이론으로 가장 큰 유명세를 얻었다. 이븐 할둔의 시각에서 정권의 성장과 쇠락은 어느 정도 예측 가능한 일이다. 그의 분석은 그가 살았던 세계를 바탕으로 한 것으로, 사막의 유목민들과 마을의 정착민들로 나뉘어 있던 시대였다. 그의 시각에서 유목민 공동체는 그 생활방식의 혹독함으로부터 비롯된 본질적인 연대(아사비야)를 가졌다. 그들은 서로를 돕고 협력해야 하며, 만일 그렇지 않는다면 죽음만이 기다릴 뿐이다. 유목민 부족이 떠돌이 생활을 그만두고 마을에 정착하기로 결정한다면 그 본질적인 연대 및 시련이 닥쳤을 때 서로 협력할 것이라는 믿음은 정착생활에서도 그들을 지켜줄 것이다. 이는 곧 공정성과 상호 원조에 대한 약속과도 같은 것으로, 모두 공동체의 지속적인 생존에 반드시 필요한 요소들이다. 하지만 이 연대는 한번 자리 잡은 이후로는 오로지 수 세대 동안만 지속된다. 정착생활은 유목생활보다 쉬운 것이며 사람들은 유해지기 마련이다. 정착 1세대는 사막에서의 삶이 얼마나 고되었는지를 기억하고 있으며 그들의 새로운 정착 환경 속에서도 균형과 질서를 유지하고자 노력할 것이다. 하지만 부가 자라날수록 본질적인 연대는 퇴색한다. 사람들은 공정성과 협력이 얼마나 중요한지 잊어버리고 개인의 이익을 위해 일하기 시작한다. 이로써 발생한 경쟁과 대결구도는 공동체를 분열시키고 약화시켰으며 결과적으로는 외부의 침략에 취약하게 만든다.

이븐 할둔이 살았던 세계는 이러한 순환 주기에 완벽하게 들어맞는 시대였다. 도처에 수 개의 정권들이 서로 경쟁하고 있었으며 그중 소수만이 살아남았다. 하지만 그는 무슬림이 이 순환주기를 초월할 수 있다고 믿었다. 이븐 할둔은 무슬림 공동체의 힘을 정치적 힘이나 군사적 힘으로 가늠하지 않았으며, 대신 정의를 실현하고자 하는 힘을 고려해 평가했다. 공동체 구성원들이 정의를 구현하고자 하는 이상 공동체 구성원들 간에 협력과 공정성이라는 도덕성이 살아있을 것이며 따라서 공동체는 강성하게 살아 숨 쉰다. 공동체 구성원들이 서로에게 등을 돌리고 집단의 이익보다 개인의 이익을 우선시하게 된다면 사회 조직은 약화될 것이며 결국 분열될 것이다. "불공정은 문명의 파괴를 초래한다." 그는 이와 같이 일축했다.

누군가의 재산을 착취하는 일이나 강제로 노역하게 만드는 일, 부당한 주장을 밀어붙이거나 종교법에 규정되지 않은 의무를 지우는 일 등은 그 특정 개인에게 행해지는 불의다. 정당화되지 않은 세금을 걷는 일은 부정을 저지르는 셈이다. 타인의 재산을 침해하는 일 역시 불의이며 타인의 권리를 부정하는 것도 부당하다. 일반적인 경우에 타인의 재산을 강제로 탈취하는 것도 불의를 저지르는 것이다. 이 모든 행위로 인해 한 시대의 왕조는 고통받으며, 그 실체적 존재인 문명사회 역시 모든 사람들이 정의를 추구할 유인을 잃는 순간 파괴된다. 예언자 무함마드는 사실상 이를 염두에 두고 모든 불의를 금지했다.

이븐 할둔은 샤리아의 목표(마카시드)에 대한 고전 공식을 다시 한 번 언급하면서 논의를 마무리짓는데, 이는 종종 역사상 최초로 인권을 규정한 글로 언급되기도 한다. "종교법은 이로써 일반적으로, 그리고 현명하게 다음의 다섯 가지 요소를 보존하는 것이 반드시 필요한 것임을 이야기한다. 첫째가 종교, 둘째가 영혼(생명)이며, 그 뒤로는 지성과 자손, 재산이 바로 그것이다."[13]

이븐 할둔에게 있어서 이슬람 공동체의 최종 목표는 정의를 구현하는 것이었다. 신은 무슬림에게 공동체를 만들고 그들로 하여금 신의 하수인으로서 종교와 생명, 교육, 가족 그리고 재산에 대한 모든 사람들의 권리를 수호하며 전 세계에 정의를 널리 퍼트리라는 임무를 주었다. 만일 어떠한 지배자가 이러한 임무를 경시한다면 그 정권은 필연적으로 쇠락의 길을 걸을 것이다.

하지만 이슬람 공동체는 정의를 구현하고자 했던 사람들 덕분에 쇠락의 길을 모면할 수 있었다. 이븐 할둔은 정의를 실현하는 데 소극적인 태도를 보였던 당대 사람들을 크게 꾸짖었다. 자리를 지키고 앉아 마흐디가 나타나기만을 기다리는 자들이 그 대상이었다. 이븐 할둔의 설명에 따르자면 당대의 모든 무슬림들이 종말의 순간에 예언자 무함마드의 후손 중 하나가 나타나 무슬림들을 정의로운 사회로 되돌려줄 것이라고 믿었다. 정의로운 사회는 곧 강성한 사회가 될 것이다. 마흐디, 혹은 예수는 이후 적그리스도를 압도할 것이며 최후의 심판이 있기 이전까지 인류를 정의로운 시대로 인도해줄 것이다(마흐디는 쿠란에 등장하는 개념이 아니다. 마흐디에 대한 믿음은 구전 설화에서 비롯된 것으로 일관적이지 않다. 이 때문에 몇몇 이들은 적그리스도가 나타난 이후 예수가 등장해 이를 물리칠 것이라고 믿는 한편, 다른 몇몇 이들은 예수가 마흐디와 함께 나타나 적그리스도를 없애는 데 일조할 것이라고 믿었다). 이븐 할둔은 몇몇 학자들이 마흐디에 대한 믿음을 비판한 일을 기록했지만 그 자신이 마흐디설 자체를 비판한 것은 아니었다. 이보다 그는 마흐디가 나타나면서 부당함이 곧 바로잡힐 것이라고 단순하게 믿었던 당대 사람들을 비판했다.[14] 그는 사람들이 모든 사회적 행동에서 공정성과 협력에 대한 실천적 태도를 유지함으로써 정의를 위해 힘써야 한다고 믿었다. 같은 맥락에서 그는 미래를 내다본다는 점쟁이나 점성술사의 말에 의존하는 사람들을 비판했다(그는 예언이란 것이 얼마나 비현실적인지에 대해 설명하면서 예언자 무함마드 시대에 있었던 세계종말론을 예로 들었다. 당시 예언은 세계가 500년 안에 멸망할 것이라고 말했지만, 이븐 할둔은 히즈라력으로 723년에 태어났다).

마흐디를 기다리거나 점쟁이에게 운명을 맡기는 일 대신, 이븐 할둔은 사람들이 종교와 세계를 이해하는 데 이성을 사용해야 하며 이슬람의 가치를 끊임없이 변화하는 세계 속에서 어떻게 구현할 것인가를 고민해야 한다고 말했다. 나아가 그는 하나님만이 존재하시고 우리 모두는 하나님의 일부이기 때문에 결국 모든 존재가 하나라고 믿었던 신비주의자들을 비판했다. 그는 이것은 단순히 일시적인 자각일 뿐이며, 이러한 일시적인 자각을 믿는 것은 멍청한 일이고 그들의 능력으로 자각할 수 있는 한계 너머의 모든 것들을 무시하는 맹인과도 같다고 말했다.

자각의 한계 너머에 있는 것들을 이해하려고 노력하는 대신 사람들은 그들이 이해할 수 있는 것에 더 집중해야 한다. 여기서 이븐 할둔은 경험과학에 대한 우아한 정의를 내렸다. 경험과학이란 인간이 질서 정연한 방식의 관찰과 논리로 얻어낼 수 있는, 본인 주변의 환경에 대한 이해의 한 종류다. 과학을 추구한다는 것은 확실히 사람들의 삶의 질을 높인다는 측면에서 실용성이 있다. 실용과학을 통해 사람들은 더 나은 집을 지을 수 있고 더 나은 작물을 기를 수 있다. 하지만 모든 종류의 과학에서 가장 중요한 것은 그 법칙이다. 거기에 정의를 구현하고 부정을 막는 방법이 상세하게 드러나 있기 때문이다. 또한 이는 모든 인류가 창조된 이유이기도 하다.

이 슬 람 의
시   간

결론

제국의 흥망성쇠를 분석한 이븐 할둔의 훌륭한 이론은 얼마 지나지 않아 역사편찬의 고전으로 자리매김했다. 또한 이슬람이 가지는 힘의 원천을 묘사한 그의 표현은 이슬람의 가치에 대한 웅변적인 헌사나 다름없다. 하지만 그의 이론 역시 이슬람이 근대에 겪었던 수난들을 모두 설명하지는 못한다. 어째서 무슬림 세계, 즉 술레이만 황제와 압바스 1세, 악바르 대제가 다스렸던 시대이자, 대학과 공공도서관이 줄을 짓고 위대한 건축가들과 예술가들, 문학가들과 학문가들이 살았던 시대가 유럽 식민지주의의 희생양이 되었으며, 근대에 이르러서는 저개발되었고 급진주의와 테러리스트와 연관된 약한 사회가 되었는가? 어째서 이슬람 역사 중기의 위대한 국가들은 유럽 세력의 희생양으로 전락한 것일까? 우리는 다음 장들에 걸쳐 이러한 질문들에 대해 살펴볼 것이다.

제4장

식민지주의와 개혁

무슬림 세계에 있어 20세기는 재앙의 시대나 다름없었다. 무슬림 세계로 밀려들어온 유럽 세력은 오스만 제국과 무굴 제국의 옛 영토들을 포함한 광대한 영역을 점령했으며 이란에도 깊이 개입했다. 제1차 세계대전은 칼리프 왕조를 없애버렸으며 무슬림의 영토에 유럽 세력이 더욱 공고히 자리 잡는 계기가 되었다. 이에 따라 전 지역의 무슬림들은 수차례 공격받았으며 그들을 억압하는 불의와 맞서 싸워야만 했다. 무슬림 사회의 생명력이 스러져가자 주요 무슬림 국가들에서 개혁운동이 벌어지기 시작했다. 이 개혁운동은 한층 더 높은 외침 세력의 위협과 함께 복잡한 국면을 맞이하게 되었다. 여러 종류의 개혁운동이 벌어졌는데 여기에는 쇠락하는 이슬람 제국의 재건을 위한 운동, 성장하는 유럽의 영향력으로부터 독립하기 위한 운동, 현대사회의 문제들을 해결하기 위해 종교적 교리들을 개혁하고 이슬람 사회를 근대화시키자는 운동 등이 있었다. 이번 장에서 우리는 유럽 세력이 어떻게 무슬림 세계를 점령했는지, 또 이슬람의 개혁가들이 이에 어떻게 대처했는지에 대해 살펴볼 것이다.

식민지주의

20세기 초부터 무슬림 세계의 거의 전 지역은 유럽 국가들의 손아귀에 넘어갔다. 프랑스가 북아프리카와 시리아를, 영국이 이집트, 팔레스타인, 이라크와 인도를, 네덜란드가 인도네시아를 점령했으며 말레이시아는 영국과 네덜란드가 분할 점령했다. 유럽의 이러한 득세는 마치 십자군이 다시 한 번 쳐들어온 것 같은 모양새였다. 하지만 식민지주의가 명확하게 드러나기까지는 상당한 시간이 소요되었는데, 이는 유럽 국가들이 어떠한 지역의 지배권을 놓고 서로 다투었던 것은 물론 그 과정이 매우 점진적이며 심지어는 교묘한 방식으로 진행되었기 때문이다. 식민지주의는 또한 광대한 지역을 놓고 한 번에 한 도시, 혹은 한 지역씩 산발적으로 차지하는 식으로 발전되었다. 어느 지역에서는 스페인이 상륙 거점을 설치하는 한편 다른 지역에서는 프랑스가 진지를 갖추었으며, 영국은 북아프리카와 중동 그리고 인도를 점령하는 와중 이탈리아와 네덜란드가 이슬람 세계의 양 끝 지역을 차지하는 식이었다. 유럽 국가들은 대상 국가의 경제를 조금씩 복속시키거나, 대상 국가들끼리의 적대감에 불을 지펴 싸움을 붙이고, 필요한 경우에는 직접 군사적 수단까지 동원하면서 이슬람 세계를 점령해 나갔

이 슬 람 의
시 간

다. 이와 같이 유럽이 상당히 전략적인 방식으로 접근해왔기 때문에, 식민지 국가 대부분은 유럽의 점령이 완성되기 직전까지도 식민지 시대가 시작되었다는 사실조차 눈치 채지 못했다.

십자군 전쟁 이후 유럽 세력은 해로를 통해 이슬람 세계로 다시 진격하기 시작했다. 인도양의 향신료 무역을 독점했던 포르투갈이 그 첫 번째 주자였다. 제3장에서 살펴보았듯이, 이 해상무역은 맘루크 왕조의 경제에 큰 타격을 미쳤으며 맘루크 왕조는 이로부터 다시는 회복하지 못했다. 결과적으로 오스만 제국은 맘루크 왕조를 전복시켰으며 이후 아랍 세계의 거의 전 지역을 다스릴 수 있었다. 수 세기 동안 오스만 제국은 그 자리를 굳건히 지켰다. 전근대 유럽의 세력 싸움 속에서 당당히 한 자리를 꿰찰 만큼 강성했던 이 오래된 황제 가문은 타지역 세력이 전 대륙으로 마수를 뻗칠 때마다 이를 효과적으로 격퇴했다. 앞에서 살펴보았듯이 위대한 황제 술레이만은 세력 싸움 속에서 발칸반도에서 오스만 제국의 이권을 성공적으로 수호했다. 하지만 그 협상 과정에서 술레이만은 프랑스 상인들이 오스만 제국을 여행하며 무역을 할 수 있도록 허용했다. 프랑스 상인들은 또한 오스만 제국에서도 프랑스 법을 따랐으며 프랑스 법원의 심판을 받았다. 뿐만 아니라 오스만 법은 물론 오스만 제국에 세금을 납부할 의무까지도 면제 받았다. 술레이만은 또한 프랑스 국왕 프랑수아 1세와 1536년 협약을 맺어 중동과 유럽의 무역을 프랑스가 규제할 수 있도록 했다.

이후 영국 또한 이러한 특권(임티야자트imtiyazat)을 요구하고 나섰으며 그 범위 또한 오스만 제국 전역으로 확대되었다. 유럽인들은 이를 통해 신체의 안전 및 재산과 종교의 자유를 보장받을 수 있었으며 오스만 제국 법에 대한 면제 및 세금 면제의 특권 또한 획득할 수 있었다. 그 뒤를 이어 페르시아로 건너간 유럽인들, 그리고 본래 이 지역에 살던 기독교인 및 유대인 집단들도 이와 같은 특권을 얻어냈다. 이러한 특권 협약들은 곧 중대한 결과를 초래했다. 유럽인들과 그 동맹 세력들이 무슬림 세계에서 토착 무슬림들보다 더 막대한 부를 얻을 수 있는 길을 열어준 셈이기 때문이다.

만일 당시 유럽인 세력이 제국에 큰 위협이 될 것이라는 사실을 알았더라면 술레이만은 그와 같은 특권협약들을 체결하지 않았을 것이다. 시간이 지나자 프랑스의 문화적, 경제적 영향력은 (제2차 세계대전 이전까지는 레바논을 포함하는) 시리아 지역을 중심으로 기하급수적으로 늘어났다. 로마 가톨릭 교회, 그리고 이후 다른 교파의 기독교인들이 선교단을 설립해 당시 유럽식 교육의 혜택을 받고자 했던 토착 기독교인들의 수요를 충족시켰다. 유럽 상인들은 17세기와 18세기에 걸쳐 시리아의 면화와 비단, 그리고 수공예품 무역을 통해 짭짤한 수익을 올렸다. 하지만 곧 무역의 판도가 바뀌기 시작했다. 유럽의 수입 공산품들이 국산 생산품의 자리를 대체했으며 유럽과 밀접한 관계를 가지고 있던 상인들은 큰 부를 얻을 수 있었다. 19세기 후반에 이르자 시리아 인구의 대부분을 차지하던 무슬림들은 기독교인(그리고 러시아 선교단과 함께했던 동방 정교도)들이 외세의 지원 속에서 경제적 이권을 획득하고 있다고 믿게 되었다. 결과적으로 서로에 대한 신뢰가 바닥에 떨어졌으며 공동체 내부에서 적개심이 자라나기 시작했다. 이러한 갈등 속에서 오스만 제국과 유럽인들 사이에 긴장이 더욱 고조되었으며, 외세의 영향력은 계속해서 확대되었다. 프랑스는 시리아의 주요 도시 세 곳, 다마스쿠스와 베이루트, 그리고 알레포를 연결하는 철도를 건설했다. 베이루트에서는 1866년 미국 대학(본래는 시리아 프로테스탄트 대학으로 불렸다), 1881년 프랑스의 예수회 성 요셉 대학이 세워졌다.

1914년 제1차 세계대전이 발발할 무렵 기독교인들은 시리아에서 가장 높은 교육 수준을 받은 계층이자 서양 문물의 영향을 가장 많이 받은 계층으로 자리 잡았으며 프랑스는 이 지역을 새로이 취득한 영토처럼 취급하게 되었다. 종전 이후 1920년 체결된 세브르 조약에서 프랑스는 시리아 지역에 대한 위임통치권을 인정받았다. 이는 이후 제2차 세계대전에서 프랑스가 나치 독일에 점령당하면서 시리아 영토를 사실상 관리하지 못하게 될 때까지 이어졌다.

20세기 초 프랑스는 이미 모로코와 알제리, 튀니지 등 북아프리카의 영토를 점령한 상태였으며 계속해서 다른 제국주의 유럽 세력과의 경쟁에 열을 올리고 있었다. 알제리는 본래 오스만 제국의 영토이긴 했으나 실질적으로는 자치 상태를 유지하다가 1830년 프랑스에 점령당했다. 프랑스는 자신들이 알제리의 주민들에게는 아무런 유감이 없으며 다만 튀르크족 지배세력을 몰아내기 위해 알제리를 점령했다고 주장했다. 프랑스의 주된 목적은 해적 행위를 종식시키는 것이었다. 해적 행위는 오랜 옛날 시작된 전통이었으며 그리스인들과 로마인, 카르타고인과 유럽인들 역시 오래전부터 지중해 및 다른 해역에서 해적질을 해왔다. 바르바리 해안(이 해안의 이름은 북아프리카의 비아랍계 토착민이었

던 아마지그헨족, 서양에서는 베르베르족으로 불렸던 이들에서 비롯되었다)의 유명한
해적들 역시 비슷한 방식으로 활동했다. 이들은 그 해역을 지나는 배
들에게 공물을 요구했으며 이를 거절하는 배의 선원들과 선적 화물을
모두 앗아가 버렸다. 이들은 해적 행위를 통해 부를 축적하여 이스탄
불로부터 독립적인 체제를 유지할 수 있었다. 하지만 이러한 해적 행
위는 당시 해상 무역에 경제적으로 크게 의존하고 있던 유럽 국가들
에게 계속되는 악몽이나 다름없었다. 해적들을 크게 경계했던 유럽 및
당시 신생국이었던 미국은 이 행위를 종식시키고자 했으며, 저항하는
해적 국가들과 수차례 중대한 전투를 벌였다. 토머스 제퍼슨 전 미국
대통령은 심지어 이곳에 미 해군을 파견해 해적들과 4년에 걸친 전투
를 벌였다(트리폴리타니아 전쟁, 1801-1805). 영국은 해적 행위를 없애기 위
해 1816년 알제리를 폭격했으며 상당한 성과를 거두었다. 프랑스 역
시 1830년 해적 행위를 종식시킨다는 미명하에 알제리를 폭격해 큰
성공을 거두고 오스만 관료들을 쫓아냈다. 하지만 프랑스의 진격은 여
기서 멈추지 않았다. 곧이어 프랑스인들이 이 지역으로 대거 이주해왔
으며 프랑스 정부는 알제리에 '아프리카 내 프랑스 식민지 총독본부'
를 세웠다. 곧바로 알제리인들의 저항이 시작되었으나 이는 프랑스인
들의 식민지 지배를 더욱 공고히 하는 계기가 되었을 뿐이다. 알제리
인들이 프랑스인 이주민의 농장을 파괴하고 프랑스 정부가 이에 대한
보복을 감행하는 사태가 수 년 동안 되풀이되자 프랑스는 스스로가
알제리의 통치자임을 선포하게 된다. 1845년 파리 정부는 '알제리 식
민지 총독'을 임명한다. 1871년까지 알제리의 저항세력들은 말살되었

으며 알제리는 곧 프랑스 영토의 일부로 취급되었다. 알제리는 1954년부터 1962년까지 이어진 잔혹한 독립전쟁 끝에야 간신히 식민지 지배로부터 벗어날 수 있었는데, 이 전쟁에서 알제리 인구의 10분의 1이 세상을 떠났으며 인구의 5분의 1, 많게는 3분의 1이 프랑스인의 공격으로 삶의 터전을 잃고 말았다.

프랑스는 알제리의 북아프리카 식민지 본부를 거점으로 서쪽으로 전진했으며 여기에는 모로코도 포함되었다. 모로코는 단 한 번도 오스만 제국에 편입된 적 없었던 자치 지역으로 알제리가 프랑스의 공격을 받을 때 그 난민들을 받아주었던 국가다. 하지만 모로코는 고통받는 알제리의 저항군을 지원했다는 이유로 프랑스의 공격을 받게 되었다. 프랑스는 1840년대 모로코의 군대를 간단하게 격파했다. 하지만 당시 유럽 국가들은 국내의 산업화를 경제적으로 지탱하기 위해 식민지 영토를 놓고 서로 끊임없이 경쟁하는 중이었다. 1850년대에는 영국이 모로코를 프랑스로부터 보호해줄 것을 약속하며 그 대가로 무역 특혜를 요구해왔다. 한편 스페인은 모로코의 서부 지역을 점령하고 주민들을 보호한다는 명목을 내세워 전쟁을 일으켰다. 19세기 후반 당시 모로코의 지배세력은 이를 견뎌내지 못하고 차츰 독립성을 상실해갈 따름이었다. 나약한 지배계층에 반발한 주민들이 반란을 일으키자 지배계층의 힘은 더욱 약화되었으며 유럽 세력은 이를 틈타 자신들의 요구를 밀어붙이기 시작했다. 당시의 모로코 상황은 유럽 국가들이 식민지 국가들을 놓고 어떻게 전략 게임을 펼쳤는지를 잘 보여준다. 1904년, 영국과 스페인, 그리고 이탈리아는 프랑스가 모로코를 점령하는 것을 묵인해주었다. 대신 영국이 이집트를, 스페인이 북서부 모로코를, 이탈리아가 리비아를 점령하기로 서로 합의했다. 당시 모로코 술탄 형제가 일으켰던 미약한 반란군마저 1912년 페스 조약으로 저지되었고, 이로 인해 모로코는 프랑스의 피보호국으로 전락했다.

튀니지 역시 오스만 제국의 명목적인 영토로서 자치를 누리고 있었다. 하지만 튀니지는 항상 그 강대했던 이웃 나라 알제리에 대해 위협을 느끼고 있었다. 따라서 1830년 프랑스가 알제리를 침략하며 튀니지의 이익을 보호해주겠다고 약속하자 튀니지는 그 어떠한 반발도 하지 않았다. 하지만 프랑스가 실제로는 알제리의 주권을 완전히 빼앗기 위해 쳐들어왔다는 것이 명확해지자 튀니지의 지도층은 그 스스로의 독립성에도 위험이 닥쳤음을 예감하고 근대 유럽 세력에 대비해 국력을 정비하고자 했다. 불행하게도 튀니지 정부는 이를 위해 세금을 올리고 유럽에서 돈을 빌릴 수밖에 없었다. 성난 주민들이 반란을 일으키자 정부의 재정상태는 더욱 악화되었다. 마침내 유럽인들은 빌려준 돈을 돌려받는다는 명목으로 튀니지 정부를 장악하기로 결정했다. 이대로라면 튀니지에 가장 큰 돈을 빌려줬던 영국 혹은 프랑스 중 하나가 튀니지를 손에 넣게 될 것이었다. 당시 유럽의 식민지주의 세력들은 해체되어가는 오스만 제국 위에서 각자의 지분을 주장하며 다른 국가가 자신보다 더 큰 이익을 얻게 되는 일을 경계하고 있었다. 1878년 유럽 열강들은 비엔나 회의를 열고 관련 문제들에 대해 토의했는데, 여기서 영국은 프랑스에 튀니지의 지배권을 넘겨주기로 합의했다. 알제리의 국경을 수비한다는 미명으로 프랑스는 튀니지에 상설 총독을 설치했으며 1881년부터 직접 통치를 시작했다. 프랑스의 모로코 및 튀니지 점령은 1956년 공식적으로 막을 내렸으나 실제로는 1960년대까지 주요 요충지를 계속해서 지배했다.

프랑스는 북아프리카에서의 지배권 확대를 꾀하며 이집트로 눈길을 돌렸으나 영국이 이들을 가만히 내버려두지 않았다. 1798년 나폴레옹은 이집트의 알렉산드리아 항구로 들어가 이집트인들에게 맘루크계 지배세력을 몰아내겠다는 공약을 내걸었다. 당시 맘루크계 세력은 사실상 오스만 조의 간섭 없이 이집트를 통치하고 있었다. 나폴레옹은 맘루크계 세력이 선량한 무슬림이 아니기 때문에 이집트를 통치할 자격이 없다고 주장했다. 반면 프랑스군은 한때 십자군을 일으켰던 교황 세력을 타도했을 뿐만 아니라 무슬림에 적대적이었던 악명 높은 십자군 기사단인 몰타 기사단을 쫓아냈기 때문에 프랑스인들이 맘루크계보다 더 나은 무슬림이라고 할 수 있다는 것이다. 또한 프랑스인들은 튀르크계 세력의 욕심이 이집트를 파괴한 것이라며 그들로부터 이집트인들을 보호하겠다고 약속했다. 나폴레옹이 진실로 이와 같은 마음을 가졌는지는 알 수 없으나, 이집트인들은 그가 다른 목적이 있는 것은 아닌지 의심했다. 당시 이집트에서는 프랑스와의 무역이 이미 성행 중이었으나, 나폴레옹은 이집트의 대프랑스 무역을 보호하겠다는 조항을 더해 넣었다. 과거 시리아가 특권협약을 통해 유럽인들에게 유리한 교역조건을 내어준 것과 같은 상태를 만들겠다는 말이었다. 매년 식량난을 겪었던 프랑스로서는 매년 쏟아져 나오는 이집트의 농산물들이 탐났기 때문이다.

이집트인들의 의심은 기우가 아니었다. 프랑스 행정부가 이집트에 들어섰으며 그들의 입맛에 맞게 이집트 근대화를 추진했다. 이들은 새로운 관료제와 조세정책을 세웠으며 맘루크의 영토를 몰수하고 프랑스 행정부를 지지했던 이들에게 땅을 마음대로 나누어주기 시작했다. 한편으로 이들은 병원을 건설하는 등 여러 방식으로 이집트에 기여하기도 했으나, 여전히 이들은 침략자였으며 그 계속되는 점령은 국내외의 거센 반발에 부딪혔다.

일련의 전투에서 오스만 제국에 패배한 프랑스는 결국 1801년 이집트를 떠날 수밖에 없었다. 프랑스의 가장 큰 경쟁주자였던 영국이 해상봉쇄를 동원해 오스만 제국을 지원했기 때문이다(프랑스군은 이집트를 떠나오면서 당시 자국의 고고학자들이 발견한 로제타스톤을 국내로 들여왔다. 로제타스톤은 이후 피라미드의 상형문자를 해독하는 데 주요 단서가 되었으며 루브르 박물관의 유명한 이집트 전시관 내 주요 전시물로 자리 잡았다. 이들은 다른 고대 이집트의 인공 유물들 또한 들여왔으며, 이에 영향을 받은 국내 프랑스인들은 아르데코라는 새로운 예술 양식을 발전시켰다). 오스만 계열의 지도자 중 하나였던 무함마드 알리(1769-1848)가 그 빈자리를 채웠다. 그는 이집트가 다시 한 번 세계 속의 국가들 중 하나로서 자부심을 되찾기를 원했으며 외국의 침략자로부터 이집트를 보호할 길을 모색하고자 했다. 그는 중앙집권체제를 바탕으로 경제와 정치를 다스렸으며, 그와 세력다툼을 벌이던 맘루크 총독을 몰아내고 그들의 재산을 몰수하는 한편 종교적 기반을 바탕으로 부여된 재산(와크프 재산) 또한 몰수했다. 그는 이집트의 관개수로를 재건하고 근대화시켰으며 수출에 최적화된 농작물들을 도입했다. 그는 교육제도 역시 근대화시켰으며 프랑스인 교사들과 조언자들을 고용하고 이집트인들의 해외 유학을 장려했다. 군대의 근대화 또한 이루어졌는데, 이는 이집트인들이 오스만 제국의 군대에 의존하기보다는 스스로를 방어할 힘을 기르는 계기가 되었다.

무함마드 알리는 이스탄불에서도 군대를 동원해 아라비아 반도의 반란세력인 와하브파를 진압해준 일로 큰 명성을 얻었다. 와하브파는 극도의 전통주의 세력으로, 초기 무슬림 공동체의 힘을 되찾기 위해 예언자 무함마드와 그의 동료들이 살았던 시대 이후 새롭게 생겨난 이슬람의 교파들, 예를 들자면 수피즘과 같은 '혁신'들을 모두 없애야 한다고 주장했다. 이들은 군사력 또한 갖추고 있었다. 그들은 1세대 무슬림 이후로 생겨났던 수많은 이슬람 종파들과는 다른 시각을 가지고 있었으며, 초대의 엄격한 규율을 따르지 않는 자들이 개혁의 대상이 되어야 한다고 보았다. 또한 만일 이러한 개혁을 거부하는 자가 있다면 그는 신앙심 없는 자이며 따라서 강제로 복종시켜야 한다고 주장했다. 개혁의 대상에는 성인들의 무덤을 방문하거나 남을 위한 기도를 올리는 자들 또한 포함되었다. 오늘날까지도 이어지는 이 와하브 운동은 무함마드 이븐 압드 알 와하브(1703-1791)에 의해 시작되었으며 이후 18세기 중반 이븐 사우드가 이끄는 부족과 결탁하면서 점차 확산되었다. 와하브-사우디 동맹 세력은 오스만 제국의 별다른 간섭 없이 아라비아 반도의 대부분을 장악했다. 하지만 이들이 북진을 거듭해 이라크와 시리아에 당도하자 오스만 제국이 움직이기 시작했다. 이들은 무함마드 알리에게 아라비아 반도 전역으로 와하브 운동을 확산시키는 데 도움을 줄 것을 요청했다. 그 대가로 무함마드 알리는 그가 이미 다스리던 동부 지역의 이집트와 수단에서 자치권을 인정받을 것을 약속받았다.

무함마드 알리의 후계자는 그보다는 보수적인 인물이었으나 이집트의 경제력을 강화시키기 위해 계속해서 노력했다. 이들은 이스탄불로부터 계속해서 독립해 있기를 원했으나 지속적인 개발을 위해서는 외부 세력의 도움이 필요하다는 것을 깨달았다. 하지만 이들은 이 지역에서 자라나던 유럽의 영향력을 불신했기 때문에 영국과 프랑스 두 국가로부터 엇비슷한 투자를 받으며 세력 균형을 유지하고자 했다. 한 예시로 영국이 알렉산드리아로부터 수에즈까지 이어지는 철도를 건설해 인도로 향하는 더 빠른 길을 닦을 수 있었다면(1858), 프랑스는 수에즈 운하를 건설해 보다 쉬운 항해를 할 수 있었다(1869). 하지만 이러한 국가개발에는 막대한 돈이 들어갔으며 그 재정의 대부분은 역시 유럽 국가들로부터 빌려온 것이었다.

개혁의 상당 부분은 실제로 이집트의 재정 상태를 개선시켰다. 또한 미국이 남북전쟁을 거치면서 면화 수출을 중단하자 이집트의 초장면(길고 가는 고급 섬유-역주)이 세계 시장에서 극진한 대접을 받게 되었으며 이집트는 이를 통해 큰 무역 흑자를 남길 수 있었다. 하지만 전쟁이 끝나자 이집트는 다시 한 번 산더미 같은 빚에 허덕이게 되었으며 이는 결국 국가의 주권을 앗아가게 되었다. 1875년 이집트의 지도자들은 영국에 수에즈 운하의 지분을 강제로 팔게 되었다. 이듬해 이집트의 국채 문제를 해결하기 위한 국제 위원회가 열렸다. 위원회는 이집트의 재정관리 일체를 영국과 프랑스 기관에 위탁하도록 결정했다. 이집트인들이 항의하자 프랑스와 영국은 오스만 술탄 왕조를 압박해 이집트와 지도세력을 몰아내게 만들었다(1879). 유럽 세력이 다시 한 번 자리 잡았으며 이에 이집트의 민심이 들끓었다. 1866년 세워진 이집트 국회에서는 반대 집단이 형성되었고 군대까지 가세해 이집트의 첫 번째 정당인 애국당(알 히즙 알 와타니al-hizb al-watani)이 창립되었다. 프랑스와 영국은 1882년 알렉산드리아로 해군을 파견해 그들이 투자한 시설들을 지키도록 했다. 폭동이 일어났으며 영국 선박은 이에 알렉산드리아를 폭격하고 카이로를 점령하는 것으로 화답했다. 영국은 이집트 점령을 이어나갔으며 제1차 세계대전이 발발하자 이집트를 영국의 '피보호국'으로 선언하고 전쟁이 끝나자 영국에 순종적이었던 인물을 왕위에 앉혔다. 공식적으로 이집트는 독립 상태였으나 그 군주제는 영국 정책에 의해 시행되었다. 이집트가 실질적으로 독립한 것은 1952년 군주제에 대한 군부 쿠데타가 일어났을 때다.

한편으로 영국은 남아시아에서도 그 영토를 점령하는 데 많은 공을 들이고 있었다. 영국은 인도를 점령함으로써 그 제국주의의 왕관에 가장 큰 보석을 달았으며 프랑스 역시 시리아를 점령했다. 앞에서 살펴보았듯이, 15세기 말 인도양의 해상무역은 포르투갈이 장악하고 있었으며 아랍 육로를 통한 것보다 훨씬 더 큰 이득을 보고 있었다. 17세기에 이르자 영국과 프랑스, 그리고 네덜란드가 이 지역의 무역 이익을 놓고 경쟁하기 시작했다. 특히 영국은 1600년 왕실 헌장을 선포해 동인도회사를 설립했는데, 여기에 단순한 무역회사 이상의 역할을 부여함으로써 인도 및 동양의 주요 거점들과의 무역을 주도했다. 오늘날 거대 초국가기업들과 마찬가지로 동인도회사가 본국 정부의 명령을 수행하는 기업이었는지, 아니면 본국 정부가 동인도회사를 지원하는 기관이었는지 확실히 가려낼 수가 없다. 어느 쪽이든 인도는 동인도회사에 큰 영향을 받게 되었다. 동인도회사는 무역을 독점하기 위해 군사력을 동원하는 것은 물론 외국인 주민을 관리하는 행정관 또한 두고자 했으며 영국 정부는 이에 기꺼이 응했다. 1612년 영국의 군대가 포르투갈을 상대로 한 전투에서 승리를 거두었으며 무굴 제국으로부터 면화와 비단, 인디고(쪽에서 채취하는 염료-역주) 및 향신료 무역에 대한 양허를 받아냈다. 이때 무굴 제국은 이미 쇠락의 길을 걷고 있었다. 악바르 대제의 후계자들이 펼친 비관용 정책은 점점 인기를 잃고 있었으며 지역적인 세력들이 자치권을 획득하기 위해 반란을 일으키고 있었다. 이처럼 인도는 약화되어 가고 있었으며 동인도회사는 이를 둘도 없는 기회로 삼았다. 1757년 동인도회사는 벵골 지역의 무슬림 지도자를 몰아내고 이곳을 점령했으며 격렬했던 플레시 전투에서 프랑스군을 격퇴했다. 이는 영국의 승리 중에서도 주요한 것으로 손꼽힌다. 벵골 지역은 프랑스 영토보다도 더 넓었으며 인도의 가장 비옥한 땅 중 하나였다. 쌀, 설탕, 향신료, 과일들과 육류, 비단, 면화를 비롯하여 수도 없이 많은 귀중한 생산품들이 이곳에서 수출되었다. 동인도회사는 무굴 제국군, 지역 공국군 및 다른 제국주의 경쟁자들과의 전투에서 승리를 거듭하며 벵골 지역을 거점으로 그 지배력을 확장시켰다. 곧 영국은 무굴 제국의 황제로부터 벵골 지역에 대한 조세권을 탈취하는 데 성공했다. 이 사건으로 델리의 중앙정부는 크게 약화되었으며 영국으로 돌아가는 이익이 기하급수적으로 늘어났지만 무엇보다도 벵골 주민들이 극심한 수난에 시달려야 했다. 전통적인 무굴 제국의 행정정책에 의하면 가난한 자들은 세금을 내지 않아도 됐으며 남은 곡식들은 저장해두었다가 주기적으로 가뭄이 찾아오면 벵골 주민들을 먹여 살리는 데 사용할 수 있었다. 영국은 이를 그대로 따르지 않았다. 1770년 벵골에 찾아온 악명 높은 기근은 벵골 인구의 3분의 1, 다시 말해 천만 명의 목숨을 앗아간 것으로 추정된다.

영국 정부는 점차 인도의 외교권까지 손에 넣기 시작했다(1773년의 노스 규제법과 1784년 피트의 인도법이 그 예시다). 이 역시 인도 아대륙 내에서 영국의 권한을 확대시키는 수단으로 사용되었다. 1818년 영국은 지역 토착 세력들을 굴복시켰으며 이것이 계기가 되어 다른 지도자들도 줄줄이 항복을 선언했다. 인도가 전환기를 맞이한 것이다. 무굴 제국의 지배에 놓였던 인도는 이제 영국 독점무역의 지배에 놓였으며 사실상 완전히 영국에 복속되었다. 영국에게도 인도는 가장 귀중한 식민지였다. 1846년 영국은 18세기 후반부터 푼잡에서 국가를 건설하고 살던 시크교도들을 무너뜨렸으며 1849년에는 그 영토를 합병했다.

식민지 점령이 완성된 것은 1857년의 일이다. 당시 영국은 직접 통치를 통해, 혹은 순종적인 지도자를 자리에 앉혀놓는 방식으로 사실상 인도 전역을 손에 넣은 상태였다. 영국은 인도인들을 착취하고 토지를 몰수하며 과도한 세금을 부과했지만 영국인 무역상들은 세금을 면제받고 부를 쌓아올렸다. 여기에 인도인들의 전통적인 삶의 방식을 파괴하고 자신들의 기관 및 문화적 규범을 강요했다. 크게 고통받던 인도인들은 반란을 일으키기 시작했다. 영국인들은 반란이 처음 시작된 것이 인도의 식이제한 규범 때문이라고 설명했다. 당시 세포이(영국 군대에 징집된 인도인 병사들)들에게는 새로운 종류의 권총이 지급되었는데, 이 권총을 장전하기 위해서는 탄창의 끝부분을 물어뜯어야만 했다. 여기에서 병사들은 탄창에 발린 기름이 소와 돼지의 기름이라고 믿었으며, 힌두교와 이슬람교의 교리를 한꺼번에 어기게 되자 크게 반발했다는 게 영국인들의 주장이다. 그러나 인도인들은 사실 영국의 모든 것들에 대해 반감을 키우고 있었기 때문에 반란은 델리로 빠르게 확산되었으며 나중에는 영국의 식민통치에 대한 전반적인 반란 시위로 확대되었다. 영국은 엄청나게 잔인한 방법을 동원하고도 1년이 넘는 시간 끝에 이 반란을 잠재울 수 있었다. 이후 영국은 인도 아대륙을 직접 통치하기 시작했다. 이때가 되자 영국은 진정한 '해가 지지 않는 나라'로 거듭났다(피식민지 국가들은 이를 두고 하나님이 영국을 믿지 않아 어둠 속에 놔둘 수 없었기 때문이라고 설명했다). 영국은 1947년에야 인도 아대륙에서 물러났으며 이후 이 지역은 힌두교 국가인 인도와 이슬람 국가인 파키스탄으로 분리 독립했다. 특히 파키스탄은 두 개의 진영(동파키스탄과 서파키스탄)이 서로 다른 언어와 문화를 향유한 채 그 사이에 천 마일이 넘는 인도 영토가 놓인 채로 갈라지게 되었다. 인구의 대다수가 무슬림이었지만 힌두교 세력의 지배를 받게 된 카슈미르 지역의 거취는 아직 정해지지 않은 상태였다.

남동쪽에서는 네덜란드의 동인도회사가 훗날 인도네시아 및 말레이

시아가 될 영토에 대한 지분을 가지고 있었다. 오늘날의 인도네시아와 말레이시아를 이루는 말레이 반도 및 그 부속도서들에 이슬람교를 처음 전파한 것은 13세기와 14세기의 인도 무역상들이었다. 16세기 초에 이르자 포르투갈 상인들이 '향신료의 섬'으로도 불렸던 말루쿠 제도에 자리 잡았다. 프랑스 점령기(1811-1816, 프랑스가 네덜란드를 정복하고 인도네시아를 그 제국의 영토로 편입시켰던 시기)와 일본 점령기(1942-1945, 제2차 세계대전 도중)를 제외한다면 네덜란드는 1949년까지 인도네시아를 지배했다. 이들은 오늘날의 말레이시아(그리고 싱가포르) 영토를 19세기 중엽 영국에 내주었다. 제2차 세계대전 도중 일본 점령기를 제외한다면 영국은 1957년까지 말레이시아를 지배했다.

위대한 로마 제국의 유산을 따라 걸어온 이탈리아 역시 식민지 쟁탈전에 돌입해 오늘날의 소말리아와 리비아 영토를 획득했다. '아프리카의 뿔'로 불리는 항구들을 가진 소말리아는 전통적으로 인도양 무역을 통해 번영을 누렸으며 단 한 번도 오스만 제국의 영토에 편입되지 않았다. 영국과 프랑스, 이탈리아가 이곳을 두고 접전을 벌였고 1880년대 후반 이탈리아가 승리를 거두면서 아프리카의 뿔들을 다스리던 이곳 술탄 왕조의 '보호자'임을 천명하는 데 성공했다(결국에는 영국이 '이탈리아령 소말리아'를 지배했으며 이후 1960년에 이르러서야 소말리아는 독립할 수 있었다). 아프리카와 상당히 가까운 곳에 위치했던 이탈리아는 오스만 제국의 북아프리카 영토를 탐냈다. 오늘날 리비아 영토인 해안 지역은 18세기 동안 반자치적 체제를 이루고 있었다. 1835년 오스만 제국은 이 지역을 재점령했으나 통치에 그다지 많은 신경을 쓰지는 않았다. 오스만령 트리폴리타니아 지방은 서부의 도시 트리폴리와 동부의 벵가지 시, 그리고 페잔으로 알려진 남부의 광대한 사막지역으로 나뉘어 있었다. 세 지역 모두 각각의 토착 부족세력이 독립적으로 다스리고 있었다. 서쪽에서 프랑스가 튀니지와 알제리를 점령하는 한편 동쪽에서 영국이 이집트를 차지하자 이들은 이탈리아가 가장 덜 위협적인 무역 파트너라고 생각하게 되었다. 하지만 이탈리아는 이 비옥한 해안지역과 수차례 금융거래를 한 끝에 마침내 국가를 직접 통치하게 되었다. 소말리아 영토에 주둔시켰던 군대까지 동원한 이탈리아는 1912년 오스만 군대를 격퇴했다. 성난 토착 부족세력이 다음 20여 년 동안 격렬하게 저항했으며 이탈리아는 이를 잔혹하게 진압했다. 1934년 이탈리아는 리비아를 완전한 식민지로 전락시켰으나 이후 제2차 세계대전에서 패배하면서 영국과 프랑스에 지배권을 넘겨주게 된다. 리비아는 1951년 독립을 선언했다.

제1차 세계대전의 결과

유럽인들은 이와 같이 상업적, 정치적인 방법을 통해 무슬림 세계를 점령해 나갔다. 하지만 앞에서 살펴보았듯, 유럽 세력은 단일한 주도 세력의 계획 속에서 무슬림 세계를 점령한 것이 아니다. 각각의 유럽 국가들은 서로 식민지 경쟁을 벌이면서 무슬림 세계를 포함한 전 세계 곳곳을 땅따먹기 놀이하듯 다루었다. 어느 한 유럽 세력이 특정 지역에 들어서면 그 뒤로는 또 다른 라이벌 유럽 세력이 그 세력 확장을 견제하기 위해 이웃 지역을 점령하는 식이었다. 유럽 국가들은 이를 두고 서로 협상했으며 전략적 이익을 얻기 위해 국가들을 놓고 거래했다. 그 대상이 된 국가의 권리나 복지는 철저히 무시되었다.

이를 가장 잘 보여주는 지역이 다름 아닌 중동 지역, 그중에서도 이라크와 시리아다. 이 지역은 두 개의 거대한 강, 유프라테스 강과 티그리스 강이 흐르는 비옥한 초승달 지대의 일부였으며 과거 눈부신 메소포타미아 문명이 오래도록 꽃피웠던 곳이다. 한편 오늘날의 이란은 유럽인들에 의해 세 개의 오스만 영토를 중심으로 건국되었다. 시아파 아랍인들이 주로 거주하던 남부의 바스라 주 대부분, 수니파와 시아파가 섞여 살던 중부의 바그다드 주, 그리고 쿠르드족이 살던 북부의 모술 주가 그것이었다(쿠르드족은 이란어계에 속하는 독특하고 다양성 넘치는 민족이다. 모술 주의 쿠르드족은 주로 수니파 교도였지만 아시리아인이나 기독교인 등 다양한 특성을 지닌 사람들도 있었다). 이 지역들은 16세기 오스만 제국의 치하에 편입되었으나, 앞에서 살펴보았던 것처럼 20세기에 들어서자 오스만 제국이 급격하게 쇠퇴하면서 판도가 달라지게 되었다. 17세기 초부터 유럽 상인들은 페르시아 걸프를 통해 자주 드나들었으나, 이라크에서 석유가 발견되면서 이 오스만 제국의 변두리 영토를 놓고 격렬한 식민지 쟁탈전이 벌어졌다.

20세기 초에 이르자 오스만 술탄 왕조는 '유럽의 병객'으로 불리게 되었다. 당시 만평에서 오스만 제국은 시체로 묘사되었으며 그 위로는 유럽 국가들의 이름을 가진 독수리들이 원을 그리며 이를 노리고 있었다. 이 포식자들은 영국, 네덜란드와 독일이었으며 더 정확하게 말하자면 영국석유회사[BP], 로열더치쉘 그리고 도이체방크였다. 1914년이 세 회사는 터키석유회사를 설립해 이라크 지역의 석유개발권을 놓고 협상을 벌였다. 당시 이 지역을 다스리던 토착 지배세력은 비교적 자치를 누릴 수 있었으나 그다지 강성하지는 못했다. 이들은 현금을 얻기 위해 유럽 세력에 지하광물 개발권을 넘겨주었다. 하지만 제1차 세계대전 이후 유럽은 상업 및 식민지 협약들을 조금씩 수정해야만 했다. 독일이 전쟁에서 패배하면서 터키석유회사의 지분을 모두 빼앗겼고 대신 영국이 주도권을 잡았다. 영국은 또한 인도에 군부대를 주둔시켰다. 1917년 영국은 바스라 주와 바그다드 주를 점령했으나 이곳에 오래 머물지는 않을 것이며 단지 그 못된 튀르크족 지배세력을 쫓아내기 위해 온 것이라고 주장했다.

유럽의 식민지 경쟁은 전쟁 중에도 변함없이 이어졌다. 오스만 튀르크족 지배세력에 대한 아랍인들의 불만이 커지자 이를 간파한 영국이 아랍인들의 협조를 요청해왔다. 아랍인 지도자들은 튀르크족 지배세력은 물론 당시 튀르크족의 집권에도 불구하고 실질적으로 아랍 영토를 지배하고 있던 유럽 세력으로부터도 독립하고자 했다. 이 문제를 놓고 전략적 회의가 연일 이어졌다. 아랍인들은 스스로가 오스만 제국의 체계를 재건하고 보다 더 큰 자치권, 아니면 완전한 독립을 위해 싸워야 할 것인지 자문했다. 만일 이들이 독립을 선택한다면 가장 먼저 상대해야 할 적이 유럽인인지, 아니면 튀르크족인지도 그들의 화두였다. 튀르크족에 대한 반란을 지원하겠다는 영국의 제안은 매우 위험

이 슬 람 의
시 간

해 보였으나 시도해볼 만한 가치가 있었다. 이는 이집트의 영국 정부가 메카를 지배하고 있던 하심 왕조를 상대로 전쟁을 일으키는 계기가 되었다. 하심 왕조는 예언자 무함마드의 후손(샤리프)이었으며 전통적으로 이슬람의 두 성지 도시, 메카와 메디나를 다스리는 임무를 맡고 있었다. 영국은 튀르크족이 독일의 도움으로 근대화를 이루고 있다는 것을 간파했다. 이들은 만일 전쟁을 일으킨다면 영국과 프랑스, 러시아에 맞서 오스만 튀르크 제국과 독일이 동맹을 맺을 것이라고 예상했다. 따라서 영국인들은 튀르크 세력을 약화시킬 방법을 모색했다. 튀르크 지배세력에 대한 아랍인들의 불만을 이용하기 위해 영국은 아랍이 전쟁에서 자신들을 도와준다면 이후 해방되는 모든 아랍 영토에 대한 독립을 인정하겠다고 제안했다. 아랍인들은 튀르크 지배세력에 맞서 반란을 일으키고자 했기 때문에 제2 전선을 효과적으로 구축하고 튀르크족이 영국을 지원하는 것을 방해했다. 오스만 튀르크 제국이 중동의 정치적 지배세력이었을 뿐만 아니라 명목상일지라도 무슬림 세계의 영적 지도자였다는 사실을 감안하면 아랍인들의 이러한 결정은 상당한 의문을 남긴다. 그야말로 중대한 결정이었다. 비무슬림 세력과 결탁해서 무슬림 지배세력에 맞서는 일은 가장 초기의 이슬람법에서부터 금지되어 있었다. 하지만 하심 왕조는 지역의 지도자들과 협의한 끝에 유럽 세력을 믿기로 결정했다. 하지만 곧 이것이 엄청난 실수였음이 드러났다.

유명한 아라비아의 로렌스(아랍 민족의 독립에 적극 참여했던 영국군 장교-역주)로 대표되는 영국군의 지원과 함께 아랍 민족은 중동 지역을 무대로 튀르크족에 맞서기 시작했다. 이들의 싸움이 독일군 및 그 동맹군의 세력을 크게 약화시켰다는 것은 두말할 것 없는 사실이다. 하지만 전쟁이 끝나자 유럽인들은 약속했던 대로 아랍의 독립을 보장해주지 않았으며 대신 자기들끼리 아랍 영토를 나누어 가졌다. 사실상 아랍 민족의 독립을 약속하던 시절부터 이들은 비밀리에 영토 분할을 협의하고 있었다.[1] 1916년의 사이크스 피코 비밀협정을 통해 프랑스는 아랍 시리아 및 쿠르드 모술 주의 '보호국'으로 지정되었다. 영국 역시 아랍 바그다드와 바스라 주, 그리고 본래 시리아였던 팔레스타인 영토는 물론 트란스요르단(요르단 강 동쪽 경계부터 이라크에 이르는 땅)의 '보호국'이 되었다(러시아는 가자 지구에서 티레 시에 이르는 요르단 강의 서쪽 둑은 국제적 영토가 되어야 한다고 주장했지만 1917년 볼셰비키 혁명으로 무산되었다). 제1차 세계대전의 종전 조약들은 터키를 독립시켜 주었으나 아랍 민족들과의 약속은 무시되었다. 대신 이들은 사이크스 피코 협정의 조항을 근거로 그들의 지위를 피보호국에서 위임통치령으로 상승시켜 주었다. 그러나 이제는 프랑스가 이라크 석유자원을 개발하던 회사의 지분을 요구하고 나섰다. 프랑스는 영국에 모술 지역을 넘겨주는 조건으로 터키석유회사의 독일 지분을 넘겨받았다(훗날 미국 또한 본국의 회사들을 이 거래에 참여시키고자 했다. 1928년 터키석유회사는 미국의 석유회사 컨소시엄을 그 일원으로 받아들이고 이름을 이라크석유회사로 바꾼다).

이로써 영국은 이라크를 통합할 수 있었다. 이들은 본래 획득했던 바그다드와 바사리 주에 모술 지역을 더해 한 국가를 이루게 했다. 하지만 그 지도자는? 위임통치령은 유럽인들이 맡은 국가의 이익을 돌봐주며 독립할 준비가 될 때까지 이들을 도와주는 데 그 목적이 있었다. 위임통치는 식민지 지배와는 다른 형태였다. 따라서 영국과 프랑스는 그 새로운 국가에 알맞은 아랍인 지도자를 찾아내야 했다. 다행히도 이 일을 수행할 가문, 하심 가문이 남아 있었다. 유럽인들의 손에 배신당했던 이들은 서부 아라비아의 영토에 남겨진 채 살고 있었다. 이 당시 이집트의 무함마드 알리에 의해 이라크로 보내졌던 사우디 가문이 아라비아 반도 중부에서 그 세력을 확장시키고 있었다. 사우디 가문은 하심 왕조를 격퇴하고 아라비아 전역을 차지한 후 사우디아라비아로 명명했다. 샤리프 후세인 1세의 아들 파이살 1세는 아랍 민족의 신뢰를 배반한 영국에 격렬하게 반발했다. 그는 시리아로 북진해 다마스쿠스에 정부를 수립했다. 하지만 그는 프랑스의 위임통치를 거부했다가 시리아에서 쫓겨나게 되었다.

한편 수니파와 시아파가 섞인 이라크 부족 또한 영국 점령에 항거했다. 영국은 이에 지역 곳곳을 공습하고 마을들을 불태우는 것으로 화답했다. 가장 악명 높기로 유명했던 1920년대 쿠르드족 반란군에 대해서도 영국은 공습은 물론 독가스를 살포하겠다고 협박하며 이들을 진압했다. 하지만 이러한 진압 과정은 영국으로서도 경제적으로나 육체적으로 힘든 것이었다. 새로 임명된 식민지 장관 윈스턴 처칠은 참모진들과의 협의 끝에 이라크를 간접통치하는 것이 더욱 효과적이라 판단했다. 이에 따라 영국은 1922년 한때 그들이 쫓아냈던 파이살 1세를 이라크 국왕 자리에 앉혔다. 파이살 1세는 영국이 이라크의 위임통치자가 아닌 동맹국으로 내려올 것을 조건으로 왕위를 수락했으며 이라크 국민들 사이에서도 호응을 얻어냈다. 마침내 파이살이 왕이 되었으며 이로써 영국은 다양성과 석유가 넘쳐 흐르는 이라크 땅의 순종적인 수니파 아랍인 지배자를 얻게 되었다.

동맹조약에 따라 이라크는 공식적으로 독립 상태였으나 영국은 여전히 그 군대를 감시했고 고문을 파견해 경제와 외교정책에 간섭했다. 영국인의 치외법권 및 세금 면제를 보장하는 치명적인 특권협약이 다시 한 번 주장되었다. 1932년 국제연합은 이라크의 독립을 인정했는데 이는 이라크가 그 이전까지 사실상 독립국이 아니었음을 다시 한 번 확인시켜주었을 뿐이다. 이후로도 영국은 계속해서 군사와 경제를 휘둘렀으며 이라크석유회사를 통해 석유자원을 착취했다. 이 시기 동안 영국 휘하 이라크 왕정에 항거했던 정치적 반대세력들은 투옥되거나 추방되고 처형되었다. 반란 역시 잔혹하게 진압되었다. 1958년 폭력적인 혁명을 지나고 나서야 이라크는 외세의 지배로부터 벗어날 수 있었다.

영국과 프랑스가 아랍 민족을 배반했던 일을 계기로 다른 국가들 또한 건국되었다. 샤리프 후세인과 그의 아들 파이살이 서부 아라비아 및 시리아를 각각 다스리고 있던 시기인 1918년, 이들은 트란스요르단 영토를 분할하기로 결정한다. 트란스요르단은 전통적인 시리아 영토의 남부 지방, 요르단 강과 이라크 사이의 땅을 가리킨다. 하지만 파이살이 시리아에서 패배하고 이라크로 환송되자 영국은 트란스요르단의 지배권을 파이살의 형제였던 압둘라에게 넘겨주기로 했다. 압둘라는 이라크의 경우와 마찬가지로 트란스요르단에서 영국의 영구주둔을 수용했기 때문이다. 1946년 요르단은 공식적으로 독립국이 되었으나 영국은 여기에서도 경제와 군사, 외교정책을 여전히 장악하고 있었다. 1955년 국제연합은 요르단 왕국을 독립 주권국가로 인정했으나 그 이듬해 영국의 군대가 물러난 이후에야 요르단은 진정한 독립을 맞이할 수 있었다.

앞에서 살펴보았듯이 전통적인 시리아 영토는 오늘날의 레바논 또한 포함하고 있었다. 레바논은 시리아의 나머지 영토와 산맥 하나를 사이에 두고 지리적으로 분리되어 있었으며 그 긴 해안을 통해 다양한 문화적 영향을 받아들여 고대 페니키아 시절부터 독특한 정체성을 확립한 지역이었다. 이곳의 강력한 지배자는 오스만 제국을 상대로 거의 완전한 자치를 누렸으나 프랑스가 시리아를 위임통치하게 되면서 그 지배 아래에 들어가게 되었다. 프랑스 위임통치 시기 이곳에는 기독교인들이 조금 더 우위를 차지한 정권이 수립되었다. 기독교적 색채의 레바논 정권은 친프랑스적 성향을 보이면서 행정과 교육의 제1 언어로 프랑스어를 사용했고 프랑스인들이 경제를 장악했다. 제2차 세계대전 도중 프랑스가 나치 세력에 점령당하자 레바논 지역에도 비시 정권(프랑스의 친나치 정권)이 들어섰다. 영국군과 자유 프랑스군은 이들을 몰아내고 레바논과 시리아의 독립을 선포했다. 이때 레바논 주민들은 통일 시리아로 남을 것인지, 아니면 레바논으로 분리 독립할 것인지 스스로 결정할 권리를 보장받았으나 여전히 프랑스 정권이 잔존해 이들을 간섭했다. 레바논의 무슬림 세력과 기독교인 세력은 논쟁 끝에 1943년 국민협약을 맺어 기독교인들은 프랑스로부터, 무슬림은 시리아로부터의 영향력을 배척하는 것을 조건으로 자국의 주권독립을 확립하기로 결정했다. 문서 없이 구두로 체결된 이 국민협약을 통해 레바논 사람들은 종파 간 행정요직을 배분시켰다. 레바논의 대통령은 마론파(7세기경 형성된 동방 가톨릭의 독특한 분파로 12세기경 로마 가톨릭 교회의 일부로 편입된 교단) 기독교인, 국회의장은 수니파 무슬림, 국회의원은 시아파 무슬림이 차지하게 되었다. 외국시장을 찾아 나섰던 부유한 기독교인들과 팔레스타인-이스라엘 전쟁을 피해 도망쳐온 수니파 무슬림들이 이곳에 이주해오면서 레바논은 다양한 민족이 한데 뒤섞여 살게 되었으며 이에 심각한 사회적 혼란이 야기되었다.

전통적 시리아 영토의 마지막 부분이자 가장 많은 문제를 내포했던 지역, 팔레스타인은 영국의 지배 아래에 놓였다. 국제연합은 1922년 영국의 팔레스타인 점령을 인정했으며 그 위임통치 전문에 밸푸어 선언을 포함시켰다. 밸푸어 선언은 1917년, 시오니즘 운동(이스라엘 회복을 추구하는 유대민족주의 운동-역주) 지도자들이 영국의 지원을 요청해오자 영국의 외무장관 아서 제임스 밸푸어가 이에 화답하며 밝힌 것이다. 유대인들은 수 세기에 걸쳐 유럽의 기독교인들에게 박해받았으며 이에 따라 점차 동등한 시민권 및 정치권, 그리고 공존의 평화와 안정에 대한 희망을 버리게 되었다. 이들은 세계 시오니스트 기구를 조직했으며 팔레스타인 지역에 유대인 국가를 건국하고자 했다. 팔레스타인 지역은 본래 로마인들이 고대 유대인의 영토로 인식했던 곳이며 그 이름 또한 '필리스틴 사람'에서 비롯된 국가다(성경에 따르면 필리스틴 사람, 다른 이름으로 블레셋 민족은 가나안 지역의 원주민을 쫓아내고 이 지역을 지배해왔다-역주).

뺄푸어 경은 영국 정부의 입장을 다음과 같이 표명했다.

(영국 정부는) 팔레스타인 지역에 유대인 민족국가를 건설하는 것을 지지하며 이를

가능하게 만드는 데 최선의 노력을 다할 것이나, 그 어느 것도 현재 팔레스타인에

자리 잡은 비유대인 공동체의 시민권 및 종교권을 해하는 방식으로 이루어져서는

안 된다. 마찬가지로 다른 모든 국가에 살고 있는 유대인의 정치적 지위 및 권리

역시 이로 인해 침해되어서는 안 될 것이다.[2]

유럽에서 반유대주의가 기승을 부리자 영국이 지배하는 팔레스타인
영토로 이주해오는 유대인들이 기하급수적으로 늘어났다. 오스만 제국
의 통계에 의하면 1882년 팔레스타인에 거주하는 유대인은 고작 2만

그림 5   예루살렘의 바위 지붕 사원(687–691)
출처: ⓒ Dominique Landau/Shutterstock

4천 명에 불과했으나 1914년에는 6만여 명으로 증가했다. 1922년 영국의 인구조사에서 유대인은 총 83,790명으로 팔레스타인 인구의 약 11퍼센트를 차지했다. 이후 9년이 지나자 유대인 인구는 174,610명으로 늘어났다.[3] 아랍인들은 인도주의적 이유를 들어 유대인 이민 제한을 추진했으나 영국에 배신당하며 고향땅에서의 주권을 상실했다. 영국인들이 그들의 땅을 유럽인들에게 나누어주기 시작한 것에 이들이 당혹감을 감추지 못했던 것도 당연했다.

나치즘이 유럽을 장악하자 생존을 위협받게 된 유대인들은 점점 더 팔레스타인 땅으로 이주해왔다. 토착 팔레스타인인들은 이 대규모 이주에 맞서 반란을 일으켰다. 팔레스타인의 시온주의 행동가들은 영국 세력을 몰아내고 주권국가를 세우고자 했다. 이로써 팔레스타인을 위임통치 하던 영국 세력은 외국인 이주 증가에 반발하던 아랍 민족의 반란은 물론, 아랍 민족과 영국 세력 모두를 공격 대상으로 삼았던 시온주의 테러리스트까지 감당해야 했다. 제2차 세계대전을 겪으면서 본국의 경제 또한 위기에 처하자 영국은 이를 더 이상 견뎌낼 수 없었다. 결국 1940년대 후반에 이르러 영국은 인도와 팔레스타인에서 철수하며 그 식민지 지배를 포기하게 되었다. 영국은 팔레스타인 문제를 국제연합에 회부했다. 국제연합은 영국이 인도 점령을 포기한 점을 고려하여 팔레스타인 영토를 분할하기로 결정했다. 국가적 근원 및 종교적 정체성을 고려하지 않은 이 분할정책에 따라 유대인 국가에 무려 55퍼센트나 되는 영토가 주어졌다. 이곳의 주민들은 당연하게도 이와 같은 분할정책을 거부했으나 국제연합은 이에 굴하지 않고 분할을 승

이 슬 람 의
시 간

인했다. 직후인 1948년 5월 15일 시온주의 지도자들은 이스라엘의 건국을 선언했으며 이에 아랍 민족의 지도자들은 전쟁을 선포했다. 아랍 민족이 패배하면서 약 80만 명에 가까운 팔레스타인인이 이주민 신세로 전락했다. 이후로도 1967년과 1973년 주요한 전쟁이 발발했고 (2008년과 2014년의 이스라엘-가자 전쟁을 포함하여) 제한적인 간섭 및 수많은 유엔총회결의가 이어졌으나, 오늘날에도 팔레스타인인들은 여전히 무국적자 상태로 남아 있다.

식민지주의의 영향과 이슬람 개혁운동의 주제

식민 지배는 이슬람 세계에 엄청난 상처를 남겼다. 식민 지배를 경험했던 이들은 그들이 진정한 독립이나 국력 신장, 개발을 시도할 때마다 압도적인 좌절을 겪었던 기억을 마음에 아로새기게 되었다. 식민 지배가 휩쓸고 지나간 자리에는 분개와 깊은 배신감만이 남았으며, 현지 주민의 이익을 대변하는 것이라고 거짓말하며 집권했던 서구 세력에 대한 강한 굴욕감이 자라났다. 또한 세계시장에서 무역경쟁이 격화되면서 식민지의 전통적인 자급자족 경제가 파괴되었기 때문에 식민지 국민들은 더욱 깊은 좌절을 겪어야 했다. 특히 시골 지역의 경제가 완전히 황폐화되었기 때문에 사람들이 일자리를 찾아 도시로 이주하기 시작하면서 급격한 도시화가 진행되었다. 하지만 도시에도 충분한 일자리가 남아 있지 않았기 때문에 실업과 하향취업이 판을 치게 되었다. 도시로의 이주는 전통적인 가족 구조에도 중대한 변화를 가져왔다. 남자들은 일자리를 찾아 도시로 떠났으며 남겨진 여자들이 혼자서 아이들을 길러야만 했다. 가장으로서 가족을 먹여 살리고 보호하는 등 그 의무를 다하지 못한 데 남자들은 깊은 수치심과 절망을 느끼게 되었으며, 그 빈자리를 대신하여 가족의 생계를 혼자서 짊어져야 했던 여자들은 이제까지 당연하다고 여겼던 굴종적인 성역할에 대해 의문을 제기하기 시작했다.

경제적, 사회적 충격은 차치하고서라도 무슬림 세계의 지배세력들은 큰 위기를 맞이하게 되었다. 몇몇 곳에서는 유럽 세력의 위협을 제대로 감지하지 못했던 토착 지배세력에 대한 반란이 일어났다. 또한 식민 지배 시절 높은 교육을 받았거나 부유한 가문의 인물들이 보다 큰 자유와 번영을 누릴 수 있는 곳으로 대거 이주하면서 새로운 지도자로 삼을 만한 자들 또한 부족해졌다. 식민 지배로부터 겨우 독립한 이후에는 식민 세력을 몰아내는 데 크게 일조했던 군부가 민간 지도세력을 장악하고 군부독재를 펼치는 일도 왕왕 발생했다. 하지만 이러한 군부독재는 결과적으로는 식민 지배와 마찬가지인 상태를 불러왔다. 한때 식민 지배를 경험했던 국가들에서는 그 극대화된 공포를 먹이 삼아 강경한 군국주의와 권위주의가 자라났으며 시민들은 이에 항거했다.

식민지주의가 남기고 간 경제적, 사회적, 정치적 영향력은 19세기 말 무슬림 세계의 발전에 큰 영향을 미쳤다. 이때부터 무슬림들은 중세시대 고급문화와 높은 수준의 교육, 문물 교류와 영향력의 중심지였던 그들의 사회가 어떻게 식민 지배의 수렁과 근대 세계의 절망 속으로 고꾸라졌는지 이해하고자 했으며 어떤 방식으로 대처할지 고민하기 시작했다. 사실상 근대 이슬람 사회에서 형성된 모든 담론들이 식민 지배의 상처를 극복하고 이슬람 사회를 재건하는 데 주안을 두었다.

이슬람 근대 사회는 재건(타즈디드tajdid)과 개혁(이슬라islah)으로 대표되었다. 하지만 무슬림 사회의 개혁이 시작된 것은 단순히 식민 지배에 대한 반동뿐만은 아니었다. 사실상 개혁을 외치는 목소리는 13세기에서부터 시작되었다. 이븐 할둔이 정치적 생명을 논했을 때보다도 한 세기 이전, 십자군 전쟁과 몽골의 침략, 그리고 아바스 칼리프 왕조의 몰락으로 혼란스러웠던 시대의 학자들은 무슬림 공동체에 닥친 위기에 대해 논하기 시작했다. 이 중 가장 유명했던 학자는 (오늘날에도 자주 거론되는) 법학자 이븐 타이미야(1263-1328)다.

이븐 타이미야는 정치적으로 통합된 무슬림 공동체를 주도하기 위해 여러 지역 세력들이 경쟁했던 것이 당대 무슬림 세계가 직면한 위협을 불러온 주된 원인이라고 보았다. 그의 설명에 따르면 무슬림 공동체의 통합은 이상적일 수 있으나 현실적으로는 이루어지지 않은 일이었다. 하지만 정치적 통합이 이루어지지 않았다고 해서 이슬람 사회의 기반이 약해진 것은 아니었다. 이슬람 사회는 정치적 지도세력의 힘보다는 일반 사람들이 공통의 도덕적 이상을 가지고 연대하는 힘에 기반을 두고 있기 때문이다. 무슬림 공동체의 모든 일원은 역사를 통틀어 시대와 장소를 가리지 않고 하나님의 계시를 따르면서 정신적으로 통합될 수 있었다. 언어와 인종, 문화의 차이 역시 이슬람 원칙을 공동으로 실천한다는 점에서 감싸 안을 수 있는 부분이었다. 아랍인들은 쿠란의 언어인 아랍어를 모국어로 사용하고 있었기 때문에 다른 무슬림보다 더 유리할 수는 있으나, 어찌 되었든 하나님 앞에서 모든 신자들은 동등한 존재일 뿐이다. 또한 쿠란은 인종적, 문화적 다양성이 하나님이 만드신 계획의 일부라고 설명한다(11:118). 이븐 타이미야는 기독교인들과 몽골인 침략자들이 저지른 짓 때문에 비무슬림에 대한 불신으로 가득 차 있었으나, 그럼에도 불구하고 쿠란의 말씀을 받들어 종교적 자유는 물론 유대인과 기독교인들의 안전을 보장해야 한다고 주장했다. 이븐 할둔과 마찬가지로 이븐 타이미야는 쿠란의 모든 계시는 인류가 정의를 실현하고 억압을 철폐하도록 노력할 것을 촉구하고 있으며, 모든 무슬림들은 정치적 통합보다는 이와 같은 과업을 위해 협력해야 한다고 말했다.

이븐 타이미야는 이러한 목표에 대해 논하면서 훗날 근대 이슬람 개혁의 큰 주제가 되는 두 가지 시사점을 제기했다. 첫째는 신자 개개인이 사회에 대한 책무를 다하려 노력하는 대신 운명론이나 성인의 중재 등에 의존하며 불의에 소극적으로 맞서는 태도를 없애자는 것이었다. 이븐 타이미야는 인간에게는 자유의지가 없다는 결정론(운명주의-역주)을 극도로 반대했다. 쿠란에서 개인의 책임이 매우 강조되었음에도 불구하고, 이븐 타이미야가 살았던 당대 학계에는 운명론이 주류 학풍으로 자리 잡고 있었으며 그 일련의 학문적 토론은 오늘날까지도 영향력을 미치고 있다. 앞에서 살펴보았듯이 예루살렘 시대의 이슬람교는 올바른 믿음과 그를 바탕으로 한 일상생활 속의 행동을 크게 강조

이슬람의
시간

했다. 하지만 오늘날과 마찬가지로 이때도 이슬람의 가장 주요한 교리는 절대적인 유일신 하나님에게 헌신하는 일이었다. 하나님은 유일하고, 완전하며, 절대적일 뿐만 아니라, 모든 것을 아시고 모든 권위를 가지는 자비로운 창조주이며 심판자로, 한때 모든 것을 태어나게 만들었다가 이후 모든 것을 거두어 가실 존재다. 이 궁극적인 실재를 받아들인다는 것은 복종(이슬람islam)의 기본적인 요소나 다름없으며, 이후 이는 올바른 행동을 통해 자연스레 드러나 결국 정의롭고 평화로우며 가장 낮은 곳에 있는 사람들의 삶을 척도로 삼아 성공을 가늠할 수 있는 사회를 이룩하는 데 일조할 것이다. 다시 말해서 무슬림은 믿음을 정의하고 분류하는 일보다는 하나님의 의지를 실현하는 것을 주된 목적으로 삼고 살아가는 사람들이다. 하지만 시시때때로 이슬람교의 믿음에는 위기가 찾아왔으며 학자들은 이에 대해 모종의 답변을 내놓아야만 했다. 그 과정 속에서 학자들이 내놓은 일련의 설명들은 훗날 공식적인 이슬람 교리의 일부가 되기도 했다.

이슬람교가 직면했던 위기 중 하나는 하와리즈파가 만든 것이었다. '탈퇴자'라는 뜻의 하와리즈파는 종교적 열성분자였으며, 예언자의 사촌이자 사위이고 따라서 당대 이들 중 예언자와 가장 가까운 남성 친척이었던 알리가 그의 정당한 계승자라고 주장했던 이들이다. 하지만 하와리즈파는 무슬림 공동체에서 우마이야 왕조의 계승권을 두고 논란이 격화된 끝에 알리가 반대자들과 타협하자 그에게 등을 돌렸다. 그들은 칼리프 무아위야가 순전히 탐욕에 따라 공동체의 지배권을 좇는 것이라고 생각했으며 따라서 알리가 악마와 타협해 칼리프 자리를 넘겨주었다고 믿었다. 하와리즈파에 의하면 알리는 물론 그를 추종하는 이들 또한 이슬람의 규범을 어겼으며 따라서 진정한 무슬림이 되지 못한 배신자에 불과했다. 이들은 진정한 이슬람교, 혹은 복종(이슬람)은 올바른 행동을 통해서만 표현될 수 있다고 믿었다. 무슬림은 하나님의 의지를 실천하는 자이기 때문에 불의에 의해 행동하는 몇몇 이들은 무슬림으로 불릴 자격이 없었다. 하와리즈파는 "진리가 하나님으로부터 이르렀으니 원하는 자로 하여금 믿게 할 것이요, 그렇지 아니한 자 불신토록 두라(18:29)"는 쿠란의 구절을 말뜻 그대로 받아들였다. 이는 즉 그 어떤 믿음과 행동이라도 궁극적으로는 개인에게 책임이 돌아간다는 것을 의미했다. 누군가가 나쁜 행동을 한다고 해도 그것 역시 자신의 선택에 의한 것이며, 그 책임 또한 스스로가 져야 한다. 하와리즈파는 이와 더불어 타인이 부정을 저질렀을 경우 그를 막는 것 또한 올바른 행동에 대한 개인의 책임이라고 믿었다. 공동체는 이슬람 규범을 따르지 않는 이들이나 정의사회 구현을 방해하는 이들에 대해 무슬림 공동체가 경계를 늦춰서는 안 된다. 특히 부도덕한 지도자에 대해서는 제대로 맞서 싸울 수 있어야 했다. 따라서 이들은 알리와의 싸움을 계속했으며 658년에는 전쟁을 일으켰으나 여기에서 대부분 목숨을 잃고 말았다. 살아남은 이들은 멀리 떨어진 곳으로 이주했으며 그 이후에도 자신들이 진정한 무슬림이 아니라고 판단했던 지배세력들에 대해 산발적으로 공격을 이어나갔다.

하지만 불행하게도, 이렇게 완벽한 인간상을 추구하는 사회 구조를 유지하기란 매우 어려운 일이었다. 무슬림 주류 세계는 하와리즈파의 문제점이 여기에 있다고 보았으며, 특히 당대 이슬람에서 종교적 파문이 큰 사회적 문제로 떠오르고 있었기 때문에 더욱 그러했다. 쿠란은 "종교에는 강요가 없다(2:256)"고 말한다. 종교 공동체의 다원성 역시 하나님이 만드신 계획의 일부임을 강조한다. "주님이 원하셨다면 모든 백성들을 한 공동체로 두셨을 것이라. 그러나 그들은 계속해서 각자의 길을 걷노라(11:118)", "하나님은 너희 각자에게 율법을 주었나니 하나님의 뜻이라면 너희에게 공동체를 형성케 하려 함이라. 그러나 그분은 [그렇게 하지 않으매] 너희에게 준 것으로 너희를 시험하려 함이니 서로 선행에 경주하라(5:48)." 예언자 무함마드는 무슬림과 유대인을 포함해 다양한 민족들이 살고 있던 메디나의 헌법을 제정하면서 종교적 다양성과 자유에 대한 권리를 다시 한 번 확인한다. "유대인들은 (중략) 그들 또한 신자들의 공동체다. 유대인에게는 유대인의 종교를, 무슬림에게는 무슬림의 종교를 허하노라."[4] 앞에서 살펴보았듯, 이슬람 사회는 이와 같이 종교적 다양성을 그 근본적 요소로 받아들이게 되었으며 사실상 이를 바탕으로 국력을 모으고 활개를 칠 수 있었다.

하지만 배교, 즉 이슬람을 한번 받아들이고 나서 이를 다시 배반하는 일은 조금 다르게 받아들여졌다. 시간이 지나면서 이슬람 공동체가 발전을 거듭할수록, 공동체에 대한 소속감은 곧 정치적 문제가 되었다. 무슬림은 하나님의 말씀과 의지를 받아들인 사람이기도 하지만, 동시에 공동체를 이끌어가도록 선택받은 자이기도 했다. 중세 유럽에서 그랬던 것처럼, 사람들은 특정 종교를 선택한 모든 사람들이 단일한 정치적 공동체를 형성하고 살아야 한다고 믿었다. 전근대 유럽과 마찬가지로, 초기 무슬림 지도자들은 본인의 종교를 거부한 자들은 그로 인해 그들의 지도자 역시 배반한 것이며 따라서 스스로 적이 되었음을 선포한 것이나 다름없다고 믿었다. 제1장에서 살펴보았듯, 지배 세력들은 이에 따라 반란 부족들을 진압하며 그들의 지배에 복종하지 않는 자들은 모두 죽일 것을 결정하게 된다.

이러한 결정은 이슬람법의 선례가 되었다. 이때부터 배교는 중대한 범죄로 여겨지기 시작했다. 따라서 하와리즈파가 여러 인물들을 가리켜 무슬림 배교자라고 일컫기 시작하자 무슬림 사회에 상당한 파장이 일었다. 격렬한 논의 끝에 주류 무슬림 세력은 쿠란이 말하는 신성한 자비와 용서에 따라 이들을 묵인하기로 했다. 이들은 사회정의 실현과 선행이 필요한 것이라고 거듭 강조했지만 그에 따라 개인을 판단하는 것은 하나님이 하실 일이라고 설명했다. 특히 이와 관련하여 쿠란에는 "하나님은 그분의 뜻에 따라 방황케 하고 옳게 인도하기도 하시니라(35:8)"는 구절이 있다. 대부분의 무슬림들은 이 구절을 통해, 타인의 영혼을 판단할 수 있는 것은 오로지 하나님뿐이라고 생각하게 되었다. 누군가가 스스로 무슬림이고자 한다면 무슬림 공동체는 그 사람을 받아들여야만 한다. 그 누구도 타인의 행동을 판단하고 그를 바탕으로 누가 배교자인지 정할 수 없다. 오로지 하나님만이 신자가 마음속에 품고 있는 신실함을 판단할 수 있다. 대다수의 무슬림들이 받아들인 이 주류 사상은 자비와 용서에 기초한 신성한 심판에 대한 이론을 연구했던 신학자(울라마ulama)들에 의해 발전했다. '미루는 사람'이라는 뜻의 무르지아파로 명명된 이들은 만일 누군가가 자신이 무슬림이라고 생각한다면 다른 사람들은 그를 무슬림으로 받아들여야 한다고 주장했다. 법학자 아부 하니파 역시 이들의 사상을 받아들여, 스스로 무슬림이라 주장하는 사람에게 그의 행동을 이유로 들어 무슬림이 아니라고 멋대로 정의내릴 수 없다고 말했다.

이러한 사상은 곧 실천으로 이어졌다. 하와리즈파 방식의 급진주의는 곧 소외되었으며 그들이 일으킨 반란들은 곧 진압되었다. 사람들은 다시 한 번 평화와 안정을 되찾았다. 하지만 이 사상은 다른 측면의 주장 또한 유발했다. 하나님만이 타인을 심판할 수 있다는 사상이 자리 잡은 이후 몇몇 학자들은 우마이야 왕조가 알리 및 하와리즈파를 상대로 승리했다는 것 자체가 하나님의 뜻이라고 생각했다. 따라서 이들은 우마이야 왕조가 권력을 잡는 것 역시 하나님의 뜻이며, 사람들은 이에 저항해서는 안 된다고 설파했다.

학자들의 이러한 의견은 정치적 안정성을 가져다줄 수는 있었겠으나 한편으로는 일상생활 및 정치생활에서도 운명론이 자리 잡게 만들었다. 학자들은 계속해서 사람들의 도덕적 책임감에 대해 질문을 제기했다. 쿠란의 핵심 교리 중 하나는 모든 사람들이 그들의 행동을 바탕으로 하나님의 심판을 받게 된다는 것이었다. 선한 선택은 상을 받을 것이며 나쁜 선택은 벌을 받게 될 것이다. 하지만 만일 하나님이 개인의 선택들을 포함하여 모든 것을 미리 결정해두셨다면, 과연 도덕적 책임에는 무슨 의미가 있다는 것일까? 사람들이 자신의 행동을 제어할 수도 없는 상황에서 하나님이 그를 바탕으로 상과 벌을 내리신다면 과연 하나님의 자비와 연민을 어떻게 이해해야 하는 걸까? 자유의

지라는 건 없는 것인가? 무슬림들은 다시 한 번, 하나님의 전지전능하신 권한과 인간의 책무를 어떻게 조화시킬 것인지에 관한 오래된 질문들을 마주하게 되었다. 이 논의를 타고 이슬람 종교학계의 또 다른 분파인 무타질라파가 떠올랐다. 이슬람의 이성주의자로도 알려진 무타질라파는 하나님의 전지전능한 권한보다는 하나님이 촉구하는 정의실현을 더욱 강조했다. 하나님은 그분이 정의로운 존재이며 사람들의 선택에 따라 그들을 판단할 것이라고 말씀하셨으므로, 우리 인류는 모두 그에 따른 도덕적 책임을 져야 한다. 하지만 다른 종교학자들은 이들의 주장을 일견 모욕적인 것으로 보았다. 무타질라파는 하나님으로 하여금 인류의 행동을 고려한다는 특정한 방식에 따라 인간을 판단하도록 규율하려 한다고 말했다.

하나님의 전지전능한 권한과 정의 간의 관계를 두고 학자들은 앞에서 살펴본 것 이외에도 여러 가지 논의를 펼쳤다. 하지만 결국 이성주의자들의 주장은 기각되었으며 반 이성주의 학자였던 알 아샤리(874-935)의 주장이 공식적인 교리로 자리 잡았다. 종교에 있어서 과도한 이성주의를 배격했던 아샤리파는 곧 운명론 및 결정론과도 결부되었다. 이븐 타이미야는 바로 이 지점에 대해 반대 의견을 펼쳤다. 그는 사회적 문제보다는 개인적인 깨달음을 강조하는 수피즘의 신비주의가 특히 이 문제를 잘 드러내고 있다고 보았다. 하나님은 선행에 대해 상을 내리고 악행에 대해서는 벌을 내릴 것이라 약속하고 있으나 운명론은 이를 비웃고 있으며 따라서 이단보다도 더 나쁜 사상이라는 것이 그의 주장이었다. 이븐 타이미야는 수피즘 자체를 반대하지는 않았으며

이슬람의
시간

수피즘의 영성이 도덕관을 내면화하는 데 효과적인 방법이라고 믿었다. 하지만 그는 수피즘의 몇몇 의례들에 대해서는 반대 입장을 보였는데, 여기에는 하나님에게 의존하기보다는 성인들에게 기도하거나, 개인이 자의적으로 행동하거나, 정의로운 사회를 만들고 유지하기 위해서 집단 협력을 이루는 일 등이 포함되었다. 사실상 그는 수피즘의 완전 철폐를 주장했던 와하브파와 어느 정도 의견을 같이하고 있던 셈이다.

제3장에서 살펴보았던 것과 마찬가지로 17세기 인도에서도 수피즘이 지배적인 위치를 차지하고 있었으며, 여기에 시크교 아흐마드 시르힌디가 개혁운동을 일으키면서 수피즘 탈피에 대한 논의가 활발하게 이루어졌다. 시르힌디는 특히 수피즘의 교리가 일상생활의 현실 감각을 떨어트린다고 지적했다. 몇몇 수피교도의 주장에 따르면 모든 존재들은 하나이며, 각각의 외형은 단지 환영에 지나지 않는다. 사람들은 명상 및 다른 영적 수행을 통해서 그 외형으로부터 벗어날 수 있으며 비로소 모든 실체의 일체성에 집중할 수 있게 된다. 시르힌디는 이러한 태도가 법을 지키면서 행동할 유인을 떨어트린다고 생각했다. 이후 또 다른 인도 개혁가, 델리의 샤 왈리 알라(1703-1762) 역시 수피즘 의례의 정제를 촉구하며, 모두가 주류 이슬람 교리에 따라 행동하며 강성하고 정의로운 통합 이슬람 사회의 건설을 추구해야 한다고 주장했다.

이븐 타이미야는 이와 더불어 이즈티하드를 통해 이슬람법을 탄력적으로 유지하는 일을 이슬람 개혁의 주요 책무로 꼽았다. 제2장에서 살펴보았듯이, 이슬람 사회는 이슬람법을 중심으로 구성되었다. 선행 및 정의로운 사회 건설을 강조하는 이슬람의 교리에 따라서 이슬람 사회의 담론은 사상적 논의보다는 주로 실천에 관한 이야기들로 채워졌다. 진정한 신앙은 올바른 행동의 전제조건으로서 꼭 필요한 것이었으나, 신앙에 대한 학문적 분석까지 우선적으로 고려해야 하는 것은 아니었다. 초기 이슬람 사상은 수 세기에 걸쳐 법학을 중심으로 발전했으며, 10세기에 이르자 네 개의 수니파 계열 법학파와 한 개의 시아파 계열 법학파가 성립되었다. 초기의 이슬람법은 상당히 개방적이고 유연했는데, 이는 당시 끊임없이 확대를 거듭하던 이슬람 공동체의 모든 일원이 계속해서 쿠란과 예언자 무함마드의 가르침을 따를 수 있도록 하기 위함이었다. 특히 무슬림 세계의 문화가 점점 더 다원적으로 발전하면서 법의 탄력성이 주요 요소로 여겨지게 되었다. 사회가 경제적, 문화적, 정치적으로 발전하면서 주변 상황 역시 계속해서 변화한 것도 한몫했다. 하지만 10세기에 이르자 이슬람법은 그 탄력성을 잃기 시작했다. 제2장에서도 살펴보았듯이, 이슬람법을 자의적으로 해석하는 일은 '이즈티하드'로 불렸다. '노력한다'는 의미의 '지하드'와 같은 어원을 가졌던 탓에, 이즈티하드는 종종 '지적 성전'으로 불리기도 했다. 법학자들은 이즈티하드를 통해 변화되거나 새롭게 나타난 상황 속에서 쿠란과 수나를 바탕으로 새로운 법을 제정했다. 그러나 이윽고 이즈티하드 이외에도 새로운 입법 기술이 발전하게 되었다. 쿠란 구절 및 수나의 적용에 대해 법학자들이 이룬 합의, 즉 이즈마가 그것이었다. 몇몇 학자들은 이즈마의 발전을 이유로 들어 더 이상 새로운 이즈티하드는 필요하지 않다고 주장하기도 했다.

곧이어 "이즈티하드의 막이 내려갔다"는 주장이 파다하게 퍼졌다. 이 주장은 무엇을 계기로 했다거나 누군가가 주도적으로 이끌었다고 하기 힘들며, 그렇다고 법학자 모두가 이에 만장일치로 동의했다고도 할 수 없다. 사회 속에서 이즈티하드는 점차 폐기되기 시작했으며, 지배권력에 의해서라기보다는 보수적 성향의 법학자들이 이 의견에 주로 동조했다. 10세기 초 들어 극명하게 나타나기 시작한 이 사조에 대해 이슬람 법사학자 샤흐트는 훗날 다음과 같은 글을 남겼다.

> (당시) 모든 학파의 학자들은 본질적인 문제에 대해 모두 논의했으며 모든 규칙들이 자리 잡았다고 생각하게 되었고, 이에 따라 법에 대한 독립적인 사고(이즈티하드)는 자격 없는 그 누구라도 할 수 있는 것이라는 생각이 학자들 사이에서 파다하게 자라났다. (이러한 이즈티하드가) 구속력을 가지기 시작한다면 앞으로의 모든 행동들 또한 그에 대한 설명과 적용이 따라야 할 것이며 무엇보다도 교리에 대한 해석을 덧붙여야만 하게 될 것이다.[5]

따라서 이슬람법을 변화하는 상황에 맞게 발전시키는 데에도 독립적 추론 대신 선례(타크리드taqlid)를 따르고 확대 해석하는 일이 권장되었다.

짐작건대 이즈티하드 대신 타크리드를 사용하고자 했던 학자들은 아마도 당대 이슬람법의 연속성을 유지하기 위해 그러한 수단을 선택했을 것이다. 특히 칼리프 왕조의 권위에 대해 자주적인 지역 세력들이 위협을 가하던 당대 상황에서 이슬람법은 언제라도 초기 이슬람법과의 연속성을 잃게 될 수 있었다(제3장 참고). 하지만 많은 개혁가들은 만일 이즈티하드를 더 이상 사용하지 않는다면 이슬람법은 탄력성을 잃고 변화에 효과적으로 대응할 수 없게 될 것이며 결국 사회에 악영향을 미칠 것이라고 주장했다. 무엇보다도 이슬람법이 소외되기 시작했다. 정치적 세력들은 법학자들의 의견과 관계없이 독립적으로 법을 제정하기 시작했고 이를 통해 그들의 사리사욕을 채웠다. 앞에서 살펴보았듯이 멋진 황제 술레이만은 하도 법을 자주 만드는 바람에 '입법자'라는 별명을 얻기도 했다. 하지만 술레이만이 제정했던 법은 카눈, 즉 종교법과는 다른 시민법의 일종이었다. 수많은 지역적 지도자들과 유럽의 식민 지배세력들 역시 이러한 양상을 이어나갔다. 유럽 시민들은 비무슬림이었으며 이에 따라 이슬람 시민법으로부터 면제를 받았다. 때문에 그들이 이슬람 정부를 장악하게 되자 이슬람법은 완전히 소외되었으며 서구의 경제적, 상업적 체계와 시민법이 그 자리를 대신하게 되었다.

이즈티하드가 더 이상 사용되지 않으면서 사람들은 새로운 상황이 발생해도 그에 대한 어떠한 종교적 조언도 들을 수 없었다. 고대의 이슬람 법학자(푸카하)는 칼리프나 술탄의 전제정치에 맞서 시민들과 시민 사회를 보호하는 역할을 했다. 이들의 종교적 권위는 당시 어마어마했던 술탄의 권력에 맞설 수 있는 사실상 유일한 보호막이었다. 하지만 샤리아의 법학자들이 덜 탄력적인 태도를 보일수록, 더 많은 사람들이 세속의 법을 따르기 시작했다. 근대 사회에 이르자 종교법은 단지 종교의례와 개인적인 행위들, 예를 들자면 기도와 단식, 순례, 자선, 결혼, 이혼과 유증 등만을 규율하게 되었다. 샤리아는 사문화된 기구나 다름없었으며 무슬림들은 새로운 상황에 대한 조언을 이슬람 법학자가 아닌 다른 곳에서 얻어야만 했다.

이븐 타이미야는 14세기부터 벌써 이러한 사조가 얼마나 위험한 것인지 예감하고 있었다. 그는 이슬람법의 존속을 위해 이즈티하드가 계속해서 이어져야 한다고 주장했다. 그가 살았던 시대조차도 이슬람법은 종종 하나님의 계시에 따라 인류를 지도하는 과정이라기보다는 단순히 고정된 법률로 치부되었다. 이러한 이유에서 이븐 타이미야는 샤리아와 피크흐 간의 차이를 강조했다. 샤리아는 역사와 자연을 통해, 율법과 복음에서 드러난 하나님의 뜻 그 자체이며, 그 무엇보다도 쿠란과 예언자 무함마드의 선례(수나)를 통해 가장 잘 표현되어 있을 뿐이다. 영원불변의 법인 샤리아는 식이 제한 등의 종교의례나 살인, 절도, 고리대금업 등 도덕성과 관련된 주요한 문제들에 대해서는 구체적인 지시를 내리고 있다. 하지만 만일 계시가 다루지 않았던 상황이 새로이 발생한다면 사람들은 그에 대처하기 위해 스스로 사고해서 법을 제정해야 했다. 이런 식으로 인간이 만들어낸 법, 즉 피크흐는 언제나 오류나 변화의 대상이 될 수 있는 것들이었다. 이븐 타이미야는 피크흐가 샤리아와 혼동되어서는 안 된다고 경고했으며 이 두 가지를 구분하지 못하는 사람들을 비난했다. "실로, 몇몇 이들은 판사의 판결 또한 샤리아인 줄로만 안다. 이 중 많은 이들은 제대로 배운 판사와 무지하고 부도덕한 판사들조차 구별하지 못한다. 이보다 더 나쁜 것은 만일 어떤 지도자가 샤리아에 크게 반하는 법을 제정하더라도 사람들은 이를 구별하지 못하고 샤리아와 같이 받아들인다는 점이다."[6] 다시 말하자면 모든 세대의 무슬림들은 과거의 사람들이 만들어둔 결정들보다는 성서에 드러난 계시로부터 계속해서 조언을 구해야 한다. 인간이라는 존재가 언제나 오류를 범할 수 있는 것은 물론이거니와, 어떠한 해석은 해당 시대와 장소를 배경으로 성립된 것이기 때문에 그 이후의 시대나 다른 장소에서도 계속 올바르다고 할 수 없으며 따라서 모든 인간의 해석들은 새로운 상황을 토대로 계속해서 재검증되어야 한다. 따라서 이븐 타이미야는 이즈티하드가 종교적인 의무이며 무슬림 공동체의 생존을 위해 반드시 필요한 것이라고 역설했다.

근대 이슬람의 재개혁과 새로운 과제들

식민지주의는 이슬람 개혁의 고전적인 주제들에 새로운 긴장감을 안겨다 주었다. 앞에서 살펴보았듯이, 수피즘을 비판했던 근대 초기 사상가들의 주장은 18세기 들어 무함마드 이븐 압드 알 와하브와 그가 창시한 와하브파에 의해 그 입지를 다시 한 번 다지게 되었다. 와하브는 이즈티하드를 살려야 한다는 이븐 타이미야의 주장까지 다시 꺼내들면서, 수피즘 성인을 숭배하는 행위와 더불어 과거의 사람들이 내린 판결(타크리드)이 그 시대에서도 구속력을 가진다는 점을 비판하며 계시의 지도를 따라야 한다고 설파했다.

이 슬 람 의
시 간

18세기와 19세기에 걸쳐 수 명의 학자들이 이와 똑같은 주장을 펼쳤다. 이 중 가장 잘 알려진 것으로는 이집트의 학자 무함마드 압두(1849-1905)가 있다. 그의 말에 따르자면 타크리드를 따른다는 것은 지적 종속을 자처하는 일이나 다름없었다. 그는 이에 대해 다음과 같은 글을 남겼다.

> (쿠란은) 우리가 아무에게나 비굴한 믿음을 주는 것을 금한다. 자기만족에 안주하며 단지 그들의 아버지들을 따르다가 결국 신앙의 완전한 파괴를 맞고 공동체 속에서 사라지게 되는 사람들의 도덕관을 자극제로 삼는 것 역시 금한다. 전통주의가 좋은 결과와 더불어 종종 악한 결과를 낳을 수 있으며 어떠한 상황은 이익을 공헌함과 더불어 손해를 낳을 수도 있다. 이는 기만적인 생각이며, 만일 동물이 이러한 일을 저지른다면 용서받을 수 있겠으나 인간으로서는 용서받기 힘들다.[7]

격동의 역사 속에서 이즈티하드는 변화에 창조적이고 역동적으로 대응하며 이슬람 공동체를 번영으로 이끌었다. 이슬람 공동체가 예언자 무함마드의 죽음 이후 수 세기 동안 세계에서 가장 강대한 정치적, 문화적 세력이 된 것도 그 덕택이었다. 하지만 사람들이 전통을 선행 그 자체로 받들면서 선조들을 단순히 흉내 내기 시작하자 이슬람 공동체는 추진력을 잃게 되었으며 곧 모호한 상태에 빠지게 되었다. 더욱 역동적이고 활기찬 세력이 이들을 쉽사리 집어삼킨 것은 어찌 보면 당연한 일이었다.

무함마드 압두는 이슬람의 태생적인 합리성을 근거로 제시하며 이슬람법을 개혁해야 한다고 주장했다. 그는 우주의 합리성 역시 하나님이 내려주신 것이라고 보았다. 세계가 정신적(종교적) 지평과 물리적(비종교적) 지평으로 나뉘어 있다는 사조에 반대했던 압두는 신성이란 무릇 모든 피조물들을 통해 드러나는 것이라고 말했다. 쿠란이 종종 자연을 면밀히 관찰하고 그 안에서 하나님의 흔적을 찾으라고 가르치는 것 역시 여기에서 비롯된 셈이다. 압두는 '표식을 읽어라', '지식을 탐구해라'와 같은 쿠란의 명령들이 사실상 이슬람의 종교적 실천에서도 이성적인 행위를 요구하고 있는 것이라고 보았다. 이성에 반하는 행동은 곧 종교적으로도 실패한 행위다. "쿠란은 우리로 하여금 이성적인 과정과 우주가 드러내는 모든 것들에 대한 지적인 연구를 이어나가도록 하며, 할 수 있는 한 사소한 부분에서도 그렇게 행동함으로써 쿠란이 담고 있는 가르침들을 확실히 행하도록 만들고 있다."[8]

이성을 강조한 압두의 사상은 20세기 들어 자라난 이슬람 개혁 사상에도 큰 영향을 미쳤다. 20세기의 개혁가들은 과학적으로 큰 발전을 이룩했던 이슬람의 전통을 다시 한 번 되찾고자 했다. 무슬림 사회가 더 이상 연구하지 않는다는 자기 성찰적 비판이 논의의 시발점이었다. 처음 이 문제를 제기한 것은 압두의 조언자였으며 페르시아의 유명한 반제국주의자였던 자말 알 딘 알 아프가니(1838-1897)였다. 그는 유럽 세력이 식민지의 국민과 자원을 수탈했다며 비판하는 것 역시 잊지 않았다. 하지만 그의 이론에 대해 몇몇 이슬람 개혁가들은 이슬람 문화가 수준 낮고 비과학적이라는 비난을 인정하는 꼴이나 마찬가지라면서 불쾌감을 드러냈다. 대표적으로 프랑스의 동양학자 에르

네스트 르낭(1823-1892)은 잘 알려진 1883년 소르본 대학 강연을 통해 아프가니의 주장이 가진 결함을 지적했다. 아프가니는 르낭의 주장에 다시 한 번 반론하면서, 지난 중세시대 이슬람 사회가 전례 없이 훌륭한 과학 문화를 일굴 수 있었던 것 역시 배움을 끝없이 이어가라는 이슬람교의 덕목에 바탕을 둔 것이라고 설명했다. 무슬림 학자들은 한때 그리스, 로마, 이집트, 메소포타미아, 페르시아, 인도와 중국의 고대 전통을 한 자리에 집결시켰으며 이를 수정하고 보완해 유럽 대륙에까지 전파시켰다. 예를 들자면 유럽의 근대 학문 중 상당수는 아라비아 숫자나 이슬람의 대수학이 없었더라면 존재하지도 못했을 것이다. 아프가니는 이것이 바로 과학의 역할이라고 주장했다. "(학문은) 그 수도를 끊임없이 옮겨 다닌다. 때때로 (학문은) 동양에서 서양으로, 또 서양에서 동양으로 전파된다." 이와 같이 과학은 특정 문명의 소유물이 아니라, 오히려 수많은 공동체들이 오랜 시간에 걸쳐 함께 일군 전 세계적 유산이나 다름없다. 역사 속에서 무슬림 또한 과학에 지대한 공헌을 미쳤으나, 유럽인들은 그를 간과하고 이슬람이 태생적으로 비과학적이라고 비난했다. 그는 이슬람이 사실상 그 어떤 종교보다도 과학에 우호적이라고 주장했다. 이슬람이 처음 아랍 민족에게서 도래했을 당시만 하더라도 아랍인들은 그 어떠한 과학도 발전시키지 못한 상태였다. 하지만 이슬람은 계속해서 지식의 탐구와 연구를 독려했으며, 무슬림들은 그 덕분에 서구 세계에까지도 전파할 만큼의 학문적 성취를 이룰 수 있었다.

한편으로 아프가니는 무슬림 사회가 그 과학적 정신을 잃었다고도 말했다. 아프가니의 주장에 따르자면 무슬림 세계는 그 정신을 유럽에 넘겨주었으며, 바로 그 때문에 유럽의 지배를 받게 되었다. 아프가니는 특히 스스로를 종교학자라고 칭하면서도 근대 과학을 경시하는 이들을 비판했다. 그는 이들이 사실상 "미신과 허영으로 가득 차 있다"고 비판했다. 이들은 자신들의 공동체조차 돌보지 못하면서도 '그 스스로의 멍청함에 대한 자부심'을 느낀다. 이 학자들은 '너무나 얇은 심지를 가지고 있어서 그 주변은 물론 다른 그 어떤 이도 밝히지 못하는 조그마한 불빛밖에 킬 수 없는' 이들이었다. 아프가니는 그들의 방어적인 태도 또한 지적했다. 그들은 '유럽의 과학과 무슬림의 과학으로 과학 세계를 나누어버리는' 오류를 범했다. 학문에 대한 실천을 잊어버린 이들은 무슬림의 과학이 현대적인 형태로 다시 한 번 그들 앞에 나타났을 때에도 그 모두를 외국의 것이라고 치부해버렸다. 아프가니는 다음과 같은 결론을 내렸다. "이슬람교를 수호한다는 미명 아래 과학과 지식을 탐구하기를 그만둔 자들이야말로 이슬람교의 적이다. 이슬람교는 과학과 학문에 가장 가까운 종교이며, 학문과 종교 그리고 이슬람 신앙의 근원들이 화합하지 못할 이유는 추호도 없다."⁹

실제로 근대 이슬람 개혁가들은 종교와 세속적 과학은 구분될 수 없는 것이라는 점에 동의했다. 이보다 오백여 년 앞서 이븐 할둔이 지적했듯, 인간은 동물과는 달리 어떠한 목적을 가지고 창조된 존재다. 사고능력을 사용해서 '신념'을 행하라는 사명을 받고 태어난 인간은 이를 통해 정의로운 사회를 건설하고 유지하는 데 그 책임을 다해야 한다. 그리고 인간의 이성은 계시나 역사, 자연 속에 드러난 교훈들을 이해하는 바탕이 되어준다.

인도의 개혁가 무함마드 이크발(1873-1938)이 이에 대한 가장 웅변적인 헌사를 남겼다. 이크발은 이슬람 사회가 그 근본적인 역동성과 융통성을 관성에 내맡기면서 교착 상태에 빠졌다고 말했다. 이븐 할둔과 마찬가지로 이크발은 이슬람교가 끊임없이 변화하는 상황에 적응하기 위해서는 이즈티하드가 필수적이며, 인간의 이성에서 그 뿌리가 시작된다고 보았다. 그는 전통적 학자들의 변화를 두려워하는 태도 및 보수주의 역시 비판했다. 그는 스스로 영성을 깊이 탐구했음에도 불구하고 수피즘이 사물의 내적 의미를 탐구하는 데 너무 매몰되어 있다고 비판했다. 무슬림은 실용적인 세계를 항상 염두에 두고 있어야 했기 때문이다. 역시 이븐 할둔과 마찬가지로, 이크발은 삶에 대한 소극적인 태도를 취하며 하나님이 위대한 인물을 내려보내 공동체를 올바른 길로 인도할 날만 기다리는 사람들을 비판했다. 같은 맥락에서 이븐 할둔은 마흐디의 도래를 기다리는 자들을 비판했으나, 이크발이 비판했던 것은 당시 널리 퍼지고 있었던 무자디드(쇄신자) 설이었다. 이 설에 따르자면 하나님이 매 세기가 시작될 때마다 무자디드를 내려보내 사람들을 다스리게 한다. 이크발은 그 연원을 16세기에서 찾았다. 더 이상의 이즈티하드는 필요하지 않다고 주장했던 몇몇 전통주의자들의 주장을 언급한 이크발은 이에 대해 '이즈티하드가 막을 내렸다는 것은 순전히 허구'이며 단지 '학문적 게으름'에서 비롯된 주장이라고 평했다. "후대의 학자 중 누군가가 이 허상을 다시 꺼내든다면, 근대 이슬람은 더 이상 이와 같이 학문적 독립성을 스스로 내던지는 일에 얽매이지 않아야 할 것이다."[10]

과학과 학문에 대한 헌신이나 무슬림 행동주의를 부활시키려는 근대 초기 이슬람 개혁가들의 노력은 단순히 고급문화 융성만을 위한 것이 아니라 이슬람 사회의 근본적인 힘을 되찾는 데 그 목적이 있었다. 아프가니는 다음과 같은 말을 남겼다. "만일 누군가가 세계를 깊이 연구해본다면, 과학이 세계를 지배하고 있다는 것을 알게 될 것이다." 칼데아 사람, 이집트인, 페니키아 사람들과 그리스인들의 이야기를 차례로 늘어놓은 그는 다음과 같이 결론을 내렸다.

> 오늘날 유럽인들은 세계 곳곳을 손아귀에 넣고 주무르고 있다. (중략) 이러한 강탈
> 과 침략, 그리고 정복은 프랑스나 영국이 시작한 것이 아니다. 오히려 그들의 강
> 성함과 위대함을 가능케 했던 과학이 이를 유발했다. 무지는 과학 앞에 무릎을 조
> 아리며 그 굴종을 견뎌내는 것 이외에는 아무것도 할 수 없다. [11]

무슬림 학자들이 그 정교한 추론을 그만두고 대신 과거의 선행을 단순히 모방하는 데 몰두하기 시작했을 때, 또 무슬림 사회가 과학에 대한 탐구를 그만두었을 때, 무슬림 세계는 그 칼날을 잃고 정체 상태에 빠지고 말았으며 곧이어 외국 세력에 쉽사리 잡아먹히고 말았다.

바로 그렇기 때문에 아프가니와 압두, 이크발과 같은 근대 초기 개혁가들은 전통적인 사상을 다시 한 번 꺼내들면서 이슬람 개혁을 주장했다. 학자들의 안주하는 전통주의, 소극적인 태도와 미신을 초래했던 수피즘의 의례들, 그리고 이즈티하드(독립적 추론)보다 상습적으로

타크리드를 사용하는 학자들에 대한 그들의 비판은 오래도록 계속됐다. 하지만 식민 지배로 인해 사회경제 및 정치적 분열이 심화되었을 당시 상황에서 이슬람 개혁가들의 이러한 주장은 때때로 이슬람을 타도하자는 서양의 사상과 비슷해 보일 수 있었다. 식민 지배는 엘리트층을 제외한 모든 이들에게 깊은 고통을 남겼으며, 패션과 음악, 음주 문화, 성역할의 전환을 비롯하여 전통적 생활양식의 파괴를 가져왔다. 유럽의 굴레 속에서 고통받던 많은 무슬림들은 이러한 변화가 심화될수록 그에 대한 반발로 전통적 상징들에 더욱 집착하게 되었다. 이에 따라 수많은 개혁가들의 주장은 이슬람에 서양의 기준을 적용시키려 한다는 오해를 사며 서구주의자로 낙인찍히게 되었다.

19세기 이집트의 개혁가 카심 아민이 그 좋은 예다. 아민은 특히 여성의 지위에 대한 논쟁에 깊이 뛰어들었다. 압두를 비롯한 다른 많은 개혁가들은 무슬림 세계에서의 교육 개혁을 주장하며 여성 또한 남성과 똑같은 교육을 받을 수 있어야 한다고 주장했다. 양성 모두의 교육은 이슬람의 가치 중 하나였으며 사회 발전을 위해서도 반드시 필요한 일이었다. 몇몇 개혁가들은 이와 동시에 여성에 대한 전반적인 처우가 재검토되어야 한다고 역설했다. 쿠란이 확립한 긍지와 평등이 많은 경우 여성에게 적용되지 않고 있다는 것을 이슬람 사회가 깨달아야 한다는 것이다. 카심 아민은 바로 이에 대한 논의를 펼쳤다. 그의 저서 『여성의 해방Tahrir al-Mar'a』(1899)에서 그는 여성의 교육권은 물론 결혼생활에서의 지위 향상을 주장했다. 여성을 외부와 단절시키는 문화 역시 비판하며 이슬람 사회의 전반적인 건강을 위해 이 문제들이 반드시 해결되어야 한다고 말했다. 아민은 또한 전통적 종교학자들을 가리켜 '과학에 일말의 관심도 없는 자들'이라고 거세게 비판했다. 그들은 쿠란 구절 하나의 문법에 대해서는 '천 가지도 넘는 방식으로' 토론할 수 있지만, 만일 그들에게 역사나 지리, 혹은 과학에 관한 어떤 질문을 던진다면 '그들은 어깨를 움츠리고 그 질문에 경멸하는 태도를 보일 것'이다. 아민은 종교적 학자들이 욕심 많고 게으르다고 결론지었다.[12] 하지만 전통적인 이집트 여성들(주로 베일을 착용한 여성들이 그 대상이었다-역주)을 가리켜 매력 없는 여성이라고 조롱하기도 했던 그의 개혁론은 종교학자들에게는 큰 위협이었을 뿐만 아니라 대중적으로도 거센 반발을 샀다. 이슬람 사회에 대한 아민의 비판은 결과적으로 이슬람에 대한 유럽인들의 비판과 하등 다를 게 없었던 셈이다.

개혁에 대한 이슬람교도의 접근

제1차 세계대전 기간 동안 무슬림은 외부로부터의 위협에 맞서 연대하는 일을 최우선 과제로 삼았다. 물론 개혁 또한 필요한 일이었으나, 유럽이 직접적으로 비판했던 영역들을 포함해 사회를 전반적으로 바꾸겠다는 것은 곧 제국주의 적군들과 협력하는 일처럼 비칠 수 있었다. 카심 아민의 주장이 바로 그러했다. 한창 싹트고 있던 이집트의 언론사들은 아민의 개혁론에 대한 적대적인 기사를 수십 편도 더 써냈으며, 이들 중 몇몇 기자들은 아민을 가리켜 영국 식민정부의 사주를 받아 이집트를 공격하고 있다며 힐난했다. 심지어 오늘날에도 카심 아민은 종종 수치를 모르는 서구주의자, 혹은 '자기혐오에 빠진 무슬림'으로 기억된다. 사실 그의 개혁론은 그다지 혁명적인 것도 아니었다. 그 이전의 수많은 개혁가들 역시 쿠란의 가치를 근거로 들며 여성의 지위 향상을 주장했다. 그러나 식민 지배의 수탈 아래에서 이들의 개혁론은 외세와 결탁했다는 비난을 받게 되었으며, 식민세력에 맞서 이슬람 사회를 구해내고자 했던 이들은 점점 더 방어적인 태도를 보이게 되었다. 근대 서구 사회로부터 유입된 문화 속에서도 이슬람의 가치가 계속 적용될 수 있는 방법을 찾아야 한다는 것이 초기 개혁가들의 주된 주장이었다면, 이 당시의 개혁가들은 이슬람의 완벽성과 충족성, 그리고 교리의 올바른 실천을 강조하며 점점 더 큰 인기를 얻었다. 사람들은 외부의 기준에 맞추어 이슬람을 정당화하기보다는 그들 스스로의 이슬람 정체성을 받아들이고 유지하고자 했다.

이러한 태세 전환은 여성의 지위를 논했던 몇몇 개혁가들이 다시 한 번 여성의 전통적 역할을 강조하기 시작했던 데에서 잘 드러난다. 실제로 당대 많은 여성들이 서구의 의복을 거부하고 전통 의복을 선택했다. 흥미롭게도, 이들 이전 세대의 여성들은 얼굴을 가리는 베일을 여성 소외의 상징으로 여겼으며 개혁의 이름 아래에서 이를 벗어던졌으나, 당대 수많은 젊은 여성들에게 머릿수건(아랍어로 히잡)은 이슬람 정체성에 대한 상징이자 개인적 권한이었으며 나아가 정치적 표현이기도 했다.

교육 분야에서도 사상의 전환이 두드러졌다. 물론 이슬람 교육을 개혁한다는 사실에는 모두가 동조했으나, 그 쇠락의 이유에 관해서는 의견이 갈렸다. 당대의 개혁가들은 위대했던 중세 이슬람제국이 멸망한 이후로 이슬람 세계의 전통 교육은 잘못된 방식으로 관리되었으며 이에 따라 그 학문적 정신을 잃게 되었다고 주장했다. 무슬림 세계는 16세기에 접어들어서도 계속해서 과학을 발전시켰으나 이는 순전히 왕궁의 후원에 의해 이루어진 일이었다. 학문으로서의 과학은 이슬람 교육과정의 일부로 제도화되지 않았으며, 대신 부유한 왕자나 술탄의 후원을 받는 사립학교들이 그 책무를 떠맡았다. 이러한 상황 속에서 자연과학은 점점 더 비전통적이고 실험적인 연구에만 집중하게 되었다. 세계의 영원성, 혹은 죽은 사람을 부활시키는 방법 등에 대한 연구가 계속해서 이어졌다. 이러한 일들이 이어지자 전통적인 종교학자들은 (앞서 14세기 이븐 할둔의 비판론에 등장했던 것과 똑같은 방식으로) 과학을 완전히 멸시하기 시작했으며 '존경하는 선대 학자들이 한때 남기고 간 학문' 정도로 치부하기 시작했다. 대신 이들은 쿠란의 구절, 그리고 쿠란에 대해 선대가 남긴 해석론을 마디마디 연구하는 일에 치중했다.

19세기와 20세기에 걸쳐 수많은 개혁가들이 이에 대한 글을 남겼다. 논쟁을 기피하면서 전통만을 숭상했던 종교학자들 때문에 결과적으로 이슬람 교육제도의 혁신이 불가능해졌다는 게 그 주된 우려였다. 지난 유럽 중세 암흑시대는 무슬림 종교학자들이 자연과학을 경시한다고 해도 크게 문제가 될 게 없는 시기였으며 이에 초기 개혁가들의 비판은 거의 묵살되었다. 하지만 이후 유럽 학자들이 무슬림 세계가 잉태한 과학을 발전시키면서 무슬림 세계를 물리적으로 정복하자

이 슬 람 의
시 간

곧 판도가 완전히 바뀌었음이 여실히 드러났다. 무슬림 개혁가들은 당장의 개혁이 필요하다는 것을 깨달았으나, 식민주의의 병폐가 들끓던 상황 속에서 이슬람의 개혁을 외치는 목소리들은 종종 이슬람 세계를 비난했던 유럽 동양학자들의 목소리와 함께 파묻혀버렸다. 전통주의 학자들은 비록 안주하는 태도를 보이긴 했으나 여전히 사회의 존경을 한몸에 받고 있었으며 무슬림 공동체에 대한 책임의식 또한 확실히 가지고 있었다. 따라서 수많은 이슬람 개혁가들이 전통주의 학자들을 가리켜 무슬림 세계의 독립 및 발전에 대한 걸림돌이라고 비판한들, 사람들의 귀에 이는 무슬림들이 스스로의 일조차 돌볼 수 없는 존재라며 제국주의를 정당화했던 유럽인들의 말과 마찬가지로 들렸다. 사실상 교육 개혁을 외쳤던 자들이 자신이 속한 사회의 구성원들을 설득하는 데 실패한 셈이다. 이미 식민 지배 속에서 고통을 겪고 있던 국민들에게 이들의 주장은 비록 선의에 의한 것이라고 해도 배신이나 다름없었다. 물론 개혁에 호의적이었던 종교학자들도 존재했으나, 그보다는 전통주의가 깊이 뿌리내리게 되었다. 심지어 무함마드 압두는 그가 설립한 대학이자 수니파 이슬람학의 중심지로 이름을 날렸던 알 아즈하르 대학에서 이븐 할둔의 『역사서설』로 수업을 진행하려다가 반대에 부딪히게 되었다. 이븐 할둔과 같은 인물의 사상은 알 아즈하르의 교육 전통에 누가 될 것이라는 게 그 이유였다.[13] 바야흐로 개혁가 대신 원리주의자들이 득세하고 있었다.

전통을 되찾자는 열망은 과거 강성했던 이슬람 사회의 힘을 되찾자는 주장과 맞물렸으며 제1차 세계대전이 발발할 시기에 이르자 새로운 개혁 노선을 표방하게 되었다. '자립'이 바로 그것이었다. 젊은 개혁가 세대는 이슬람 사회가 혼자서도 전 인류의 필요를 충족시킬 수 있었다고 주장했다. 이들은 이와 같은 담론을 통해 할 수 있는 한 가장 많은 대중, 특히 제대로 교육받지 못한 국민들의 마음까지 얻고자 했으며 나아가 이들이 정치에 참여할 수 있도록 이끌고자 했다. 따라서 제1차 세계대전 이후 개혁가들은 사람들의 소극적인 태도나 미신을 비판했던 전 세대의 개혁가들과는 다르게 이름하여 '의식화(사람들로 하여금 모순을 자각하고 그를 극복하려는 태도를 기르도록 하는 일-역주)'에 집중했다. 미국의 공민권 운동, 혹은 일부 페미니즘 운동과 마찬가지로 운동을 주도했던 이들은 국민들을 적의 손아귀에서 고통을 감내해야만 했던 피해자로 대우했으며 그들이 적에 맞서 스스로의 권리를 주장해야 한다고 설파했다(흥미롭게도, 공민권 운동과 페미니즘, 그리고 당시의 이슬람 개혁운동은 모두 백인 남성을 적으로 상정했다고 할 수 있다).

이슬람의 절대적인 충족성을 강조하면서 자연스럽게 이슬람의 정치화가 공공연하게 이루어졌다. 이슬람은 서양에서 기독교가 그랬던 것과 마찬가지로 단순한 신앙이나 의례 이상의 의미를 가지는 종교였다. 제1차 세계대전 이후의 개혁가들은 이슬람교가 포괄적인 세계관을 갖추고 있으며, 그 일련의 가치들과 원칙들을 통해 개인적, 사회적, 경제적, 정치적 삶의 모든 요소들을 규율한다고 설명했다. 정치화를 거친 이슬람교(즉 정치적 이슬람, 학자들은 이를 이슬람주의라고 불렀으며 넓은 의미에서 원리주의로 불리기도 했다)가 보기에 모든 종교적인 일들을 개인의 영역으로 치부했던 당대의 세속 정부는 더 이상 무슬림 사회와 어울리지 않는 것이었다. 이들은 완전히 이슬람적인 사회질서를 구상했으며, (대부분 유럽 학교를 다니면서 서양 문물에 익숙해진) 엘리트 계층끼리 정당을 구성해 활동하기보다는 시골 지역이나 개발 지역에 거주했던 절대다수의 국민이 지닌 전통적 가치관을 대변하고자 했다. 모든 국민들이 독립과 통치에 참여하도록 독려하는 것이 이슬람주의자의 주요 과제였다. 때때로 외세의 도움을 받아가면서 세속 정부와 경쟁을 벌였던 이 이슬람주의자들은 외국의 정부를 본떠 만든 세속 정부를 몰아내고 진정한 이슬람 정부를 건설하고자 했으며 이슬람법에도 그 진정한 지위를 되돌려주는 것을 목표로 했다.

이슬람주의를 표방했던 최초의 조직이자 가장 큰 영향력을 행사했던 조직으로는 무슬림 형제단이 있다. 1920년대 후반 형성된 무슬림 형제단은 점차 아랍어권 전역으로 그 영향력을 확대했다. 설립자 하산 알 반나(1906-1949)는 감정적인 이야기를 통해 형제단의 존재 이유를 설명했다. 어느 날 영국을 위해 일하던 수에즈 운하의 아랍계 노동자 한 무리가 그를 찾아와 자신들의 자유를 되찾아달라고 애원했다는 것이다. 알 반나의 이야기 속에서 이들은 다음과 같이 말했다.

우리는 수치와 제약으로 가득 찬 삶에 지쳐버렸다. (중략) 우리는 아랍인들과 무슬림들에게 그 어떠한 지위나 긍지도 남아 있지 않다는 것을 안다. 우리는 그저 외세에 의해 돈을 받고 일하는 존재일 뿐이다. (중략) 우리는 당신과 같이 세상을 바라보는 법도 모르고 조국[와탄]을 위해 일하는 방법도 모르며, 종교나 무슬림 공동체[움마]를 위하는 법도 알지 못한다. (중략) 우리는 이제 그저 하나님 앞에 떳떳

해질 수 있도록 우리가 가진 모든 것을 당신에게 주고자 하며, 당신은 하나님이 내려주신 책임을 등에 업고 우리가 해야 할 일을 알려주기를 바란다. 만일 누군가 진정으로 종교를 위해 살고 그를 행하다 죽었노라고 하나님께 고할 수 있다면, 또 하나님의 만족만을 바라왔다면, 아무리 적은 수의 사람이 모여 미약한 수단을 통한다 하더라도 그들이 지켰던 가치가 그들을 성공으로 이끌 것이리라.[14]

유럽인들은 식민지 국민들을 명백하게 멸시하는 듯한 모습을 보였으며, 국민들 역시 이를 피부로 느끼고 있었다. 초기 이슬람주의 운동을 주도했던 이들은 바로 그 멸시를 운동의 주요 주제로 삼았다. 약하고 소외된 자들이 겪었던 고통에 공감하는 것은 이슬람교에 부합하는 행동이었을 뿐만 아니라, 나아가 법학이나 신학 등의 복잡한 문제를 설파하는 것보다 훨씬 더 효과적으로 대중의 마음을 울릴 수 있었다. 이와 같은 감정적 접근은 곧 이야기 속의 노동자들, 그리고 나아가 전 무슬림 인구가 겪어야만 했던 비극이 어느 악당의 손에서 시작된 것인지를 밝히자는 움직임으로 이어졌다. 물론 서구 세력이 범인이었다. 과거의 십자군과 마찬가지로 "서구 세력은 응당 우리에게 굴욕을 안겨주었으며 영토를 빼앗고 법과 전통을 망가뜨리며 이슬람을 파괴하기 시작했다."[15]

알 반나는 그를 따르는 이들에게 서구 사회는 유럽식 자본주의와 소련식 공산주의를 가릴 것 없이 전부 도덕적 결핍에 시달리고 있다고 역설했다. 그의 주장에 따르자면 서양의 학문적 자유와 민주주의는 이로운 것이며 자본주의 역시도 그 자체로는 별다른 문제가 없지만, 서

이슬람의
시간

양인들은 절망적일 만큼 물질주의에 찌들어 있으며 자신의 배를 불리기 위해 언제나 약한 자들을 쥐어짤 수 있는 사람들이었다. 마찬가지로 소련식 공산주의자들이 사회정의와 연대를 강조하는 것은 특히 유럽의 이기적인 개인주의와 비교해볼 때 매우 바람직해 보이나, 공산주의자들의 무신론과 독재정권(특히 그 '붉은 야만주의')은 제정 러시아의 타락한 문화보다 조금도 나은 구석이 없었다. 그는 이와 같이 서구의 이념이 "인간의 감정과 공감 능력을 저하시켰으며 (중략) 경건한 노력과 영적 가치들을 멸종시켰다"[16]고 결론지었다. 그러나 이와 같이 발생한 사회적 비극은 아주 명쾌하게 해결될 수 있었다.

> 우리는 이슬람의 교리와 교훈이 우리 모두가 현세 및 내세에서 겪을 그 모든 일들을 다스리고 있다고 믿는다. 이슬람교가 영적인 분야나 종교적 의례만을 다룬다고 생각한다면 큰 오산이다. 이슬람은 신앙이자 의례이며, 민족국가이자 민족주의이고, 종교이자 주권국가이며, 정신이자 행위이고, 성서이자 검이다.[17]

무슬림 형제단의 유명한 사상가였던 사이드 쿠틉(1906-1966)은 알 반나가 꺼낸 주제들을 한층 더 발전시켰다. 쿠틉은 냉전에 관해 저술하면서 세계가 공산주의와 자본주의라는 두 개의 적대적인 진영으로 갈라섰다고 설명했다. 각자의 진영은 자신의 이익만을 위해 전 세계를 장악하고자 하며, 그들 이외 그 누구의 삶이나 복지에도 신경을 쓰지 않는다. "동구권이나 서구권은 모두 매한가지로 그들이 옹호하는 가치에 대해 (우리를) 설득하지 못했으며, 우리 스스로가 그 어떤 의의를 가진다고도 생각하지 않았다. 우리는 어느 쪽에서도 자비를 구할 수 없을 것이며, 어디에서도 우리는 억압받는 이방인이 될 뿐이다. 따라서 우리는 어느 쪽을 선택하더라도 그 행렬의 뒤꽁무니나 따르는 처지가 될 것이다."[18] 서구 세력은 사실상 이슬람을 파괴하고자 한다는 쿠틉의 사상은 당대 급진적 무슬림들의 정신적 모토가 되어주었다. 무슬림 사회가 가지는 힘은 이슬람으로부터 비롯되는 것이며 서구 세력 또한 이를 잘 알고 있다. 따라서 이들은 이슬람교를 파괴하거나, 최소한 이슬람교를 공적 영역에서 내몰고 소외시킴으로써 무슬림 사회 위에 군림하며 그 자원을 수탈하고자 한다. 세속적인 서구 세력은 "오로지 (무슬림) 신자들의 신앙에만 화를 내며, 그들의 믿음에 대해서만 분노한다."[19]

같은 맥락에서, 이미 도덕적 가치를 저버린 듯 보이는 서구 세력은 그 반동으로 도덕적 가치를 세우려는 사회에 대해서만 격렬하게 반응한다. 따라서 사람들이 짊어지는 모든 문제들은 영원한 선악 대결에서 비롯된 것이나 다름없으며, 그 해답을 명쾌하게 찾을 수 있다. 쿠틉의 말에 따르자면 이슬람이야말로 "우리에게 사회정의에 대한 포괄적인 지시를 내려주며, 이를 통해 정부조직이나 경제, 혹은 기회와 형벌에 있어서 우리가 정의를 회복할 수 있도록 도와줌으로써 모든 기초적인 문제들로부터 벗어날 수 있게 해준다." 이슬람교만 있다면 다른 그 어떤 것도 필요치 않다는 셈이다.[20]

사이드 쿠틉은 또한 서구 문물을 따르려는 이들에게 서구인들이 얼마나 극심한 비극 속에서 살고 있는지 역설한다.

비탄과 비애, 불안 속을 걷는다. (서구인은) 비참하고, 괴로움에 빠져 있으며, 혼란 앞의 먹잇감과도 같다. 그는 그의 삶으로부터 탈출하고자 한다. 때때로 그는 아편과 대마, 술 속에서 위안을 찾고, 때때로는 미친 듯이 속도를 즐기거나 바보 같은 모험을 떠나면서 그 내면의 걱정들을 잊을 수 있기를 바란다. (중략) 마치 한 무더기의 악마들이 인간의 뒤를 쫓는 모습이다. 그는 이들을 피해 달아나려 하지만, 악마들은 언제나 그의 목을 옥죄어온다.[21]

쿠틉의 말에 따른다면 사람들은 당연히 서구 문물을 배척해야만 했다. 이슬람만이 옳은 길이었다. 이슬람은 "사람들이 스스로 훌륭해질 수 있는 유일한 길이자, 사람들을 노예의 저주로부터 구하고 진정한 자유를 가져다줄 유일한 길이다. 이슬람의 교리에 의하면 인간에게 주권을 수여하는 것은 오로지 하나님이니, 오로지 이슬람만이 인류를 세속의 굴레로부터 진정으로 자유롭게 만들어주는 유일한 종교다."[22]

쿠틉에게 큰 영향을 끼쳤던 인물로는 1940년대 남아시아의 가장 거대한 이슬람주의 운동이었던 자마티 이슬라미의 창시자, 아불 알라 마우두디(1903-1979)가 있다. 마우두디 역시 이슬람교를 모든 사회의 병을 고쳐줄 이상적인 명약으로 묘사했다. 마우두디는 이슬람은 다른 그 어떤 체제와도 다르게 특정 집단이 다른 집단을 장악하는 일 자체를 허용하지 않는다고 말했다.

사실상 모든 것을 아우르는 사회질서인 이슬람은 여타 잘못되었거나 부당한 사회 질서들을 근절하고 제거하고자 하며 이를 통해 전 인류에게 보다 나은 사회질서 및 적당한 체제를 선사하고자 한다. 또한 이슬람교는 압제와 악의 병폐로부터 인류를 구원할 것이며, 인류에게 행복과 번영을 가져다주며 그들의 현세는 물론 내세까지도 돌봐줄 것이다.[23]

서구의 세속주의와는 반대로 이슬람은 '더 이상 필요한 것도 없으며 더 이상 부족한 것도 없는, 완전한 생활양식이자 모든 것을 아우르는 사회질서'였다.[24] 만일 어떠한 지배구조의 근간에 이슬람교가 자리 잡고 있지 않다면 그 사회는 이슬람 도래 이전의 무지한 상태, 즉 또 다른 자힐리야에 빠지고 말 것이다.

결론

제1차 세계대전 이후의 이슬람주의 개혁가들은 이전 세대의 개혁가들과는 달리 국민의 일상생활을 공감하고자 했으며 이를 통해 보다 많은 사람들에게 그들이 추구하는 가치와 목표를 호소할 수 있었다. 이슬람주의 행동가들이 인간 존엄성에 대해 논의할 때마다 많은 사람들이 위안을 얻었으며 이들의 개혁에서 희망을 찾기 시작했다. 사실상 민중운동이 시작된 것이다. 이슬람운동은 또한 교육, 보건, 직업교육 등 당시 국가가 지원하지 않던 여러 사회복지사업을 시도했다. 민중운동이 시작되었다는 것은 그들이 매우 점진적으로 성장했다는 것을 의미한다. 한 예시로, 1920년대 이집트의 작은 마을에서 검소하게 출발한 무슬림 형제단은 1940년대에 이르러서야 이집트 전역 및 여타 아랍 국가에 지부를 둔 거대한 조직으로 성장했다.

무슬림 형제단은 정치적 행위도 이어나갔다. 형제단의 일부 인사들은 1947년 팔레스타인 분할 당시 아랍 민족의 반란을 지원했다. 이에 이집트 정부는 1948년 무슬림 형제단을 쿠데타 모의 혐의로 기소하고 활동 금지령을 내렸다. 알 반나 또한 1949년 암살당했다. 하지만 무슬림 형제단은 사라지지 않고 계속해서 성장했다. 1952년 이집트 군부가 국왕 파루크 1세의 정부를 전복시킨 쿠데타 또한 무슬림 형제단의 지원으로 이루어진 일이었다. 형제단의 지도자들은 이후 새로운 이집트의 지도자가 되어 사회정의 및 참여통치 등의 이슬람적 가치를 수호하고자 했으며 그 방법을 강구했다. 그 일환으로 경제 개혁과 보건사업, 교육제도 개선과 국민을 위한 행정 등이 고려되었다.

하지만 이집트에 새로운 군부가 들어서면서 무슬림 형제단의 정책들은 곧 눈엣가시로 전락했다. 무슬림 형제단은 쿠데타 이후 이집트 정부를 다시 한 번 장악한 중령 가말 압델 나세르를 암살하려다가 실패했으며 이로 인해 다시 한 번 활동 금지령에 처해졌다. 쿠틉을 포함한 수천 명의 형제단 인사들이 체포되고 고문당했다. 쿠틉은 본래 세속 세계의 교육 개혁가였으나, 얼마간 미국에 체류하는 동안 그곳의 인종차별과 음란한 생활방식에 큰 충격을 받게 되었다. 쿠틉은 이후 무슬림 형제단에 가입해 점진적인 사회 개혁을 꿈꾸기 시작했다. 쿠틉은 투옥생활 중 쿠란에 대한 해석론 등을 집필하며 큰 명성을 얻었다. 하지만 나세르 정부는 쿠틉을 위험한 인물로 간주했으며, 이후 쿠틉 및 몇몇 형제단 인사들에게 정부전복 혐의를 씌워 기소했다. 쿠틉과 두 명의 형제단 인사들은 혐의를 부인했음에도 유죄를 선고받았으며, 1966년 결국 교수형에 처해졌다.

이 사건으로 인해 사이드 쿠틉은 이슬람주의 운동의 영웅으로 떠올랐다. 그는 순교자(샤히드)로 명명되었다. 쿠틉은 주로 인간 존엄성과 평등, 개인의 책임, 의식의 자유 등 이슬람 사상의 주요 주제들에 초점을 맞춘 저서들을 집필했다. 그는 무슬림 형제단의 창시자였던 하산 알 반나와 구별되는 정치적 이론 또한 발전시켰다. 알 반나가 헌법적이고 대표성을 가지는 정부를 주장했다면, 쿠틉은 하나님이 다스리는 정부가 필요하다고 역설했다. 오래도록 투옥되었으며 잦은 고문을 받아야 했던 쿠틉은 나세르와 같이 무지하고 억압적인 지도자가 이끄는 정부를 서슴없이 비난했다. 또한 알 반나가 점진적인 사회개혁을 추구했던 것과 달리, 쿠틉은 주류 사회가 진정한 이슬람에 대한 무지(자힐리야)에 푹 빠져 있다고 비판했으며 독실한 무슬림이라면 이로부터 스스로 빠져나와야 한다고 주장하기 시작했다. 투옥생활과 고문이 계속되자 쿠틉은 그의 저서에 지하드(압제에 적극적으로 맞서는 투쟁) 개념을 등장시키기 시작했다. 주류 무슬림 형제단이 비폭력 투쟁을 기조로 삼고 오로지 자기방어가 필요한 경우에만 싸움을 허용했다면, 쿠틉은 이와 달리 압제에 대항하는 싸움이라면 그 폭군의 선제공격 여부와 상관없이 모두 방어적인 공격에 지나지 않는다고 주장했다.

17세기 하와리즈파는 투쟁을 시작하면서 타크피르, 즉 스스로를 무슬림이라 칭하는 이들의 신앙심을 부정하는 행위를 철저히 금지시켰으나 쿠틉은 타크피르를 행해야 한다고까지 주장했으며, 그를 따르던 이들은 여기서 한 발짝 더 나아가기도 했다. 쿠틉의 또 다른 추종자들은 진정한 이슬람이 무엇인지를 잊어버린 사회로부터의 탈피, 즉 히즈라를 적극적으로 실천하고자 했다. 타크피르와 히즈라는 압제에 맞서는 투쟁 기조와 맞물려서 급진적 이슬람 세력의 동력이 되었다. 쿠틉의 이론으로 타인의 신앙심을 부정하거나 선제공격을 행할 명분을 얻은 이들은 오늘날 탁피리, 지하디, 혹은 테러리스트로 불린다.

이 급진적 세력은 쿠틉의 처형 직후 형성되기 시작했다. 무슬림 형제단의 젊은 인사들 일부가 점진적 개혁 전략을 포기했기 때문이다. 당시 주류·무슬림 형제단의 수많은 인사들은 (형제단이 정당은 아니었기 때문에 독립 후보로) 이집트 총선에 출마하느라 여념이 없었다. 이때 몇몇 급진적 인사들은 형제단을 벗어나서 새로운 조직을 형성했으며, 이집트를 '자힐리야(무지)'의 상태에서 강제로라도 꺼내어 그들이 구상하는 이슬람식 통치체제를 도입하는 것을 목표로 삼았다. 이들은 그 혁신적인 사상에서 이름을 따와 스스로를 알 지하드(성전-역주), 타크피르 와 알 히즈라(속죄와 이주-역주)로 명명했다(이들은 '무슬림'에 어원을 둔 자마트 알 무슬리민으로도 알려져 있다). 두 조직 모두 1981년 나세르의 후임이었던 대통령 안와르 알 사다트를 암살하려고 했으며 1997년에는 룩소르 지방에 대규모 테러를 자행했다. 알 지하드의 가장 유명한 인물로는 현재 알 카에다의 수장인 아이만 알 자와히리가 있는데, 그 역시 쿠틉의 암살 이후로 무슬림 형제단을 떠나 알 지하드에 합류한 인물 중 하나였다.

지난 20세기 후반 동안 급증한 테러리스트들은 이슬람주의가 표방하는 행동주의에 그늘을 드리웠다. 주류 무슬림 형제단은 계속해서 테러리즘을 비난하고 있으나, 압제에 투쟁하는 급진주의자들은 상당 부분 주류 이슬람주의와 사상을 같이하고 있는 게 사실이기 때문에 당시 다수의 정부들은 이슬람주의자와 테러리스트를 구분해서 인식하지 않았다. 정부는 이를 근거로 이슬람주의를 한층 더 강도 높게 진압했으며, 그에 대한 반동으로 급진주의 역시 더욱 거세졌다. 하지만 앞으로 우리가 제5장에서 살펴볼 바와 같이, 무슬림 형제단 및 여타 이슬람주의 기구들은 그 과격한 분파가 자행하는 극단적 테러에 굴하지 않고, 보다 좋은 통치구조 및 민주주의 수립을 위해 국가 차원의 참여와 노력을 이어나가고 있다.

제5장

현대의 이슬람

여기 중세시대 학자들 사이에서 유행했던 이야기가 하나 있다. 한 나라의 왕은 어느 날, 왜 물고기가 든 물 한 양동이의 무게는 물고기와 물의 무게를 따로 잰 것보다 더 가벼운 것인지 궁금해졌다. 이에 국왕은 학자들을 한데 불러 이를 설명하도록 했다. 며칠이 지나자 학자들은 다시 왕궁에 모여 각자 왕이 말했던 현상을 상세하게 분석하고 설명했다. 이를 주의 깊게 듣던 왕은 이내 큰 웃음을 터트리고는, 시중에게 물 한 양동이와 물고기 몇 마리, 그리고 저울을 가지고 오라고 명령했다. 왕은 학자들에게 직접 이를 가지고 실험해보라고 말했다. 사실 물고기가 든 물 한 양동이의 무게는 물고기와 물을 따로 재서 더한 무게와 정확히 일치했다. 따라서 현자들의 연구와 설명은 모두 틀린 게 되었다. 이 이야기는 곧, 질문 자체가 잘못되었다면 그에 올바르게 대답하는 것이 매우 힘들다는 교훈을 준다.

오늘날 무슬림 세계를 바라보면서 이슬람교가 어쩌다가 그 복잡다단한 전쟁들이나 독재정권, 그리고 극악무도한 폭력 사태들을 불러내게 되었는지 궁금해하는 사람들이라면 이 이야기에서 좋은 교훈을 얻을 수 있을 것이다. 몇몇 인물들을 예로 들자면, 2014년 10월 미국의 토크쇼 진행자이자 코미디언인 빌 마허는 IS(이슬람국가, ISIS 혹은 ISIL로도 불림)가 자행하는 수많은 잔혹행위에 대해 논하면서 이슬람교가 '마피아처럼 행동하는 유일한 종교'라는 유명한 말을 남겼다.[1] 미국의 전도사이자 목사인 프랭클린 그라함 역시 알 카에다, 탈레반, 보코하람, IS를 포함한 모든 테러리스트 집단의 근본은 이슬람에 있다고 간단하게 설명했다. "이슬람은 지난 1,500여 년 동안 조금도 변화하지 않았다. 옛날과 똑같이, 이슬람은 전쟁의 종교다."[2] 영국의 생물학자이자 노골적인 무신론자이기도 한 리처드 도킨스는 그라함보다 한층 더 강한 어조로 말했다. "나는 이슬람이 오늘날 세계에 존재하는 가장 거대한 악의 세력이라고 생각한다."[3]

물론 20세기 후반 폭발적인 수의 사람들이 이슬람교의 미명 아래에서 폭력을 저질렀던 것은 사실이다. 하지만 과연 이슬람교 자체가 폭력을 유발했던 것인지를 살펴보는 것도 중요하다. 사실상 이슬람 극단주의가 대두되기 이전에도 수많은 사람들은 종교적인 동기 없이 대규모 폭력사태를 일으키곤 했다. 19세기와 20세기 초에 걸쳐 식민 지배세력은 식민지의 국민들과 그 자원을 수탈하면서 이루 말할 수 없는 고통을 야기했으며 식민지 국민들은 이에 강력히 항거했다. 많은 경우 다양한 종교의 지도자들이 반란을 이끈 것은 사실이지만, 오로지 종교적인 이유로 반란을 일으킨 일은 거의 찾아볼 수 없다. 그 예시로

1857년 영국 지배세력에 대한 인도 반란에서는 힌두교 병사들과 무슬림 병사들이 한편이 되어 싸웠으며, 역시 영국에 항거한 1920년 이라크 반란에서는 무슬림, 유대인, 기독교를 믿는 이라크 사람들이 함께 투쟁했다. 이에 따라 식민 지배세력은 왕왕 모든 반란이 종교적 투쟁이라고 믿기도 했다. 윈스턴 처칠은 젊은 시절 영국 기갑부대 소속 중위를 지내면서 1898년 아프가니스탄을 점령했을 당시를 다음과 같이 회고했다. 그는 아프가니스탄의 저항군이 학살을 장려하는, 자비 없는 광신도적 이슬람교를 따라 영국군에게 맞섰다고 주장했다.[4] 처칠은 그 이듬해 수단에서도 영국군에 대한 강력한 항거가 일어난 것을 회고하면서 그 반란들을 이끌었던 이슬람교가 전 세계에서 가장 강력한 역행적인 종교라고 말했다.[5] 그러나 역사를 찬찬히 살펴본다면 식민 지배에 대한 항거나 식민 지배 종식 이후의 폭력사태를 오로지 종교로만 설명할 수 없다는 것을 금방 알 수 있다. 폭력 사태를 정당화하는 데에 쿠란이나 성경의 구절이 사용될 수는 있겠으나, 그 사태가 일어난 직접적인 원인은 보통 다른 곳에 있었다. 앞서 살펴보았던 중세의 학자들과 같이, 압제와 테러리즘의 부상을 이슬람교로 설명하고자 하는 것은 헛된 시도일 뿐이다. 사실상 이슬람교를 통해 설명할 수 없는 일들이기 때문이다.

이슬람교는 오히려 그 정반대의 역할을 했다. 주류 무슬림들은 평화와 민주적인 개혁을 주장했으며, 이슬람교의 원전들은 정당한 이유 없이 발생하는 전 세계의 폭력 사태들을 규탄했다. 앞서 살펴보았듯이 제1차 세계대전은 북아프리카부터 남아시아까지 무슬림 국가 모두에 큰 전환점이 되었다. 전쟁 발발 이전 시대에서 대부분의 무슬림 국가들은 유럽 세력의 식민 지배를 받고 있었다. 이들은 곧 전쟁 속에서 독립이라는 희망의 불씨를 보았으며, 몇몇 경우에는 유럽 세력이 이들에게 독립을 약속하기도 했다. 하지만 그 희망은 곧 사라졌다. 전쟁이 끝난 이후에도 외세의 점령은 계속해서 이어졌으며 몇몇 경우에는 더 심해지기까지 했다. 이에 따라 이슬람 사회의 개혁운동과 부흥운동이 오래도록 계속되었으며 점차 과격한 양상을 보이기 시작했다. 새로운 개혁세력은 종교적인 목표를 내세우며 운동을 확대해 나갔다. 이들 중에는 사회주의자, 공산주의자, 주로 도시 엘리트 계층이 중심이 된 세속주의 조직들도 있었으나, 일반 대중의 목소리를 대변했던 이슬람주의 조직들이 가장 큰 인기를 누렸다. 실제로 이슬람주의 운동은 점차 포퓰리즘에 기운 모습을 보이기 시작했다.

20세기를 거치면서 드디어 무슬림 국가들이 식민 지배로부터 독립을 쟁취하는 데 성공했다. 하지만 독립을 얻기 위해 격렬하게 투쟁하는 과정 속에서 경제적, 사회적으로 큰 변화가 일어났으며 국민들은 이에 상당히 지친 상태였다. 이들을 돌봐줄 안정적인 정부 조직도 존재하지 않았다. 몇몇 경우 독립운동을 이끌었던 지도자들은 독립 이후 그 어떠한 절차도 거치지 않고 지배세력으로 눌러 앉았다. 오랫동안 식민 지배를 받았던 지역에서 안정적인 정부조직을 구성하는 일은 수십 년이 걸리는 과업일 수밖에 없었다. 그 막간을 이용해 지배권을 잡은 세력들은 그 이전의 식민 지배세력만큼이나 대중의 호응을 얻지 못했으며, 많은 경우 이슬람교의 지도자들이 그 새로운 지배세력에 항

이 슬 람 의
시   간

거하는 민주투쟁을 일으키기도 했다.

이번 장에서 우리는 수십 년의 식민 지배 이후 무슬림들이 스스로 좋은 통치 구조를 확립하려고 애썼던 몇몇 나라들에 대해 살펴봄으로써 정치와 종교 간의 복잡한 상호작용을 탐구해볼 것이다. 국제적, 그리고 지역적 특성과 더불어 몇몇 과격화된 집단과 테러리스트의 활동들은 이들의 상황을 더욱 복잡하게 만들었다. 하지만 무슬림 국가들이 마주했던 도전들을 살펴본다면, 우리는 지난 수 세기 동안 급진주의적 무슬림이 이슬람교를 대표하는 것이 아님을 알 수 있다. 이슬람교는 오히려 모든 불의에 맞서며 효과적이고 안정적인 민주정치를 확립하기 위해 오늘날까지도 노력하고 있다.

터키

가장 고전적인 예시 중 하나가 바로 터키다. 오늘날의 터키는 오스만 제국의 중심지였다. 19세기에 오스만 제국의 아랍 지역 대부분은 유럽인들의 식민 지배를 받았다. 제1차 세계대전에서 독일과 동맹을 맺은 오스만 제국은 전쟁에서 패배한 이후로 터키 공화국이 되었다. 연합국은 아랍 지역을 계속해서 식민 통치했으며 터키 또한 얼마간 점령했다. 이후 '터키의 아버지'로 불리는 무스타파 케말 아타튀르크가 나타나 서양 세력을 몰아내고 독립을 선포했다. 사실 오스만 제국을 민주화시키려던 시도는 제국이 몰락하기 한참 전부터 시작된 것이었다. 1876년 한 무리의 개혁가들은 청년오스만을 조직하고 술탄 압둘하미드 2세에게 헌법에 의한 입법 의회를 창설하라고 요구했다. 술탄은 헌법 제정에 거의 관심을 두지 않았으나, 러시아 제정에서도 헌법에 의한 지배를 요구하는 목소리가 높아졌던 20세기 초반에 이르자 터키에서도 청년튀르크당이 조직되어 대중에게 큰 호응을 얻었으며 술탄은 이에 이들의 요구를 들어줄 수밖에 없었다. 1908년 최초의 다당 선거가 실시되었다. 헌법은 오스만 제국이 전쟁에서 패배할 때까지 그 효력을 발휘했으나, 제1차 세계대전 이후 서구의 연합국이 이스탄불을 점령하면서 이 헌법을 폐지시켰다.

청년오스만이나 청년튀르크는 모두 이슬람교에 뿌리를 둔 단체가 아니었다. 민주화를 비롯한 근대화가 이들의 목적이었다. 칼리프 왕조의 통치나 종교적 지향성과 같은 오스만주의의 잔재들은 이들에게 있어서 구시대의 유물이나 마찬가지였다. 이에 따라 전통적인 종교는 변혁의 기로에 놓이게 되었다. 오스만 제국 이후 아타튀르크 정권은 호전적인 세속주의를 표방했으며 종교 방송을 금지하고 종교단체들과 종교학교들을 없애버렸다. 터번이나 베일 등을 착용함으로써 종교적 정체성을 공개적으로 드러내는 행위 역시 금지되었다. 하지만 이러한 적극적인 개발 정책이 시행되었음에도 아타튀르크 정권은 당시 대부분 시골 지역에 거주하던 국민들의 복지를 개선하는 데에는 실패했다. 시골 지역의 국민들은 경제적으로나 사회적으로 계속해서 전통적인 생활을 이어나갔으며 종교를 여전히 삶의 중심으로 삼았다.

이처럼 대중 종교를 탄압했던 아타튀르크 정권은 확실히 비민주적이라고밖에 할 수 없었다. 아타튀르크 정권의 경제정책과 대중 종교 탄압정책은 모두 실패로 돌아갔으며 오히려 그에 대한 반발로 새로운 이슬람 민주화 운동이 공공연하게 일어났다. 또한 제2차 세계대전 이후로 이웃 나라인 러시아에서 공산주의가 확산되고 있었기 때문에, 이를 우려하는 국민들은 더욱더 정치적 담화에 관심을 두기 시작했다. 터키는 곧 북대서양조약기구(NATO, 공산주의 확대에 대항하는 서방 국가들의 상호 방위기구)에 가입했다. 하지만 터키 정부는 세속주의자와 군부가 장악한 상태였으며 그 경제 또한 계속해서 약화되고 있었다. 이와 같은 상황 속에서 이슬람은 민주주의를 가져다줄 근원으로 여겨졌으며, 한 발 더 나아가 타락한 서양 세력과 하나님을 믿지 않는 공산주의자들로부터 터키를 수호해줄 일련의 가치로 인정받게 되었다.

1970년이 되자 네흐메틴 에르바칸(1926-2011)은 국민질서당NOP을 설립해 사회의 도덕적 부흥은 물론 근대화와 민주화를 추진했다. 하지만 종교와 포퓰리즘 모두에 회의적인 태도를 취했던 터키의 강력한 군부 세력은 곧 국민질서당의 활동을 금지했다. 이에 1972년 국민질서당의 인사들은 국민구제당NSP을 새로이 창당했으며, 이후 1970년대 내내 선거에서 승리하며 대중적인 지지를 한몸에 받았다. 같은 시기에 형성된 좌파 운동세력 역시 우익 세속주의 군부와 충돌했다. 이에 군부는 1960년과 1971년 두 차례의 쿠데타를 일으켜 저항하는 사회를 진압하고 정권을 유지했으며, 1980년에는 또 다른 쿠데타를 일으켜 정당 활동 자체를 금지하는 등 터키의 민주주의를 저해했다.

1983년 국민구제당이 복지당(WP, 터키어로 레파 파르티시)으로 거듭나면서 비로소 터키에 민주주의가 자리 잡기 시작했다. 당시 복지당은 단연코 최고의 인기를 누렸던 이슬람주의 정당이긴 했으나, 이슬람식 민주주의를 추구했던 것은 이들뿐만이 아니었다. 전 이슬람주의자 투르구트 오잘(1927-1993)이 이끄는 조국당 역시 종교에 중점을 둔 채 터키의 사회 발전과 민주주의 발전을 위한 운동을 이어나갔다. 그러나 복지당이 1994년 기초의원선거에서 승리를 거두었으며 1995년 총선에서도 다수 의석을 얻어냈다. 다시 한 번 대중적인 인기가 결정적인 요소로 작용한 셈이다. 당시 여론조사에 의하면 유권자들은 경제 문제와 사회복지, 그리고 좋은 통치제도의 수립에 가장 큰 관심을 가졌으며, 세속주의 정당들에게 크게 실망한 이후로는 이슬람주의 정당들에서 그 희망을 찾고자 했다.

에르바칸은 1996년 총리로 임명되었다. 하지만 종교적인 정당성을 획득한 권위주의가 얼마나 잘못될 수 있는지 몸소 보여준 프랑스 때문인지, 터키의 세속주의자들은 종교가 공적인 역할을 수행한다는 것에 계속해서 회의적인 시각을 고수했다. 복지당 연립 정부는 계속되는 군부의 압박 끝에 1997년 막을 내렸다. 이듬해인 1998년 복지당은 활동금지 처분을 받았으며 재산이 몰수되고 지도자들에게는 폭동 조장 혐의가 씌워졌다. 복지당의 정신을 이어받은 미덕당(파질레트) 역시 세속주의 군부로부터 비슷한 방식의 탄압을 받다가 2001년 결국 활동금지 조치를 당했다.

하지만 종교를 바탕으로 대중의 지지를 얻었던 이들 세력은 탄압에도 굴하지 않았다. 복지당이 활동금지 조치를 받았던 바로 그해, 관련

인사들은 새로운 이슬람주의 정당인 정의개발당[AKP]을 창당했다. 정의개발당은 다원주의, 경제적 번영과 실용주의를 강조하며 '보수적인 민주주의'를 내걸었다. 이들은 2002년 총선에서 과반 이상의 의석을 확보하는 등 승리를 이어나갔으며 오늘날까지도 터키 정권을 잡고 있다. 정의개발당의 레제프 타이이프 에르도안은 21세기 초 터키의 경제를 화려하게 발전시켰다. 국내총생산이 크게 늘어났으며 동시에 사회복지와 소수자 인권 역시 개선되었다. 2010년에 이르자 터키의 경제는 세계 20위권으로 성장할 수 있었다.

터키의 눈부신 경제성장은 결국 정치에 개입하려는 군부를 확실히 저지했던 정부가 있었기에 가능한 일이었다(그동안 터키 군부는 민주선거에 의해 정부가 구성되었음에도 불구하고 쿠데타를 통해 정권을 쥐락펴락해왔다-역주). 2007년부터 2013년 사이, 정부는 민주정부에 대항한다는 혐의를 이유로 수백 명의 군부 인사를 체포했으며 그들에게 유죄를 선고했다. 이 사건으로 인해 세속주의자와 이슬람주의 비평가 모두가 정부의 권위주의 확대를 우려하기 시작했다. 에르도안이 입법부나 사법부보다 대통령에게 상대적으로 큰 권한이 돌아가도록 제도 개편을 시도하자 이에 대한 우려는 더욱 심화되었다. 결국 2013년 여름에는 정부에 항거하는 시위가 대대적으로 일어났다. 그러나 정의개발당이 계속해서 터키의 민주주의를 수호하리라고 믿는 지지자들은 오히려 군부와 그 지도자들이 민주주의를 희생시켜 세속주의의 제단 위에 올리려 한다고 비난했다. 정의개발당은 2014년 7월 대통령 선거를 포함해 계속해서 선거에서 승리를 거두면서 여당으로 남아 있다. 2015년 6월의 총선에서 정의개발당은 과반 의석을 차지하는 데에는 실패했으나 여전히 터키에서 가장 큰 지지를 받는 정당이다.

이란

이란은 종교계 인사들이 대중적 인기를 바탕으로 민주주의 운동을 이끌어나갔던 또 다른 국가다. 하지만 이란의 민주화 운동은 터키의 경우보다 훨씬 더 많은 질곡을 겪어야 했다. 터키와 마찬가지로 이란은 단 한 번도 직접적인 식민통치를 받지 않았으나, 난류가 흐르는 바다로 나 있는 항구들과 막대한 석유 매장량을 포함한 천연자원은 러시아와 영국, 그리고 미국의 입맛을 계속해서 자극했다. 이란은 한때 페르시아 제국의 이름으로 영광스러운 역사를 누렸으나, 민주정권을 수립하고자 노력했던 근대의 이란인들은 그 혼란스러운 상황 속에서 먼저 국가주권을 지키기 위해 투쟁해야만 했다.

1901년 처음으로 이란의 석유 채굴권이 외세에 넘겨졌다. 영국석유회사의 전신인 앵글로-페르시안 석유회사APOC는 이란에 현금 2만 파운드와 주식 2만 주를 지불하고 앞으로 발생할 연간 이익의 16퍼센트를 넘겨준다는 조건으로 60년 기한의 석유채굴권을 보장받았다. 당시 이란은 카자르 왕조가 다스리고 있었는데, 이들은 도로와 통신시설을 비롯한 사회기반시설 개발권은 물론 갖가지 산업까지 외국에 팔아넘기고 있었다. 1872년 유명한 로이터 양허를 체결한 이들은 영국계 바론 율리우스 드 롱터에게 20년 기한의 채광권을 넘겨주며 그 대가로 이익의 60퍼센트를 보장받았다. 또한 영국 장교 탤벗은 앞으로 20년 동안 이란의 담배사업권을 고작 현금 15,000파운드와 연간 이익 25퍼센트라는 헐값에 가져갔다. 이런 식으로 사업권 양허가 계속되자 대중이 크게 반발하기 시작했다. 특히 담배산업 양허를 계기로 대중은 외세의 개입에 대해 수차례 큰 시위를 벌였다. 이를 주도한 것은 성직자 인사들이었다(시아파에서 종교적 권위자들은 보통 '성직자'로 통칭된다. 이와는 달리 수니파에서 종교적 권위자들은 학자[올라마]로 불린다).

하지만 카자르 왕조는 이에 굴하지 않았다. 이들은 경제와 행정, 그리고 군부를 근대화시키고자 했다. 석유산업으로 충분한 이익이 발생하기 전이었기 때문에 카자르 왕조는 국가사업을 시행하면서 주로 러시아와 영국 등 외국으로부터 돈을 빌려다 쓸 수밖에 없었다. 이란의 대중은 외세의 영향력이 더욱 확대되자 이에 또다시 격분했으며 성직자 인사들이 다시 한 번 시위를 주도했다. 카자르 왕조는 종교재산을 몰수하면서 성직자 지도층을 약화시키고자 했으나 국민들의 반발을 잠재우지는 못했으며, 동시에 국가가 외세에 예속되는 것 또한 막지 못했다.

1906년에 이르자 시위는 혁명으로 발전했다. 이들은 카자르 왕조의 샤(왕)를 압박한 끝에 입헌군주제와 선출 의회를 수립하는 데 성공했다. 하지만 그 이듬해인 1907년 샤가 세상을 떠나고 영-러 협상이 체결되면서 이란은 다시 한 번 그 손아귀에 놓이게 되었다. 영국과 러시아는 페르시아 영토를 분할해 각각 자신의 영향력 아래에 두고 민병대를 설치했다. 북쪽에는 러시아의 코사크 여단이, 남쪽의 영국 점령지에는 영국의 남페르시아 조총 부대가 들어섰다. 새로이 왕위에 오른 샤는 1908년 코사크 여단에게 의회 폭격을 명하는 등 이 민병대들을 자신의 이익을 위해 사용했다. 그러나 입헌파 세력은 이에 굴하지 않고 수도 테헤란을 공격한 끝에 샤를 폐위시켰으며 이후 그의 아들을 왕위에 앉혔다.

제1차 세계대전과 볼셰비키 혁명 이후 이란은 거대한 혼란 속에 빠졌다. 소련의 지원을 받던 북부 이란 세력이 독립운동을 일으키자 당시 코사크 여단의 지휘자였던 레자 칸이 테헤란으로 진격해왔다. 그는 먼저 전쟁부 장관 자리를 차지했다가 이후 스스로 총리에 등극했다. 중앙집권의 필요성을 역설했던 그는 1925년에 이르자 당시 현존하던 카자르 왕조를 전복시킬 수 있을 만큼 폭넓은 지지를 받게 되었다. 이에 그는 스스로 왕위에 올라 레자 샤 팔레비가 되었다.

레자 샤 팔레비는 외국의 영향력으로부터 독립을 유지하고자 했다. 1932년 그는 이란의 석유사업을 되찾아오고자 했으나 영국 전투함대의 위협과 국제연합의 설득 끝에 조금 더 높은 비율의 사업 이익을 회수하는 것에 만족해야 했다(이들은 계약기간을 삼십 년 더 연장해줄 것 또한 종용했다). 레자 샤는 늘어난 수입을 이용해 근대화에 박차를 가했다. 그는 사회기반시설을 개선하고 산업을 확장시켰으며, 군사조직을 근대화시키고 확대하는 한편 새로운 시설들과 무기, 선박, 탱크, 비행기를 사들였다.

레자 샤의 영웅이자 역시 군부 인사였던 무스타파 케말 아타튀르크와 마찬가지로, 그는 위로부터의 하향식 통치를 지향했다. 그는 경제 및 군사 개혁과 더불어 사회공학에도 큰 신경을 쏟으며 전통적인 방식으로 살아가던 국민들에게 새로운 생활양식을 강요했다. 유목민 목자들은 정착해야만 했으며, 평생 농부로 살아왔던 국민들은 그 삶의 터전이 도시화되는 것을 지켜보거나 혹은 다른 농업지역으로 이주해야만 했다. 페르시아 전통 의복 역시 보다 효율적이고 근대적인 노동자 계급을 만든다는 핑계로 금지되었으며, 이에 따라 남자는 유럽식 모자를 써야 했고 여자들은 베일을 벗어야 했다. '페르시아'라는 국호는 이제 '이란'으로 대체되었으며 이에 따라 앵글로-페르시아 회사가 앵글로-이란 석유회사^{AIOC}로 거듭났다.

하지만 여기서 끝이 아니었다. 역시 아타튀르크와 마찬가지로, 레자 샤는 전통적인 종교를 방해물로 간주했다. 그는 종교 시설들을 지배하기 위해 종교교육을 제한하고 종교학을 가르치는 사람들을 국가 주도 시험으로 선발했다. 심지어는 이슬람 법조인들과 상의도 없이 법적 조치들을 시행하기도 했다. 전통적인 권위에 익숙해진 채 공적 토론에 종교적 용어들을 사용하면서 살아온 국민들에게 있어서 이러한 변화는 부자연스럽고 갑작스러운 것이었다. 사람들이 항의하기 시작하자 레자 샤는 언론을 통제했으며, 반발세력이 정치적으로 조직되기 시작하자 정당활동을 금지시켰다.

레자 샤는 이와 더불어 그의 권력을 제한하려는 영국 및 러시아의 손아귀에서 벗어나고자 했으나 상대적으로 큰 성공을 거두지는 못했다. 1930년대에 이르자 독일이 전면에 나서 이란에 산업설비와 기술을 전수해주며 영향력을 키웠다. 심지어 나치 독일 시기에는 이란에 공식적인 독일 통신사가 세워질 정도였다. 당연하게도 영국과 소련은 이를 경계하기 시작했다. 제2차 세계대전 도중 나치독일이 소련을 침공하자 영-소 연합군은 이를 계기로 다시 한 번 이란을 장악했다. 이란이 이들의 전쟁에서 중립을 지킬 것을 강요하는 한편 이란의 석유 자원이 나치 독일의 손에 넘어가지 않게 하는 것이 이들의 목적이었다. 1942년 영-소 연합세력은 레자 샤를 퇴위시키고 그의 아들 무함마드 레자 팔레비를 왕위에 앉혔다. 새로운 샤는 서구 세력에 순종적인 태도를 보였으며 이에 안심한 이들은 곧 이란 지역에서 군대를 철수시켰다.

무함마드 레자 팔레비는 제2차 세계대전 이후에도 그의 아버지가 펼쳤던 정책들과 비슷한 기조를 취하며 계속해서 이란의 산업화와 서구화를 추진했다. 당시 이란의 석유산업은 여전히 영국석유회사의 공고한 영향력 아래에 있었으며 이란 왕조는 그 막대한 수입을 바탕으로 나라를 제멋대로 다스렸다. 그러나 급격한 변화와 외국 문물의 도입은 계속해서 사회적 혼란과 불안을 야기했다. 이란 왕조에 반대하는 세력이 점차 자라나 정치적으로 조직되기 시작했다. 1940년대에는 친민주주의 성향의 공산주의당인 투데당이 설립되었는데, 한때 '페다야나 이슬람(이슬람 전사라는 뜻-역주)'으로 불렸던 이들은 정치적, 문화적 영역 모두에서 외세의 영향력을 몰아내는 것을 목표로 삼았다. 이란 석유산업의 국유화를 주장하며 천연자원에 대한 권리를 되찾아오자고 주장했던 이들 역시 1940년대 서로 연립한 끝에 '국민전선'을 조직했으며, 베테랑 정치가이자 경제자립 및 민주주의 확립 운동을 이끌었던 모하마드 모사데크를 그 수장으로 삼았다.

서구화된 엘리트 계층이 점점 더 막대한 부를 획득하며 이란 국민 대부분의 삶과는 전혀 동떨어진 생활을 영위하면서 국민전선의 인기가 날로 높아져만 갔다. 수상을 임명하는 것은 샤의 특권이었으며, 1950년에는 석유 국유화에 반대하는 인물이 그 자리에 올랐다. 하지만 1951년 3월 수상이 암살당하는 사건이 발생하자 국회는 즉시 국유화를 가결시켰으며 앵글로-이란 석유회사를 이란국영석유회사^{NIOC}로 바꿨다. 대중의 공세와 함께 모사데크는 수상 자리에 올라 영국과의 문제를 도맡기 시작했다.

이란 석유산업에서 비롯되는 수입을 절반씩 나누자는 협상들이 계속되었으나 모사데크는 이를 번번이 무산시켰다. 영국은 국유화를 막기 위해 국제연합과 국제사법재판소는 물론 미국의 중재까지 동원했으나 별다른 성과를 얻지 못했다. 이에 따라 영국은 산업 기술자들을 빼돌리고, 자국 은행에서 이란 자금을 동결시켰다. 뿐만 아니라 이란에 대한 국제적인 보이콧 운동을 펼쳤으며, 이란의 수출 항구인 아바단 항에 대한 해상봉쇄 작전을 펼치는 등 이란의 석유산업을 저해하기 위해 온갖 수단과 방법을 가리지 않았다.

원칙적으로는 국유화를 지지했던 샤는 모사데크가 공산주의자이며 그와 의회가 국가를 소련에 가져다 바칠 것이라고 믿었는데, 서구 세력 또한 이와 비슷한 생각을 가지고 있었다. 마침 국회가 모사데크 수상에게 비상지휘권을 허락하고 헌법의 효력을 6개월 동안 정지시키는 사건이 발생하자 이들의 의심은 크게 고조되었다. 마침내 1953년, 영국과 미국의 정보국 요원들은 이란의 반 모사데크 세력과 연합해 '아약스' 비밀작전(영국은 이를 '부트 작전'으로 불렀다)을 통해 모사데크 수상을 해임하고 국유화를 무산시켰다. 샤는 로마로 잠시 피해 있다가 쿠데타가 성공하자 곧 귀국했다. 이란의 석유회사는 이제 '영국석유회사[BP]'로 명명되었으며 영국 주도하에 이란과 수익을 나누는 체제로 돌아가게 되었다.

새로운 협약을 통해 석유산업의 수익을 보장받은 이란의 국왕은 날로 늘어만 가던 미국의 지원과 더불어 이란 정부를 압도하는 왕정을 재건할 수 있었다. 그는 의회의 법안이나 결정에 대한 거부권을 가졌으며 필요할 경우 기각시키는 권한까지 가지고 있었는데, 그의 자서전이 이러한 상황을 잘 보여준다. "왕으로서 나는 수상 임명권을 가진다. 나는 다른 장관들 또한 임명할 수 있으며 보통 수상의 조언에 따른다. 마찬가지로 나는 총독, 고등 판사, 대사, 군사 장교를 포함한 수많은 공직의 임명권을 가진다. 나는 전군 최고 사령관이며 전쟁을 선포하고 화의를 맺을 권한을 가진다."[6] 정치과학자 메흐란 캄라바가 말했듯이, "왕권, 보다 정확하게 말해 왕위에 앉은 샤는 그 자체로 국가나 다름없었다."[7]

이때부터 미국은 이란에서의 영향력을 서서히 키워나가면서 영국과 소련의 자리를 대신하기 시작했다. 언제까지고 쌓여만 가는 막대한 부를 토대로 서구화 작업을 계속하고 있었던 이란의 샤는 특히 서구 세계에서 상당한 인기를 얻기 시작했으며 점점 더 미국의 영향을 크게 받게 되었다. 1971년 그는 페르시아의 이슬람 전 역사를 기리는 성대한 행사를 열어 전 세계의 고위 관리들을 초청했다. 그는 이 손님들을 위해 호화스러운 숙소를 짓고 프랑스 세공업자들과 디자이너들을 고용해 손님들의 시중을 들 하인들이 입을 옷을 만들도록 했다. 맥심 드 파리(당대 프랑스 최고의 레스토랑-역주)에서 나흘간의 연회를 모두 책임졌고 손님들은 가장 훌륭한 프랑스 와인으로 건배를 나눴다. 미국의 방송사들이 샤를 인터뷰하기 위해 몰려들었으며, 샤는 몇몇 할리우드 스타들과 어깨를 나란히 하며 '세상에서 가장 옷 잘 입는 남자'로 이름을 알리기도 했다.

하지만 이란 국내에서는 점점 더 반감이 고조되고 있었다. 부유층과 극빈층의 차이는 점점 더 벌어졌다. 근대화와 개발은 시골의 전통적인 농경 지역보다는 주로 도심지에 집중되었다. 도시의 부유층이 점점 더 서구화되어갈수록 그 격차는 한층 더 선명하게 드러났다. 더 이상 상위 계층은 그 화려한 정원에나 숨어서 부를 영위하지 않아도 되었다. 젊은 세대들은 남녀공학 학교에 다니기 시작했으며 공공사업들과 연예계에는 유로-아메리칸 양식이 유행했다. 특히 1970년대의 유로-아메리칸 스타일에는 미니스커트와 딱 달라붙는 청바지, 그리고 풀어헤친 긴 머리칼 등이 있었다. 물론 사회변혁의 혜택은 불공평하게 분배되었으며 문화적으로 전통과도 엄청난 부조화를 일으켰으나, 그보다 더 큰 문제는 일방적인 정책 시행에 있었다. 전통적인 지도자들은 정책 결정과정에 참여하지 못했다. 특히 종교적 권위자들의 의견은 완전히 묵살되었다. 반대세력이 자라날수록 샤의 무관용 또한 커졌다.

재판 없는 체포와 투옥 및 고문이 미국의 안전보장군 손에 의해 자행되었으며, 무시무시한 비밀경찰SAVAK 또한 투입되었다. 곧 수만 명이 고문에 의해 목숨을 잃었다는 소문이 나돌았다. 물론 과장된 이야기였으나 당시 이미 밝혀진 사건들로만 미루어 보아도 상당히 있을 법한 일이었기 때문에, 소문은 곧 전역으로 퍼져나가 왕권에 대한 두려움과 혐오를 낳았다.

샤가 남긴 마지막 장면은 차라리 상징적이라고밖에 할 수 없었다. (서양의 휴일인) 12월 31일, 이란의 샤가 굉장한 인도주의자로 대접받으면서 당시 미국 대통령이었던 지미 카터와 함께 (이슬람에서 금지된) 샴페인을 들고 건배를 나누었다. 바로 이듬해인 1979년, 그는 이란 혁명으로 인해 권좌를 잃게 된다.

아야톨라 루홀라 호메이니(1900-1989)는 오랫동안 샤에 맞서 반대세력을 이끌며 명성을 얻었다. 종교적으로도 상당한 권위를 가졌던 호메이니는 이를 바탕으로 더 넓은 범주의 이란 국민들과 공감하는 지도자가 될 수 있었다. 그는 서로 의견충돌을 일으키던 반대세력을 하나로 모아 거대한 운동을 일으켰다. 그는 열망으로 가득 찬 연설을 통해 이슬람교가 말하는 사회 정의를 실천하는 데 다시 한 번 집중할 것을 설파했다. 당대의 빈곤층이 겪고 있던 고통과 소외는 그의 주장을 더욱 돋보이게 해주었다. 한 예시로, 1963년 이란의 성지 도시인 쿰의 신학대 학생들이 쿰에 주류 판매점이 들어서는 것에 항의하며 샤의 국가 서구화 정책에 반대하는 시위를 벌이다가 잔혹하게 진압당하는 사건이 발생했다. 이란 국민들은 이로 인해 큰 충격을 받았으며 샤에 대한 반발감은 극에 달했다. 그해 6월, 호메이니는 연설에서 이 사건에 대해 언급하면서 이러한 행위가 이슬람 자체를 공격하는 것과 마찬가지라고 비난했다.

> (샤 정권이) 도대체 신학대 학생에게 맞설 이유가 어디 있었단 말인가? (중략) 도대체 우리의 열여덟 살 먹은 사이드(당시 시위 진압과정에서 사망한 학생)가 샤 정권에 무슨 해를 끼쳤단 말인가? 그가 정부에 한 짓이 무엇이란 말인가? 그가 이란의 잔혹한 정권에 맞서서 과연 무엇을 했단 말인가? 이에 우리는 이들이 근본을 뒤흔들고자 한다고 결론지을 수밖에 없다. 이는 이슬람의 근본과 그 성직자들을 해치는 일이다. 이들은 우리의 근본이 더 이상 남아나지 않기를 바란다. 이들은 우리의 아이들과 노인들이 더 이상 존재하지 않기를 바란다.[8]

수많은 이란인들은 자신들이 겪었던 소외를 기억하는 것은 물론, 그들과 비슷한 방식으로 서구 엘리트들에 의해 운명이 뒤흔들렸던 이웃 팔레스타인 국민들과 모종의 연대감을 느끼고 있었다. 이를 잘 알고 있었던 호메이니는 샤를 가리켜 외세의 앞잡이에 불과하다고 비난했다. 한 예시로 그는 다음과 같은 말을 남겼다. "오늘날 우리 사회가 가진 모든 문제점은 미국과 이스라엘 때문에 생겨났다. 또한 이스라엘은 미국에서 비롯된 것이며, 나아가 미국의 대리인이라고 할 수 있다. 만일 이게 사실이 아니었다면 이스라엘 또한 미국에 항거했을 것이니 말이다."[9] 그의 주장에 따르자면 진정한 무슬림은 '이슬람의 적과 그 대리인'에 맞서 싸우며 제국주의의 사악하고 파괴적인 면모를 파헤쳐

야만 했다.[10]

독재에 반대하고 정의를 추구한다는 호메이니의 연설은 많은 사람들의 마음을 울렸으며 이에 그를 지지하는 세력이 크게 늘어났다. 샤 정권에 맞서는 수십만 명의 사람들이 도시마다 거리를 가득 채웠다. 샤는 호메이니를 추방했으나 그의 목소리는 멈출 줄 몰랐다. 그의 연설들은 카세트테이프에 녹음되어 계속 퍼져나갔다. 결국 호메이니의 추종자들은 정권을 압박한 끝에 이들을 무너뜨릴 수 있었다. 시위가 폭력적으로 변모하자 계엄령이 선포되었으나 이미 늦은 상태였다. 공군 내 반란군 세력은 샤에게 즉각 이란을 떠날 것을 종용했다. 아야톨라 호메이니는 1979년 1월 17일, 민중의 성대한 환영과 함께 이란으로 돌아왔다.

아야톨라 호메이니는 민중혁명의 상징이었을 뿐만 아니라 압제를 끝내버린 인물로 기억되기도 한다. 이란인들은 1953년 모사데크 수상의 폐위 이후로 계속되었던 후퇴를 딛고 마침내 정부를 주도할 기회를 잡은 듯했다. 하지만 이란에 적절한 정부가 들어서기까지는 아직도 내외부적 요소들이 걸림돌로 남아 있었다. 미국에 대한 분노가 야기한 행위들도 그중 하나였다. 샤가 폐위된 이후에도 의료적인 목적으로 미국에 건너갔다는 사실을 알게 된 이란인들의 분노가 폭발했으며 이중 한 무리의 학생들이 이란 주재 미 대사관으로 쳐들어갔다. 이미 학생들은 혁명 직후 미 대사관을 점령했던 적이 있었으나, 이때 정부는 학생들을 몰아내고 대사관에 대한 미국의 권리를 보장해주었다. 하지만 당시 이웃 나라 아프가니스탄이 이란의 오랜 적국 소련에 점령당하는 것을 지켜봤던 정부는 아마도 상당한 경각심이 든 듯, 이번의 미 대사관 점령에 대해서는 아무런 조취도 취하지 않았다. 미국은 이에 이란의 자금을 동결하는 것으로 대응했으며, 당시 혁명으로 인해 망가진 국가를 재건 중이었던 새 정부는 이 조치에 큰 타격을 받았다. 이후 이로부터 채 일 년도 지나지 않은 어느 날에는 또 다른 이웃 나라, 이라크의 침공까지 받게 된다.

미국은 이란에 군수무기를 판매하는 등 여타 비밀작전을 동원한 끝에 444일간의 인질 사태를 끝낼 수 있었다. 하지만 이후로 이란-이라크 전쟁이 8년이 넘는 세월 동안 이어졌으며 양측 모두 수십만 명의 사망자가 발생했다. 전쟁에서 미국이 이라크를 지원했음이 알려지자 이란 내에서 반미감정이 더욱 고조되었으나, 어찌 되었든 전쟁 이후 이란은 마침내 좋은 통치구조를 확립하는 일에 좀 더 집중할 수 있었다.

혁명의 성공 이후 사회적인 혼란이 얼마간 이어지는 동안 아야톨라 호메이니는 독특하고 어찌 보면 모호한 방식의 통치제도를 도입했다. 선출 의회가 운영되었으나 성직자들이 이를 관리 감독하기 시작했다. 아야톨라 호메이니 시대의 성직자들은 누가 선거에 출마할지 결정할 수 있었으며, 이슬람 규범을 해친다고 판단되는 법안은 임의로 기각시킬 수 있었다. 하지만 극히 전통적인 원전을 바탕으로 내려졌던 이들의 선택은 당시 외세의 영향력 아래 크게 변화한 사회와 그다지 조화를 이루지 못했다. 성직자들이 이슬람 관습에 따른다며 내린 많은 조치들은 혁명 지지층이 가지고 있던 기대와는 사뭇 다른 것들이었다. 전쟁이 끝나자 의회는 헌법 개정을 통해 통치구조 간소화 작업에 들어가면서, 선출직 의원과 성직자 인사들의 의견충돌이 발생할 경우 이를 중재할 방법을 모색했다.

새로운 헌법은 아야톨라 호메이니가 세상을 떠한 직후 주민투표를 통해 가결되었으며, 이후 다시 한 번 큰 의의를 가지게 된 대통령직에는 아크바르 하셰미 라프산자니가 선출되었다. 아야톨라 호메이니의 제자였으나 동시에 부유한 지주의 아들이었던 라프산자니는 대통령직을 연임하면서 전쟁으로 망가진 이란의 경제와 사회기반시설을 재건하는 데 집중했다. 하지만 1990년대로 접어들자 이란에는 또 다른 세대가 출현하기 시작했다. 점점 더 그 수를 늘리던 이란의 젊은 세대는 노년층과는 사뭇 다른 기대를 가지고 있었다. 샤 정권의 독재를 제대로 겪어본 적 없는 것은 물론 인터넷 등으로 전 세계의 또래들과 한층 더 밀접한 관계를 맺기 시작한 이들은 노년층 성직자들이 부과하는 엄격한 사회 통제조치에 염증을 느끼게 되었다. 이들은 국제적이고 개방적인 이란을 부르짖었으며 곧 개혁 성향의 성직자인 모하마드 하타미를 지지하기 시작했다.

1997년 하타미는 과반이 넘는 압도적인 득표율로 이란 대통령이 되었다. '새 이란' 건설이라는 표어 아래 이란을 국제 사회의 일원으로 되돌려놓는 일에 집중했던 하타미는 곧 국민들의 전폭적인 지지를 받게 되었다.[11] 하타미의 주장에 따르자면 식민 지배가 이란의 진보를 저해했지만 그로부터 국가를 재건하는 것은 이란인의 책임이었다. 하타미는 또한 사회 재건을 위해서는 생각과 표현의 자유가 반드시 필요하다고 믿었다. 사람들은 저마다의 지성과 지식을 발전시켜 모두가 함께 사회를 이끌 수 있도록 해야 하며, 이들을 두렵게 만드는 검열과 박해는 반드시 사라져야 한다. 하타미는 이전 세대의 반서구적 이슬람주의자들과는 크게 다른 주장을 하기도 했다. 서구 사회에도 무슬림이 받아들여야 할 긍정적인 동력과 성취가 있다는 것이다. '독재자나 엉터리 지도자들'에 맞서 일어나는 힘 등이 그 예시였다.

한때 아프가니와 압두가 역설했던 주제들(제4장 참고)로 회귀한 하타미는 자유에 대한 억압이 곧 운명론과 지나친 신비주의를 낳았으며, 사람들은 이로 인해 공동체에 대한 책임을 잊게 되었다고 역설했다. 물론 이슬람 사회가 그 자유와 지성을 회복하기 시작한다면 곧 그들은 국제사회의 일원으로 발돋움하는 데에만 온 신경을 쏟을 수 있게 될 것이다. 하지만 이는 진공 상태에서 이루어지는 것이 아니라, 반드시 '이성과 계몽을 통한' 서구의 참여가 필요한 일이다. 이슬람에 해가 되는 것은 서구의 운명론이다. 또한 이슬람 사회는 더 이상의 순교자를 필요로 하지 않으며, 오히려 과거 종교학자들이 상상도 못했을 만큼 변모한 오늘날의 세계에서 앞으로 나아가야 할 길을 탐구하고 모색하는 이들만이 필요하다. 전체적으로 보았을 때, 하타미는 이란 사회가 '정부가 국민들에게 속해 있으며, 국민의 주인이 아니라 시종으로 행동하고, 한편으로는 국민에 대한 책임을 지는' 방향으로 나아가야 한다고 주장했다.[12]

하타미 대통령의 개혁 기조는 엄청난 인기를 끌었으나 그것을 현실화하는 작업은 괴로울 정도로 느리게 진행되었다. 상당수의 행정부 인사들이 서구에 대한 의심을 거두지 않았으며, 개혁세력을 압박하기 위해 많은 이들을 국외로 추방했다. 이즈음 이란의 내부적인 발전을 저해하는 사건이 국외에서 또 한 번 발생했다. 알 카에다가 뉴욕과 워싱턴 DC에 저지른 테러와 그 이후 벌어진 일련의 사태들을 계기로, 이때까지 서구에 대한 의심을 속내에만 감추고 있던 많은 보수주의자들이 그 반발심을 공개적으로 표출하기 시작했다. 9.11 테러 이후 미국은 '테러와의 전쟁GWOT'을 선포하고 이란의 동쪽에 위치한 이웃 나라 아프가니스탄을 점령했다. 이후 2002년 1월, 조지 부시 대통령은 이란을 '악의 축'으로 규정하며 북한 및 이라크와 함께 테러와의 전쟁에서 주 타깃이 되었음을 선포했다. 2003년 초 미국은 본래 미국의 동맹국이었으며 9.11 테러와는 직접적인 연관성도 없던 이라크를 침공하며 서방 공격에 대한 이슬람 사회의 오랜 두려움을 재점화했다. 이에 따라 이란의 다음 선거에서는 공개적인 반미주의 성향의 고립주의자, 마흐무드 아흐마디네자드가 근소한 표차로 대통령에 당선되었다.

아야톨라 호메이니의 오랜 지지자였던 아흐마디네자드는 성직자가 통치 구조에 관여하는 보수주의적 기조를 되살리겠다는 것은 물론이며, 나아가 시골 지역의 저소득층을 위한 정책 또한 공약으로 내걸었다. 서방 세계는 1979년 혁명 이후로 이란에 대한 경제적인 제재를 가하고 있었으며, 1995년 이란-이라크 전쟁 이후로는 이란의 회복을 저해하기 위해 제재를 한층 더 강화시킨 전적이 있었다. 아흐마디네자드는 소외된 저소득층을 위했던 호메이니의 정책기조를 이어가며 좀 더 공정한 부의 분배가 필요하다고 역설했다. 하지만 그가 당선 이후 펼쳤던 경제정책은 사실상 저소득층에게 별다른 도움이 되지는 못했다.

이에 아흐마디네자드는 대중의 관심을 다른 곳으로 돌리고 지지율을 끌어올리기 위해 이스라엘과 미국을 맹렬하게 비난했으나 이 역시 큰 효과를 거두지는 못했다.

점점 더 느려져만 가는 개혁정책에 대한 이란인들의 우려는 2009년 대통령 선거에서 여실히 드러났다. 아흐마디네자드를 상대로 출마한 인물로는 미르호세인 무사비와 메흐디 카루비가 있었으며 두 후보 모두 개혁세력, 특히 젊은 층에서 큰 인기를 끌고 있었다. 두 사람 모두 혁명을 지지하는 것은 아니었으나 여전히 이란의 이슬람 행정부를 민주화시키고자 했다. 무사비는 언론규제를 완화하고 여성의 권리를 확대시키겠다는 공약을 내세웠으며, 카루비 또한 소수민족 및 종교적 소수계층의 권리를 확대시키겠다고 주장했다. 하지만 선거 결과가 발표되고 아흐마디네자드가 다시 한 번 승리를 거두자, 개혁주의자 후보들을 지지했던 이들은 선거가 조작되었다며 이에 대한 해명을 요구하고 나섰다. 대중이 격렬하게 반응하자 정부는 이에 맞서 집회를 금지했으며 수백 명의 개혁가들을 체포했다.

무사비는 시위 금지 조치에 대항하여 테헤란에서 대규모 침묵시위를 이끌었는데, 보고된 바에 의하면 삼백만 명의 시위자가 여기에 참여했다. '녹색운동'으로 불렸던 이 침묵시위에서 개혁가들은 "우리의 표는 어디로 갔는가?"라는 표어를 내걸었으며 2009년까지 계속해서 정기적인 침묵시위를 단행했다(녹색운동은 암살당한 팔레스타인의 저항 만평가 나지 알알리가 그린 한잘라라는 캐릭터를 그 상징으로 삼았다. 다음 페이지에 있는 그림 참고).

녹색운동 활동가들은 2013년 대통령 선거에서 진보주의 후보 하산

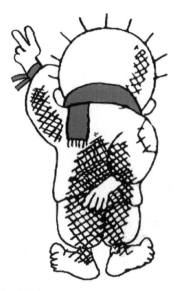

그림 6 한잘라 만평, 나지 알 알리 원작
출처: 나지 알 알리 유족의 허가로 출판됨

로하니에게 지지를 보냈다. 이란이 국제사회의 일원으로 돌아가는 것
과 더불어 다시 한 번 개혁의 물살을 일으키는 것이 가장 시급했던 로
하니 대통령은 가장 먼저 서방과의 핵 교착 상태를 해결하고자 했다.
이란에서 원자력 개발이 시작된 것은 1950년대의 일로, 당시 미국 대
통령이었던 드와이트 아이젠하워의 '평화를 위한 원자력' 정책에 힘
입은 것이었다. 이란은 1970년 핵확산금지조약NPT을 비준하고 자국의
원자력 시설을 평화적인 목적으로만 사용할 것을 결의하는 한편 국
제원자력기구IAEA의 이란 내 원자력 시설 사찰을 허용했다. 미국의 국
가정보판단NIEs 인사들은 이란이 "핵 무기화를 추진할 단계까지는 도
달하지 못했다"고 판단했다.[13] 하지만 미국과 여타 서방 세력은 이란이

비밀리에 핵무기를 개발하고 있다고 의심했으며 2006년에 이르러서는 이란에 원자력 시설 가동정지를 요구해왔다. 이란은 NPT에 따라 평화적인 의도의 사용과 원자력 개발에 대한 법적 권한이 있음을 주장하며 가동정지 요구를 거부했다. 이에 유엔안전보장이사회는 안보리 결의 1929호를 통해 이란에 징벌적 경제제재를 가했다. 이때부터 이란은 제재조치 철회를 조건으로 자신의 주권을 보장받고 원자력을 평화적인 의도로만 사용할 것을 확인하는 포괄적 협상을 벌이기 시작했다.

이란의 핵 프로그램에 대한 고위급 회담은 2015년 7월의 합의로 결실을 맺었다. 이를 통해 이란은 국제적 사찰을 받는다는 조건으로 핵 프로그램을 유지할 수 있게 되었으나, 이란의 이웃 나라들은 물론 미 의회 내에서 그 이웃 나라들을 지지했던 세력이 강경한 반대 입장을 보였다. 이외에도 이란은 시리아 내전으로 인해 주변국들과의 외교관계가 상당히 곤란한 처지에 놓이게 되었다. 그럼에도 불구하고 이란 국민들은 지난 세기 동안 그들이 계속해서 고민해왔던 주제들을 여전히 이란 사회의 가장 우선적인 과제로 꼽았다. 국제인권감시단HRW의 보고에 따르면 이란은 아직도 여성과 소수자에 대한 차별, 심각한 언론 탄압, 정보 및 표현과 집회의 자유 침해 등이 이루어지고 있으며 사형률은 (심지어 청소년에게 구형된 경우를 포함해서) 높은 수치를 기록하고 있다.[14] 마찬가지로, 여론조사전문기관 조그비의 2013년 조사에 의하면 이란 국민들이 꼽은 이란 사회의 최우선 과제는 고용기회, 민주주의, 시민권과 여성권리였다.[15]

이처럼 근대 이란은 비록 성직자 체제로 대표되는 보수적인 이미지로 자주 그려지고 있긴 하나, 이란 국민들은 오랜 역사 동안 수많은 후퇴를 겪으면서도 그에 굴하지 않고 계속해서 민주주의 확립을 위해 노력해왔다. 정치과학자 알리 게이사리와 발리 나스르는 이에 대해 다음과 같이 말했다. "1906년 헌정 혁명으로부터 한 세기가 지난 오늘날에도 이란은 여전히 민주주의 국가를 어떻게 쟁취할 것인지에 대한 싸움을 이어나가고 있다."[16]

파키스탄, 아프가니스탄 그리고 알 카에다

1억 8천만 명의 인구를 가진 파키스탄은 세계에서 두 번째로 거대한 무슬림 국가이다. 정치적, 경제적 발전을 이루는 과정에서 파키스탄은 이란과 마찬가지로 주변국 및 전 세계의 지정학과 씨름해왔다. 하지만 군주정의 역사를 가진 이란과는 달리, 전 세계에서 가장 짧은 역사를 가진 신생국 중 하나이자 그중 유일하게 무슬림 국가임을 자처하는 파키스탄은 건국 초기부터 민주정치 제도를 도입했다. 그럼에도 불구하고 파키스탄이 효과적인 통치체제 확립을 위해 걸어야만 했던 가시밭길은 어떻게 식민시기 및 그 이후의 정치상황 속에서 처음의 이상이 타협될 수 있는지를 잘 보여주고 있다.

파키스탄은 1947년 영국이 인도를 분할하면서 건국되었다. 당시 파키스탄은 이슬람국가를 자처하며 이슬람교의 가치에 의한 통치를 지향했다. 그 사상을 이끈 것은 1930년대의 진보적인 개혁가 무함마드 이크발이었다(제4장 참고). 그러나 실제로 파키스탄을 진두지휘했던 것은 오늘날까지도 '위대한 통치자'이라 불리는 무하마드 알리 진나(1876-1948)였다. 카라치 출신의 시아파 무슬림이었던 진나는 학식이 매우 높은 인물이었다. 영국에서 법학을 공부한 그는 곧 인도로 돌아와 변호사로서 성공을 거두었으며, 인도 독립운동에도 참여해 인도 국민회의파의 자와할랄 네루나 인도무슬림연맹의 이크발 등과 함께 일했다. 본래 그는 통일된 민주국가로서의 인도를 추구했으며, 그 활동 과정에서 '힌두교파와 무슬림파의 통합을 이끄는 대사'로 통했다. 하지만 1937년 영국령 인도에서의 선거를 통해 힌두교 정부가 성립한 이후 무슬림들이 내각 구성에서 제외되자 그의 지향점이 바뀌기 시작했다. 이 사건 이후 진나는 아무리 민주주의 인도가 건국된다 하더라도 무슬림들은 여전히 완전히 소외받을 것이라는 확신을 가지게 되었다. 인도무슬림연맹의 의장이 된 그는 곧 독립된 무슬림 국가 건립을 주장하는 세력과 뜻을 같이하기 시작했다.

무슬림 파키스탄에 대한 그의 청사진은 상당히 진보적인 것이었는데, 예를 들자면 종교에 관계없이 시민권을 부여하는 것 등이 그러했다. 국가는 민주주의 제도를 갖추고, 국민은 그 어떤 종교를 믿더라도 완전한 자유와 평등을 보장받아야 했다. 이와 같이 이상적인 이슬람 국가 속에서 사람들은 스스로 자유롭게 발전을 이룩하고 국제사회에 건설적으로 이바지할 수 있을 것이라는 게 그의 생각이었다.

사실상 그가 그린 파키스탄의 청사진은 근대 이슬람 국가의 본보기나 다름없었다. 진나가 첫 번째 의장직을 맡아 운영한 파키스탄 헌법

제정단은 1947년 8월 10일 출범해 정부구조를 논의하고 헌법의 초안을 작성했다. 하지만 그 과정이 끝나기도 전에 진나가 세상을 떠나고 말았다. 그는 의원내각제와 대통령제 중 하나를 고르지 않는 등 많은 부분에서 미처 명확한 의견을 남기지 못했으나, 결국 입헌민주정체를 그렸다는 것만은 확실하다. 그는 헌법 제정단 연설에서 다원주의와 국민주권을 신생 파키스탄의 가장 중요한 요소로 강조했다.

> 만일 우리가 (중략) 상대방이 어느 공동체의 소속인지, 과거에 당신과 어떤 관계에 있었는지, 그의 피부색이나 카스트, 혹은 종교가 어떤 것인지에 하등 관계없이 모두 한마음으로 일하면서, 스스로와 상대방이 첫째 시민이자 둘째 시민이요 마지막 시민으로서 서로 같은 권리와 의무를 가진다는 생각을 하게 된다면, 우리가 만들어갈 진보에는 끝이 없을 것입니다. 저는 정의와 불편부당만을 원칙으로 삼고 따를 것이니, 여러분의 지지와 협력이 있다면 언젠간 파키스탄이 세계에서 가장 위대한 국가로 거듭나는 것을 볼 수 있으리라 확신합니다.[17]

진나와 그의 지지자들은 이러한 원칙들이 근본적인 이슬람의 가치를 반영한다는 것에 동의했으며, 그들의 민주정부가 언제나 이슬람 원칙의 규율을 받을 것에 합의했다. 파키스탄 정부는 숱한 질곡을 겪은 끝에 1949년 결의안을 채택하면서, 파키스탄이 '국민이 선택한 대표자들에 의해서' 권력을 행사하는 민주국가임을 선포했다. 이에 따르자면 국가권력은 하나님이 국민주권과 이슬람 원칙에 기반을 두고 사람들에게 내려주신 것이었으며, 이를 위한 원칙들에는 민주주의, 자유,

평등, 관용과 사회정의 및 독립적인 사법권의 보장 등이 있었다.[18]

　진나의 뛰어난 리더십과 더불어 그의 국가관이 엄청난 인기를 끌자 영국도 파키스탄의 독립을 인정할 수밖에 없었다. 하지만 파키스탄은 태생적으로 불안정한 국가였다. 동파키스탄과 서파키스탄 지역은 서로 천 마일도 넘는 거리를 두고 떨어져 있었으며, 파키스탄 정부는 다양한 지리적 조건 속에 거주하며 서로 다른 언어와 문화를 향유하는 수많은 국민들을 모두 통솔해야만 했다. 인도 시기에 건설했던 모든 산업기반시설은 박탈당했으며, 때때로는 국가의 수자원까지 마음대로 다룰 수 없는 상황 또한 발생했다. 신생 파키스탄의 지도층은 이러한 악조건 속에서 힘겨운 싸움을 이어나가야만 했다. 인간 존엄성을 드높이고 교육에 집중하며 평화와 사회개발에 긍정적인 길을 모색하려던 계몽된 이슬람 사회의 꿈은 점점 더 악화되어가는 상황 속에서 안정을 찾는 일이 우선시되며 잊히는 듯했다.

　영국이 조직한 파키스탄의 군부는 파키스탄에서 가장 제대로 된 구조를 갖춘 기관이었다. 수많은 신생 독립국에서 그랬던 것처럼, 파키스탄 역시 군부가 권력을 잡고 안정을 되찾는 일에 힘쓰기 시작했다. 그러나 당시 파키스탄이 처해 있던 상황에 미루어본다면 이는 절대 쉬운 과제가 아니었다. 동파키스탄과 서파키스탄이 지리적으로 갈라선 것도 모자라 무슬림 서파키스탄 내에서도 엄청나게 다양한 민족들이 모여 살고 있었기 때문에 국가 통합의 필요성이 한층 더 강조되었다. 파키스탄의 국호는 푼잡, 아프가니아(당시 북서 변경 주로 불렸으며 오늘날 카이베르파크툰크와 주가 됨), 카슈미르, 신드와 발루치스탄 등 지역명의 약자를 합친 것이다. 영국은 이미 지난 1893년 아프가니아 주를 인도와 아프가니스탄으로 분할했으나, 그 1,500마일짜리 경계는 세계에서 가장 높은 산 중 하나를 기준으로 삼았을 뿐이며 당 지역에 거주하던 아프간 민족(파슈툰족, 파흐탄족 혹은 파탄인으로도 불림)의 생활반경은 고려되지 않았다. 카슈미르의 경우에는 무슬림 인구가 더 많은 지역이었으나 분할 당시 힌두 세력의 지배를 받고 있었으며 그에 따라 파키스탄에 포함되지 않았다. 파키스탄에서 열두 개가 넘는 언어가 사용되었다는 사실은 이곳의 다양성을 극단적으로 보여준다. 정부는 영어와 우르두어를 국가공용어로 선포했으나 그 다양성을 극복하는 데는 별다른 도움이 되지 못했다.

'파키스탄'이라는 국호는 또한 '순수한 이들의 땅'으로도 번역할 수 있었는데, 이는 파키스탄의 국가이상을 잘 보여주는 것이었다. 하지만 파키스탄은 영토분할을 시작으로 그 청사진을 실현하는 데 중대한 시련들을 맞이하게 된다. 인도(힌두교)의 영토로 지정된 곳의 수많은 무슬림 주민들은 파키스탄으로 이주하고자 했으며, 파키스탄(이슬람교) 지역의 힌두교 신자들 역시 소외될 것을 두려워하며 국외로 도망치고자 했다. 이렇게 일어난 대규모 이주사태는 곧 폭동으로 점철되었으며, 그로 인해 수많은 사상자와 막대한 재산 손실이 발생하면서 전반적으로 큰 혼란이 찾아왔다. 마찬가지로, 이슬람교 인구가 대다수를 차지하고 있었으나 파키스탄 영토에 포함되지 않았던 카슈미르 지역 역시 파키스탄 부족 전사들의 침공을 시작으로 즉각적인 전쟁에 휘말렸다. 1948년, 유엔안보리는 이 지역의 전투를 중지시키고 카슈미르 지역의 향방을 국민투표에 부치기로 했다(안보리 결의 47호). 그러나 카슈미르 국민투표는 오늘날까지도 시행되지 않았으며, 이 지역을 놓고 파키스탄과 인도는 수차례 더 전쟁을 치루면서 아직까지도 군사적 긴장상태를 유지하고 있다.

물론 이러한 상황들은 새내기 파키스탄 정부에 너무나 버거운 것이었다. 진나가 세상을 떠난 이후 파키스탄 국회는 무슬림연맹의 수장이었던 리아콰트 알리 칸을 수상으로 임명했다. 그는 1951년 암살당했는데 이 역시 카슈미르 분쟁 때문인 것으로 추정된다. 당시 전 세계는 자본주의 '서구진영(미국과 서유럽)'과 공산주의 '동구진영(소련과 중앙아시아 및 동유럽의 위성국가들)'이 서로 대치하며 냉전 상태로 돌입하고 있었다. 자와할랄 네루가 이끄는 인도의 새로운 정부는 사회주의적 성향이었으며, 비록 명시적으로 노선을 같이한 것은 아니었으나 그 경제개발에 있어서 소련으로부터 상당한 원조를 받아왔다. 따라서 서구권은 파키스탄을 서구 블록 안에 포함시키려고 혈안이 되어 있었으며, 리아콰트의 뒤를 이은 수상을 온갖 감언이설로 설득했다. 1954년 동남아시아조약기구SEATO와 같은 방위조약에 파키스탄을 끼워주겠다는 것이 그 골자였다. 이 조약을 통해 파키스탄은 엄청난 군비 증강을 시도할 수 있었는데, 이로 인해 파키스탄의 국방력이 상승한 것은 물론이며 나아가 이웃 나라 인도가 파키스탄을 큰 위협으로 인식하게 되었다.

1956년 파키스탄은 영국으로부터 독립하면서 제정헌법을 선포했으나 채 2년도 되지 않아 군부 쿠데타가 발생하면서 헌법을 다시 폐지해야 했다. 이후 파키스탄은 15년 동안이나 민주정체를 되찾지 못했으며, 이 시기 동안 파키스탄을 지배했던 군부는 인도와 파키스탄 간 갈등은 물론 동서 진영 간의 갈등에 대비하기 위해 상당한 수준의 군국화를 단행했다. 파키스탄 군부 정권의 민간인 외무장관이었던 줄피카르 알리 부토는 파키스탄이 핵무기를 개발해야 한다는 확신에 사로잡혔다. 1965년 「맨체스터 가디언」과의 유명한 인터뷰에서 그는 다음과 같이 말했다. "만일 인도가 핵무기를 하나 생산한다면 우리 파키스탄 또한 하나를 만들거나 생산해야만 한다. 비록 우리가 '풀이나 뜯고 있어야 한다고 해도' 말이다."[19]

바로 이 해에 파키스탄은 인도와 두 번째 전쟁을 치른다. 인도가 충분한 군비 증강을 이룩해서 상대할 수조차 없는 강력한 적으로 자라나기 전에 카슈미르 분쟁을 재빨리 끝내버려야겠다고 생각한 줄피카르 알리 부토가 전쟁을 일으켰다. 부토는 서구에서 교육받은 사회주의자이긴 했으나 그 어느 때보다도 군국화의 필요성에 사로잡혀 있었다. 마침내 1965년 파키스탄에 최초의 원자로가 건설되는데, 이는 이란의 경우와 마찬가지로 미국 아이젠하워 대통령의 '평화를 위한 원자력' 프로그램에 따라 이루어진 일이었다.

동시에 파키스탄은 미국 내에서 인도를 지지하는 세력이 자라나자 그들이 공산주의 소련과 끈을 놓지 않으려 한다며 큰 배신감을 느끼게 되었다. 파키스탄은 소련의 확장정책이 탁상공론에서 그치지 않을 것이라 우려했다. 특히 파키스탄의 서쪽 국경을 맞대고 있던 아프가니스탄은 인도와 맞먹는 수준으로 불안정했던 데다가 소련과도 깊은 관계를 맺고 있던 국가였다. 파키스탄과 아프가니스탄이 영토를 분할해

이슬람의
시간

가졌던 파슈툰 지역에서 카불 중앙정부가 자국 전투원의 파키스탄 공격을 지원하는 정황이 포착되자, 파키스탄은 아프가니스탄이 이 지역에서의 폭동을 조장한다고 의심하기 시작했다.

같은 시기, 동파키스탄과 서파키스탄 또한 공개적으로 서로에 대한 적대심을 드러내기 시작했다. 파키스탄은 분할 이후로 언제나 군사지휘본부가 위치한 서파키스탄이 국정을 주도했다. 1970년, 육군 원수 아유브 칸의 뒤를 이어 대통령이 된 야히아 칸 장군은 전국에서의 총선을 시행했다. 이 결과 동파키스탄의 아와미연맹이 여당이 되었으나, 서파키스탄이 장악하고 있던 정부는 아와미연맹이 정부를 구성하는 것을 허용하지 않았다. 이에 대해 동파키스탄에서 불만이 터져 나왔으며 곧이어 1971년에는 독립운동으로 발전했다. 서파키스탄이 이에 맞서 군대를 파견하고 잔혹한 전쟁을 벌인 끝에 두 지역은 각각 독립국으로 분할되었다. 서파키스탄이 파키스탄, 그리고 동파키스탄은 방글라데시가 되었다. 이 전쟁으로 인한 사망자 수는 집계마다 다소 큰 차이를 보이는데, 최소 2만 6천 명부터 50만 명에 이른다는 추산도 있다. 하지만 대학살이 자행되었으며 방글라데시 주민 수백만 명이 난민이 되었다는 것은 부인할 수 없는 사실이다. 스스로 무슬림 국가임을 선언하며 건국된 이 두 국가는 이로써 오늘날까지도 서로를 향한 진한 적대심을 품고 있다.

인도는 이 전쟁에서 서파키스탄을 지원했으나 파키스탄 내 인도에 대한 불신을 더욱 키우는 결과만 초래했을 뿐이다. 당시 파키스탄의 개정 교육과정이 이를 잘 드러내고 있다. 1970년대에서 1980년대 사이 집필된 파키스탄의 교과서들은 인도와의 갈등이나 인도의 군국화를 어느 정도 정당화될 수 있는 것으로 묘사하고 있었다. 그러나 파키스탄 정부가 국가정체성을 한데 모으기로 하고 국정교과서를 채택한 이후로 무슬림과 힌두교 신자 간의 차이가 크게 강조되었다. 보통 힌두교인을 새 역사에서 믿을 수 없는 자들로 그리는 한편 무슬림을 '순수하고' 강직한 종교를 가진 이들로 그렸다. 건국 당시의 법에서는 파키스탄 사회의 개방성이 크게 강조되면서 종교제한 없이 시민권을 획득할 수 있었고 모든 시민이 동등한 권리를 부여받았다면, 새로운 기조 아래에서는 배타적인 이슬람 정체성이 크게 강조되었다.

그러나 파키스탄이 '완벽하게 이슬람화된 국가'를 지향한다면 그 기준은 누가 정하는 것이었을까? 앞에서도 살펴보았듯이, 파키스탄 건국의 아버지들(무함마드 이크발과 무하마드 알리 진나)은 진보적이고 포용적인 인물들이었다. 이들이 지향했던 바는 파키스탄의 초기 법체계에 잘 드러나 있다. 육군 원수 아유브 칸 정권은 이슬람연구기관[IRI]을 설립해 근대 국가에 적용될 수 있는 이슬람법을 모색하도록 했다. 재능 있는 학자들이 전통적인 이슬람법을 검토하고 상황이 변화했을 경우 그에 대한 이즈티하드를 제안했다. 수정되기 이전의 이슬람법은 사회정의를 실현하고 이슬람의 목적을 성취하는 데 있어서 더 이상 유효하지 않은 것으로 취급되었다. 1960년대 중반, 파키스탄은 이슬람연구기관의 조언에 따라 몇몇 전통 법규에 대한 개혁을 단행했다. 예를 들자면, 법정에서 여성의 증언에 완전하지 않은 정당성을 부여했던 중세의 법은 인간평등을 역설하는 쿠란의 가르침에도 맞지 않을 뿐더러 교육을 통해 여성의 사회적 지위 또한 크게 변화했음을 인식하면서 동등한 정당성을 가지는 것으로 수정되었다. 일부다처제와 리바(이자-역주) 수취 역시 제한되고 수정되었다. 특히 리바 수취는 그 금리의 고저에 관계없이 쿠란에 의해서 금지되어 있었으나 중세시대 이후로 성행하고 있었다. 1960년대의 이즈티하드는 리바 수취를 고리대금업으로 명명하고 계속해서 금지했으며, 대신 국제 금융시장에 부합하는 합리적인 금리가 채택되었다.

그러나 파키스탄 정부가 계속해서 '이슬람화'에 박차를 가할수록 파키스탄 내 종교계층(혹은 배타주의자)을 포함한 보수층은 정부가 특권적 지위를 가지게 되는 것은 아닌지 경계하기 시작했다. 아불 알라 마우두디가 당시 보수층의 선두주자였다(제4장 참고). 남아시아에서 가장 거대한 이슬람주의 조직이었던 자마티 이슬라미의 설립자였던 그는 애초에 인도와 파키스탄의 분할을 반대했다. 그러나 영토분할이 일어나자 파키스탄에 정착한 그는 국가의 이슬람화를 계속해서 옹호했다. 다른 이슬람주의자들과 마찬가지로 마우두디는 이즈티하드를 통해 이슬람 사회의 개정이 있어야 한다고 주장했다. 그는 또한 이슬람식 민주주의를 지향했다. 그는 '민주주의'가 아닌 '신권 민주주의'를 주장하면서 모든 이슬람 국가의 법이 계시에 순응해야 한다고 말했으나, 여전히 이슬람 국가의 법은 사회의 필요에 대응할 수 있도록 이즈티하드를 통해 유연하게 남아 있어야 한다고도 믿었다.[20] 그러나 그의 시각에 따르자면 오로지 무슬림만이 법안 형성에 참여할 권리를 가졌다. 비무슬림 국민들은 그들에게 할당된 특정 투표권만을 행사할 수 있었으며 정부 요직에도 오를 수 없었다. 아하마디아파는 19세기 인도에서 시작한 무슬림 분파였으며 예언자 무함마드의 말씀이 과연 최종적인 것인가에 대해 의문을 제기하면서 큰 비판을 받았다. 자마티 이슬라미는 계속해서 커져가는 영향력을 이용해 마침내 1974년 정부가 아하마디아파를 비무슬림으로 규정하도록 만들었다. 그 결과 아하마디아파는 조직적으로 차별을 받았으며 많은 경우 박해당했다.

파키스탄이 이슬람화와 함께 수많은 경제 계획을 성공적으로 이끌며 경제를 활성화시키고자 노력했음에도 불구하고 파키스탄의 경제는 그 수렁에서 벗어나지 못하고 있었다. 당시 파키스탄은 산업 국유화, 국토 재분배와 노동보호법 제정 등을 성공적으로 이루어냈다. 그러나 산업 국유화는 생산성의 하락을 가져왔으며 자본도피를 유발했다. 계속되는 군비 증강으로 국가재정까지 바닥나고 있었다. 1973년 파키스탄은 다시 한 번 민주정을 되찾았으며 줄피카르 알리 부토가 수상 자리에 올랐다.

그러나 심각해져만 가는 경제상황에 부토의 지지도는 계속해서 떨어졌다. 그가 이끌던 정당이 1977년 총선에서 승리를 거두자 이에 반발하는 시위가 전국적으로 일어났다. 이슬람주의자의 지지를 얻고자 했던 부토 정권은 점점 더 많은 이슬람화 조치들을 취하기 시작했으며 그 일환으로 도박과 주류 판매가 금지되었다. 그러나 이 역시 별다른 도움이 되지 못했다. 사회적 동요가 고조되자 군부가 그 틈새를 다시 한 번 노리고 정권을 차지했다. 육군사령관 지아 울 하크가 계엄령을 선포한 것이다. 부토는 살인 모의 혐의로 기소되었으며, 상당히 미

이슬람의
시간

심쩍은 사법심판 과정 끝에 1979년 4월 교수형에 처해졌다.

앞에서도 살펴보았듯, 1979년은 참으로 다사다난한 해였다. 이란에서는 이슬람 혁명이 일어났으며 파키스탄의 이웃 나라인 아프가니스탄은 소련의 침공을 받았다. 소련의 아프간 침공을 계기로 발발한 전쟁이 오랜 시간 이어지자 냉전 속에서 파키스탄이 주요한 역할을 담당하게 되었다. 군부 독재자라고도 할 수 있었던 지아 울 하크는 서방 세계와 동맹을 맺고 소련의 패배를 위해 싸웠다.

지아 울 하크는 그의 선임자와 마찬가지로 보수적인 이슬람 계층의 지지를 바탕으로 활동했다. 지아 정권은 '진정한 이슬람'을 되찾는다는 평계로 1960년대부터 근대적으로 개정되었던 이슬람법을 본래대로 되돌렸다. 여기에 서방 세계의 대리전이라는 명목으로 아프가니스탄에 주둔한 소련군과의 전쟁도 계속되었다. 그러나 이러한 사건들을 거치면서 파키스탄의 이슬람화 정책이 가진 문제가 더욱 여실히 드러나기 시작했다.

아프가니스탄은 소련 주둔군에 대해 격렬한 저항을 이어나갔다. 온갖 종류의 국민들이 자발적으로 민병대를 꾸려 정규군과 함께 싸웠으며 전 세계의 무슬림 국가들에서도 이들을 돕기 위해 용병들이 몰려들었다. 세속 국수주의자, 민주주의 지지자, 혹은 특정 종교 인사들까지 여기에 가담했다. 미국 및 아랍 세계의 미 동맹국들은 자금과 무기, 군사훈련 등을 통해 아프가니스탄이 소련 점령에 항거하는 것을 지원했다. 이들은 주로 파키스탄을 거쳐 아프가니스탄에 지원을 보냈으며, 특히 군부가 장악한 파키스탄 정보부[ISI]가 그 핵심 역할을 맡았다. 이슬람주의자이자 반민주주의자였던 지아의 군부정권은 ISI를 통해 서방과 아랍 동맹국들이 보내는 지원을 아프가니스탄 내 이슬람주의자 민병대들에게 전달했다. 이들은 곧 자신들이 종교적으로 정당화된 전쟁(지하드)을 치루고 있으며 따라서 스스로가 무자헤딘(성전을 위해 싸우는 자들)이라고 믿게 되었다(본래 이 용어들은 아프가니스탄의 저항군을 가리키던 말이었다).

　이렇게 지원을 받는 이들 중에는 1977년 이슬람정당 히즈브 이슬라미를 창당해 이끌었던 굴붓딘 헤크마티야르도 있었다. 아프가니스탄령 파슈툰 지역 출신인 그는 아프가니스탄의 세속 정부에 대한 반대 의견을 개진했다. 줄피카르 알리 부토 수상은 그와 의견을 같이하며 헤크마티야르가 파키스탄 영토 내에서 보호받을 수 있도록 해주었다. 소련 침공 이후 아프가니스탄에 서방의 지원과 군사훈련을 전달하는 데에도 헤크마티야르의 히즈브 이슬라미 정당이 큰 역할을 했다고 알려져 있다.

　그러나 한번 성립된 이슬람 군부조직은 제멋대로 나아가기 쉽다는 것이 여기서 다시 한 번 드러났다. 1989년 소련이 패배하자 헤크마티야르는 아프가니스탄 내의 다른 군사조직들과 경쟁하다가 결국 아프가니스탄 내전을 발발시켰으며, 이로 인해 소련 점령기에 맞먹는 혼란이 발생했다. 바로 이 혼란을 무대 삼아 탈레반이 성장하기 시작했다. 이들은 본래 마드라사(레바논에 위치한 이슬람 신학교-역주)의 '학생(아랍어로 탈레반)'으로 처음 모였으며 이후 칸다하르 출신의 카리스마 넘치는 교사 물라 오마르의 지도에 따라 조직화되었다.

　탈레반은 도시를 하나하나 점거하는 방식으로 나라를 안정시키고자

했다. 파키스탄 신학교의 지원으로 더욱 기세가 살아난 이들은 상대
편을 점점 더 북쪽으로 몰아냈으며 1996년에는 수도 카불을 점령하는
데 성공했다. 전투가 중단되자 국민들은 잠시나마 안도할 수 있었다.
20여 년 동안 이어졌던 전쟁 끝에 사람들은 비로소 안전하게 거리를
걸을 수 있었다. 하지만 이는 악명 높을 정도로 엄격했던 탈레반의 규
제를 지키는 이들에게만 허용된 것이었다. 여성들은 남성들과 같이 활
동할 수 없었으며, 남성들은 수염을 기르고 매일 규칙적으로 기도해야
만 했다. 주류와 음악이 금지되고 우상들은 모조리 파괴되었다. 서양
의 비디오나 포르노부터 고대 유적들까지 그 대상이 되었다. 15세기
라는 지난 세월에 걸쳐 바미얀 지역을 지키고 있던 거대한 불상들 또
한 파괴되었다. '학생'이라는 이름을 달고 있었으나 배운 구석이라곤
없었던 탈레반은 아프가니스탄을 재건하기 위해 필요한 절차를 감당
할 준비가 되어 있지 않았다. 민간 사회기반시설은 누더기가 되어 나
뒹굴었으며 경제는 바닥을 기었다. 아편의 원료가 되는 양귀비 재배산
업만이 가뭄으로 메말라가는 이 나라에서 유일하게 믿을 만한 수입원
이었다.

　이러한 조건에서 소위 '아프간 아랍'족들은 아프가니스탄을 피난처
로 삼기 시작했다. 소련이 철수한 이후 외국 용병들은 각자의 고향으
로 돌아갔지만, 조국에 돌아가도 환영받지 못했던 몇몇 이들은 아프가
니스탄을 떠나지 않거나 혹은 고향으로 갔다 다시 돌아왔다. 이들 중
가장 유명한 인물로는 오사마 빈 라덴이 있었다. 그 역시 소련과의 싸
움에서 서구와 아랍 동맹국의 원조를 받았던 자였다. 소련 철수 이후

고향 사우디아라비아로 돌아가 (걸프전 이후 주둔하고 있던) 미국 군대를 몰아내기 위해 성전을 펼치고자 했으나 거부당한 오사마 빈 라덴은 사우디 정권에 맞서기 시작했으며 이로 인해 결국 사우디 시민권을 박탈당한다. 빈 라덴과 가장 가까운 인물 중 하나였던 아이만 알 자와히리 역시 조국 이집트의 정권에 반대하다가 비슷한 상황에 처했으며 정치적 안식처를 찾기 위해 아프가니스탄으로 건너왔다. 빈 라덴과 알 자와히리는 무자헤딘 전사였던 이들과 함께 계속해서 그들의 임무를 수행하겠다는 결정을 내렸다. 소련 점령에 대한 항거는 끝났을지 몰라도, 여전히 드넓은 무슬림 세계에서는 여러 억압적인 상황이 발생하는 중이었다.

빈 라덴은 다양한 종류의 투쟁을 계속하기 위한 '기반(아랍어로 알 카에다)'을 닦았다. 이후 알 카에다는 전 지구적 문제들의 원인으로 여겨졌던 일련의 적들을 상정하고 그에 맞서는 데 집중했으며, 미국과 유대인들을 공범으로 취급했다. 1998년 이들은 '유대인과 십자군(서방 기독교인)에 대항하는 성전을 위한 세계 이슬람전선'을 결성하기에 이르렀다. 알 카에다는 전 세계를 대상으로 수차례 테러를 저질렀는데, 2001년 9월 11일 세계무역센터와 펜타곤을 동시다발적으로 공격하는 것으로 정점을 찍었다.

미국은 즉각 공격의 배후로 빈 라덴을 지목하고 그를 추적하기 시작했다. 탈레반의 지도자들은 그의 송환을 거부했으나, 대신 그를 제3국으로 보내 국제법의 심판을 받을 수 있도록 하겠다고 제안했다. 그러나 탈레반을 깊이 불신했던 미국은 이 제안을 거절하고 2001년 10월

이 슬 람 의
시 간

7일 아프가니스탄 전쟁을 일으켰다. 탈레반은 즉각 정권을 빼앗겼지만 서방 세력의 지원을 받는 아프가니스탄 정부에 대항해 계속해서 맞서 싸웠으며, 여기에 헤크마티야르와 히즈브 등 전 무자헤딘 전사들이 참여했다. 2008년에 이르자 아프가니스탄 내의 갈등은 점점 더 그 범위를 넓혀 국경지대에 이르렀으며 이웃 나라인 파키스탄에까지 영향을 미치게 되었다.

당시 파키스탄은 지아 울 하크가 1988년 비행기 사고로 세상을 떠나고 민주정이 다시 한 번 들어선 상태였다. 줄피카르 알리 부토의 딸이자 하버드를 졸업한 베나지르 부토가 1988년 총리에 당선되면서 아버지와 마찬가지로 사회정의 및 가난한 이들을 위한 정치를 펼쳤다. 그러나 그녀는 아버지와 마찬가지로 군국화를 이어나갔으며 파키스탄의 핵 프로그램 또한 계속 유지했다. 미국은 핵 시설을 이유로 파키스탄에 경제적 제재를 가했으나, 소련의 아프가니스탄 점령으로 미국의 외교정책에 있어서 파키스탄의 역할이 한층 중요해지자 이러한 제재 조치는 무시되었다. 실제로 경제제재 조치가 처음 시행된 것은 1990년의 일이었다. 파키스탄에 대한 미국의 원조가 끊기자 국가 경제가 심각한 타격을 받았다. 여기에 부토와 부토의 남편이 부정부패 혐의로 기소당하면서 자리를 내놓아야 했다. 이후 시행된 선거에서 나와즈 샤리프가 총리직에 최초로 당선되었다. 나와즈는 파키스탄의 군국화 기조를 이어나갔으나 부토 시대의 사회주의 정책들을 폐지하고 국가 산업을 다시금 사유화시켰다. 그러나 나와즈 역시 부정부패와 재정비리로 기소된 끝에 1993년 사임했으며 이후 베나지르가 재집권했다. 베나지르는 파키스탄의 서쪽 국경지대에 자리 잡고 있던 탈레반을 지원하며 정권 유지를 한층 공고히 하는 동시에, 이웃 나라이자 핵보유국인 인도의 위협을 억제하기 위해 계속해서 핵 프로그램을 유지했다. 미국은 이에 한층 더 수위 높은 경제제재를 취했으며 파키스탄의 경제는 쇠약해져만 갔다. 다시 한 번 부정부패 혐의에 휘말린 그녀의 정권은 1996년 막을 내렸고 선거를 통해 나와즈 샤리프가 또 한 번 재집권했다.

나와즈 수상의 두 번째 임기 동안 파키스탄과 인도의 관계는 바닥을 쳤다. 파키스탄은 1998년 핵 운반이 가능한 가우리 1호 미사일 실험에 성공했다. 인도가 이에 맞서 즉각 두 번째 핵무기 실험을 단행하자, 자극받은 파키스탄 역시 첫 번째 핵실험을 시행했다. 나와즈는 인도 정부와의 관계 개선을 위해 노력했으나 파키스탄의 군부는 그와는 달리 지금이 바로 군사적 대치가 필요한 시점이라고 믿었다. 합동참모본부 의장 페르베즈 무샤라프 장군은 카슈미르 지역의 인도령을 예고 없이 공습했다. 군대는 곧 나와즈에 의해 철수되었으나, 이로 인해 군부대 내에서 나와즈에 대한 큰 반발감이 자라났다. 1999년 무샤라프 장군은 또 다른 군사 쿠데타를 일으키고 나와즈를 축출했다.

쿠데타가 일어난 직후 국민들은 무샤라프 세력이 부정부패를 종식시키고 안정을 되찾아줄 것이라는 희망에 부풀었으며 그에 따라 쿠데타 세력에 전폭적인 지지를 보냈다. 당시 파키스탄의 민중 사이에서는 반정부적 '탈레반화'의 물결이 일고 있었으며, 탈레반을 지원하며 ISI의 비호를 받던 이슬람주의 정당들은 대중 사이에서 점점 그 영

이 슬 람 의
시   간

향력을 키우고 있었다. 정부는 곧 이 거대한 물결을 두려워하게 되었다. 2000년 봄의 한 사건이 이 사태를 잘 보여주고 있다. 당시의 '신성모독법(헌법 제295조 C)'에 의하면 이슬람교나 예언자 무함마드를 모욕한 이들은 그 방식이나 정도에 관계없이 무조건 사형이 구형되었으며, 대부분의 경우 소수자(특히 아하마디아파나 기독교인)를 박해하는 방식으로 집행되었다. 많은 파키스탄 국민이 신성모독법은 단순히 복수의 수단으로 사용될 뿐만 아니라 나아가 법치주의나 이슬람의 원칙들에도 부합하지 않는다고 항의했다. 당시 참모의장이었던 페르베즈 무샤라프 장군은 이들의 주장을 받아들여 신성모독법을 수정하고자 했다. 그러나 결국은 종교계 보수정당들의 대규모 시위 등으로 인해 법안 개정은 무산되었다.

또 다른 국제적 위기가 발생하자 파키스탄이 곧 민주주의를 되찾을 수 있을 것이라는 희망이 다시 한 번 움텄다. 9.11 테러가 발생하자 미국이 아프가니스탄을 침공하면서 무샤라프 장군의 지원을 요청한 것이다. 무샤라프 장군은 탈레반 정권을 공격하는 대가로 서방 세계로부터 상당한 혜택을 받을 수 있었다. 그러나 이슬람주의자를 군사작전에서 같은 편으로 끌어들이겠다는 것은 양날의 검이라는 사실이 또 한 번 자명하게 밝혀졌다. 파키스탄 내부에서 미국의 아프간 침공에 반대하는 세력이 거세게 일어났기 때문이다. 소련이 아프가니스탄을 점령했던 것도 얼마 전의 일일 뿐더러, 9.11 테러와 직접적으로 관계된 사람 중 사실상 아프가니스탄 국민은 아무도 없다는 사실 때문에 파키스탄 국민들은 동요했다. 그러나 국민들은 무엇보다도 탈레반이 국경

반대편의 아프가니스탄 땅에서만 머물러 있지 않는다는 사실을 크게 신경 썼다. 수많은 탈레반 전사들이 미군의 공격을 피해 파키스탄으로 넘어오고 있었다. 곧 파키스탄 정부는 이렇게 국경을 넘는 탈레반 세력을 공격하기 시작했으며, 2004년에는 미국이 파키스탄 영토에서도 탈레반을 공습할 수 있도록 허가했다. 사태가 이렇게 흘러가자 탈레반 또한 파키스탄 정부에 등을 돌리게 되었다.

2007년, 이슬라마바드의 보수적이고 반미주의적인 모스크에 대해 파키스탄 정부가 공격을 단행하자 그에 대한 반발로 파키스탄 내 파튜순족의 지도자이자 오랫동안 아프간 내 탈레반을 지원했던 바이툴라 메수드가 다양한 부족 전투원들을 한데 모아 조직을 형성했다. 파키스탄 정부의 정책, 특히 미국과 동맹을 맺고 탈레반을 공격하는 정책에 반대하는 이들이 한데 결집되었다. 이것이 바로 파키스탄 탈레반 운동TTP의 공식적인 시초였다. 카이베르파크툰크와 주의 탈레반 지부와 '이슬람법 집행을 위한 운동TNSM' 인사들도 여기에 합류했다. 1992년 설립된 TNSM은 파키스탄의 주요 종교 인사이자 ISI와 아프간 탈레반의 중간 역할을 수행했던 마우라나 파즐라 레흐만이 주도하던 집단이었다.

무샤라프 장군은 아프가니스탄에서의 행적을 근거로 레흐만을 체포하고 2002년 TNSM에 활동금지 초지를 내렸다. 그러나 미국 주도의 전쟁이 한층 확대되자 그에 대반 반발로 TNSM 세력이 점점 자라났다. 파키스탄 정부에 맞서 파키스탄 탈레반이 형성되자 TNSM은 카이베르파크툰크와 주의 스왓 계곡을 점령하고 보수적인 이슬람의 기조 아래에서 잔혹한 파슈툰식 통치를 단행했다. 앞서 살펴보았듯이, 이러한 활동에 의해 파키스탄 전역에 '탈레반화'가 깊이 뿌리내렸으며 파키스탄은 그 희생물로 전락했다.

그러나 전 세계의 지정학이 소용돌이에 휘말린 상태에서도 파키스탄의 민주화를 향한 노력은 그칠 줄을 몰랐다. 2007년에 이르자 군부독재에 항거하는 민중 시위가 거세게 일어났으며, 이에 무샤라프 장군은 총선을 허용했다. 망명생활 중이었던 베나지르 부토의 귀국 또한 허용되었기 때문에 그녀는 파키스탄으로 돌아와 선거운동을 펼쳤다. 2007년 말 그녀는 암살당했는데, 이는 파키스탄 탈레반 조직원의 소행으로 추정된다. 이후 부토의 남편인 아시프 알리 자르다리가 대통령에 당선되었다.

마침내 파키스탄은 민주주의를 되찾았으며 자르다리는 5년의 임기 동안 대통령직을 수행했다. 이후 선거에서는 나와즈 샤리프가 당선되며 세 번째 수상직을 지냈는데, 바로 이 선거가 파키스탄의 짧은 역사상 민주정부의 권력이 민주적으로 이양되는 최초의 순간이었다. 그러나 수십 년간 이어졌던 군국주의는 민간의 개발을 저해했던 것은 물론이며, 종교적 정서를 정치적 이익을 위해 사용하면서 일부 국민들을 급진적으로 만들었다. 이 때문에 파키스탄 국민들은 민주주의가 도래한 이후에도 군국주의의 무참한 흔적들과 싸우고 있다. 파키스탄 정부는 미국과 협력해서 파키스탄 내 탈레반 세력을 계속해서 공격하고 있으나, 파키스탄 탈레반은 군사시설은 물론 호텔이나 심지어는 학교 같은 민간시설들에 테러를 가하고 있다. 파키스탄 탈레반은 2012년 스왓 계곡에서 여학생들에게 총격을 가했는데, 이 사건은 말랄라 유사 프자이의 인생을 담은 베스트셀러 『나는 말랄라 ^{I Am Malala}』로 널리 알려져 있다. 소녀들이 총격을 받아야 했던 이유는 바로 파슈툰 부족의 윤리 때문이었다. 파슈툰은 여성이 동행 없이 공공장소를 돌아다니는 것을 금지하는 동시에, 전통적 성역할로부터 여성을 괴리시킨다며 여성의 교육을 금지하고 있었기 때문이다. 이후 2014년 12월, 탈레반은 카이베르파크툰크와 주의 군사학교를 공격해 132명의 학생들과 13명의 교사진을 살해했다. 파키스탄 탈레반 섬멸 작전에서 어린 아이들을 포함한 민간인 사상자가 다수 발생한 데 대한 보복이었다. 나아가 탈레반의 몇몇 인사들은 시아파 이슬람교를 진정한 이슬람교가 아니라고 보았으며 따라서 모두 뿌리 뽑아야 한다고 주장하며 이러한 공격을 단행하기도 했다. 반시아파적 테러들은 파키스탄 내 소수 시아파 교도들의 과격화를 초래하기도 했다.

파키스탄의 군대는 전 세계에서 가장 강성한 군대로 손꼽히지만, 파키스탄의 민간 사회기반시설은 여전히 열악한 수준에 머물러 있다. 유엔의 인간개발보고서에서 파키스탄은 146위를 차지했다. 50퍼센트에 가까운 국민이 빈곤층이며, 20퍼센트는 하루에 1.25달러 이하로 생활한다. 성인 중 글을 읽을 줄 아는 자 또한 55퍼센트에 미치지 못한다. 이러한 사회문제들은 파키스탄 사회 전반에 자리 잡고 있다. 2014년 퓨리서치센터의 조사에 따르자면 90퍼센트 이상의 파키스탄 국민이 쌀값 안정, 전기와 일자리 부족 해결을 국가가 해결해야 할 최우선 과제로 꼽았다. 87퍼센트의 응답자가 범죄 해결을 꼽았으며 의료보험제도 개선은 62퍼센트, 부정부패 척결로는 52퍼센트의 응답을 받았다. 국공채, 낮은 수준의 교육, 식품안전, 교통, 수질 및 대기오염 등의 해결이 그 뒤를 이었다. 아프가니스탄과의 관계 회복은 28퍼센트에 그쳤다.[21] 파키스탄 국민들은 1990년대부터 과격화를 경계하기 시작했으며 자국의 테러리스트 또한 큰 위협으로 받아들이고 있다. 파키스탄은 미국과 함께 계속해서 탈레반을 공격하고 있으나, 오히려 테러를 부추기는 등 역효과만 내는 것처럼 보인다.

나와즈 샤리프 수상에게 세 번째 임기를 선물한 2013년의 선거는 파키스탄 역사에 있어서 매우 독특한 사건이었다. 줄피카르 알리 부토가 1970년대에 창당한 파키스탄 인민당PPP이나 무슬림연맹과 같이 건국 당시부터 존재하던 정당이 아닌 제3당이 총선에서 상당한 득표를 얻었기 때문이다. 테흐리크-에-인사프(파키스탄 정의운동당PTI)가 그 주인공이다. 자선가이자 전직 크리켓 선수인 임란 칸이 1997년에 창당한 파키스탄 정의운동당은 이슬람의 사회정의 기조를 바탕으로 민간 사회기반시설의 개발과 환경보호, 정부의 투명성과 접근성 등을 공약으로 내걸면서 2013년 총선에서 34석을 획득했다(파키스탄 인민당이 45석, 무슬림연맹이 166석이었다). 당시 일각에서는 투표조작 논란이 크게 일었으며 정의운동당 지지자들은 계속해서 선거 결과에 항의했다. 어쨌든 파키스탄의 세 정당은 모두 민주주의가 이슬람식 통치의 새로운 표현임을 받아들이고, 건국 원칙으로서의 민주주의를 계속해서 지켜나갈 것임을 역설하고 있다.

인도네시아

터키나 이란, 파키스탄이 격렬한 나날들을 거쳤던 것과는 달리, 세계에서 가장 큰 무슬림 국가인 인도네시아는 점진적으로 민주화를 이룩했다. 파키스탄과 마찬가지로 인도네시아 역시 식민 지배세력(이 경우에는 네덜란드)이 정해준 경계를 가지고 독립했다(1949). 인도네시아 영토 안에는 수백 개의 민족과 언어들이 섞여 있었다. 식민 지배 경험이나 이슬람교에 대해 전반적인 합의가 없었던 이곳에서 지도층은 일관성 있는 국가를 만들기 위해 노력했으며, 그 역할은 (식민 지배를 받았던 국가 대부분에서 그러했듯) 군부가 도맡게 되었다. 그러나 인도네시아의 짧은 역사 동안 민주주의는 다섯 가지 원칙(판차실라pancasila)에 의거해 발전했다. 인도네시아의 민족주의 지도자였던 수카르노 장군은 1945년 이 다섯 개의 건국원칙을 밝히는데, 여기에는 인도네시아 민족주의, 국제 표준적 정의, 합의적이고 민주적인 통치, 사회복지, 그리고 유일신교가 포함되어 있었다. 또한 수카르노 대통령의 1959년 발언에 따르자면, 실질적인 측면에서 민주화 과정을 이끌었던 것 역시 군부의 역할이었다.

1955년, 수카르노와 그가 이끌던 인도네시아국민당[PNI] 정권은 국회의원 선출을 위한 첫 번째 총선을 허용했다. 그러나 이렇게 선출된 국회의원은 별다른 권한을 가지지 못하다가 얼마 지나지 않아 정치적으로 임명된 사람들이 그들의 자리를 대신하게 되었다. 이를 통해 정부는 정부에 반대하는 민족이나 사상 집단들을 다스리고 안정을 유지하

이 슬 람 의
시 간

고자 했다. 사회주의자나 이슬람 정당 또한 예외는 아니었다. 그러나 수카르노가 언론을 통제하고 여타 시민적 자유를 제한하면서 그의 정권에 대한 대중적 반발이 자라났다. 수카르노는 자신의 지위를 공고히 하기 위해서, 당시 비동맹운동회의(냉전기 미국과 소련 어느 쪽에도 속하지 않음을 천명한 국가들의 회의-역주)에서 주도적인 역할을 맡고 있었음에도 불구하고 국내의 공산주의자 집단들과 결탁했다. 이것이 그의 발목을 잡고 말았다. 1965년 군사 쿠데타가 발생해 수카르노를 자리에서 끌어내렸으며 대신 수하르토 장군이 권좌에 앉아 공산주의자들에 대한 대대적인 숙청을 단행했다.

수하르토 정권은 1971년 '신질서'를 제창하고 정부가 정당의 형성이나 입법국회를 위한 선거를 주도적으로 조직할 것이라 밝혔다. 정당은 크게 세 개로 합쳐졌다. 수많은 무슬림 정당이 통일개발당PPP으로 합쳐졌으며, 건국 당시의 국민개발당을 포함해 민족주의적 기조를 가진 정당들은 인도네시아민주당PDI으로 병합되었다. 여기에 정부와 군부 인사들을 대표했던 골카르당도 있었다. 1971년부터 정기적인 총선이 시행되었으나, 정부의 세심한 '지도' 아래에서 골카르당이 계속해서 우위를 점했다.

민주주의를 제한하는 이러한 조치들은 다음 25년여 동안 끊임없는 반대를 불러 일으켰다. 1997년 아시아 외환위기는 인도네시아의 경제를 완전히 망가트렸다. 대규모의 자금 유출이 일어났으며 인도네시아의 환가치가 바닥에 떨어졌다. 경제난이 발생한 국가들에서 종종 그러하듯, 인도네시아 국민들은 서로에게 등을 돌렸으며 결국 민족적 충돌들이 발생했다. 1998년 3월 수하르토가 재당선되자 전국 각지에서 시위와 폭동이 일어나 경제파탄에 대해 정부에 책임을 물었다. 그해 5월, 학생들의 주도와 군부의 지원으로 대규모 시위가 발생하자 수하르토는 사임할 수밖에 없었다. 동시에 반부패 운동이자 민주주의 개혁운동(르포르마시reformasi) 또한 자라났다. 안와르 이브라힘이 주도했던 이 운동은 인도네시아 내 주요 무슬림 단체들의 지지를 받았다. 안와르 이브라힘은 마하티르 모함마드가 오랜 기간 총리직을 지낼 때 부총리로서 그의 곁을 지켰다. 1998년 9월, 마하티르는 개혁적 성향의 안와르에게 부정부패 및 동성애 혐의를 씌워 해임시켰다가 대중의 더 큰 반발을 불러 일으켰다.

1999년 인도네시아 최초로 완전히 민주적인 선거가 시행되었으며, 보수적이며 친민주주의적인 무슬림 단체 나흐타둘 우라마NU를 이끌었던 압둘라흐만 와히드(1940-2009)가 이 선거를 통해 대통령으로 당선되었다. 와히드는 군부가 정치에 개입할 가능성을 축소시키는 정책을 펼치는 한편 동티모르의 군사적 인권학대 사태를 조사하기 위해 재판소를 설립한 것 등으로 큰 존경을 받았다. 그러나 그의 전반적인 행정운영 능력은 다소 기대에 미치지 못했다. 2001년 인도네시아 국회는 그를 탄핵했으며, 부통령 메가와티 수카르노푸트리가 그의 자리를 대신하게 되었다.

수카르노 전 대통령의 딸이었던 메가와티는 1999년 선거에서 그녀가 창당한 민주투쟁당PDI-P을 승리로 이끌었다. 보수적인 무슬림들은 그녀가 대통령이 되는 것을 반대했으나 대다수의 국민들이 강렬한 지지를 보냈다. 또한 메가와티는 2002년 발리의 한 나이트클럽을 폭격하며 202명의 사망자를 발생시킨 알 카에다 연관 테러리스트 조직에 단호하게 대처하면서 큰 인기를 구가했다.

인도네시아의 민주주의 발전은 2004년 선거에서도 다시 한 번 여실히 드러났다. 이 첫 번째 대통령 직선제 선거에서는 수실로 밤방 유도요노가 당선되었다. 2009년 재선에 성공한 유도요노는 베테랑 군인이자 민주당 당원이었다. 수완 좋은 행정가로서 그는 경제 회복과 자유무역, 교육의 질 개선, 의료보험제도 등을 주로 다루었으며 인도네시아의 광활한 열대우림 보호나 기후변화와 같은 환경문제 해결을 위해 지역적 협력을 도모하기도 했다.

2014년에는 조코 위도도(조코위)가 대통령에 당선되었다. 수카르노푸트리의 민주투쟁당 출신인 조코위 대통령은 인도네시아 정치의 새로운 지평을 상징하는 인물이다. 그 어떤 기성 엘리트 세대도 대표하지 않는 것처럼 보이는 조코위 대통령은 메탈리카와 네이팜 데스의 음악을 좋아하는 친근한 이미지로 널리 알려지며 대중 사이에서 큰 인기를 끌고 있다. 60퍼센트가 넘는 득표율로 대통령에 당선된 조코위 대통령은 오늘날 인도네시아 국민 대부분이 도시 지역의 중산층으로 변모했음을 잘 보여준다. 터키의 경우와 마찬가지로, 이러한 인구통계학적 변화는 전통주의자 엘리트층이나 군부의 권력기반을 약화시킨다. 사회적 상향이동을 경험하고 있으며 보다 도시화된 세대들은 사상보다 공동의 이익을 고려해 정치적 선택을 내리기 때문이다.

튀니지와 아랍의 봄

앞서 살펴보았던 다른 국가들과는 달리 인도네시아에서는 단 한 번도 이슬람 대 민주주의 간의 정치적 대결이 발생하지 않았다. 이슬람은 언제나 사회적 기층 중의 하나로서 국가의 민주화 과정을 지지했다. 이러한 기조가 더욱 잘 드러난 곳이 바로 튀니지다. 고대 도시 카르타고가 있었던 곳이자 그 유명한 전사 한니발이 있었던 튀니지는 '아랍의 봄'에 가장 깊이 연관된 국가였다. 앞서 제4장에서 살펴보았듯이, 튀니지의 이웃 국가 알제리를 식민지로 들인 프랑스는 1881년 튀니지를 '피보호국'으로 지정했다. 알제리가 프랑스에 맞서 파괴적이고 기나긴 독립전쟁을 치르던 20세기 중반 동안 튀니지의 민족주의자들은 프랑스를 정치적으로 꾸준히 압박하며 튀니지와 알제리의 해방을 요구했다.

마침내 1956년 튀니지는 독립을 얻어냈다. 튀니지의 독립운동을 이끌었던 것은 언론인이자 정치행동가였던 하비브 부르기바(1903-2000)였다. 전 오스만 제국의 관료였던 자가 튀니지의 독립과 함께 왕위에 올랐으나, 부르기바가 이끌던 민족주의자들은 왕정을 해체하고 부르기바를 대통령으로 하는 튀니지 공화국을 건국했다. 1959년 제정된 헌법을 통해 대통령에게 광범위한 권한이 부여되었으며 부르기바는 이를 토대로 독재를 펼쳤다. 영국의 식민 지배를 받았던 국가들과는 달리 프랑스 행정부는 튀니지에 강력한 군부조직을 남기지 않았다. 신생독립국이었던 튀니지는 스스로 군대를 세웠으며 이 역시 강력한 민간인 대통령 부르기바가 상당 부분 주도했다.

부르기바 대통령은 이를 바탕으로 지난 75년간 이어진 프랑스의 식민 지배로부터 튀니지를 빠르게 회복시킬 수 있었다. 튀니지는 2015년 기준으로 110만 명의 인구가 살고 있는 작은 나라이며, 대부분의 영토가 사막지대이긴 하나 20퍼센트 정도의 국토 위에서는 농업이 성대하게 발전했다. 석유와 인산염, 그리고 다른 광물자원까지 풍부하게 매장되어 있었기 때문에 튀니지는 이를 기반으로 산업을 발전시키면서 국제무역에서의 흑자국이 될 수 있었다. 800마일에 달하는 지중해 해안선은 매력적인 관광지로, 유럽인들을 비롯한 수많은 여행자들이 긴 겨울을 피해 찾아가는 곳이다. 부르기바는 실로 공격적인 개발계획을 시행하며 국가의 석유사업과 탄광사업에 집중하는 것은 물론 섬유산업과 관광산업 등 다른 분야에도 큰 신경을 쏟았다. 또한 부르기바 정권은 의료보험과 교육을 비롯한 사회복지사업에도 막대한 재정을 투자했다. 오늘날 튀니지는 부유한 걸프만 국가들(바레인, 이라크, 쿠웨이트, 카타르, 사우디아라비아-역주)을 제외한다면 무슬림 세계에서 가장 낮은 문맹률을 자랑한다.

하지만 경제개발은 느리게 진행되었으며 부르기바의 통치는 특히 비민주적인 것이었다. 아타튀르크나 레자 샤와 마찬가지로 부르기바는 호전적인 세속주의자였다. 유럽의 역사 속에서 교회의 지원을 받는 전제정이 유발했던 대립들에 크게 영향받은 부르기바는 종교가 시대역행적인 요소라고 생각했다. 이에 따라 그는 전통 신학교들을 해체시키고 대학들을 세속화시키는 등 종교계층의 세력을 약화시키는 데 집중했다. 또한 그 전 세대의 세속주의자들과 마찬가지로 전통적인 종교법 권위자들의 조언을 귀담아듣지 않았다.

부르기바의 정부는 민사입법을 완전히 통솔했을 뿐만 아니라, 나아가 식민 지배세력도 건드리지 않았던 가족법까지 세속화시켰다. 1956년 부르기바가 제정한 개인지위법에 의해 남성과 여성에게 동등한 법적 권리가 보장되었다. 하지만 법안의 내용보다는 과연 정부가 전통적인 법조계 권위자들로부터 독립적인 입법권을 가질 수 있느냐에 대한 논쟁이 펼쳐졌다. 정부가 선대의 법을 무시하고 일부다처제와 여성의 베일 착용을 금지시키자 논쟁은 더욱 격화되었으며, 1960년에는 노동자들의 생산성 하락을 이유로 라마단 기간 동안의 단식을 금지하자 논란은 극에 달했다.

튀니지는 개선된 정책들을 바탕으로 1970년대 큰 경제성장을 이루었으나, 부의 상당 부분이 대통령과 가까웠던 엘리트 계층에 집중되어 있었다. 튀니지의 저소득층은 빈곤에 허덕이다가 1978년 총파업과 민중 시위를 일으켰다. 이보다 앞선 1975년 스스로 종신직 대통령임을 선포했던 부르기바는 군대를 동원해 시위를 진압했으며, 이에 시위는 수많은 사상자를 발생시킨 폭동으로 발전했다.

이러한 사태를 배경으로 민주화와 개발 모두를 위해 노력했던 이슬람 지도자가 출현했다. 라시드 알 간누쉬가 그 선도자였다. 이슬람의 전통 교육기관 및 파리 소르본대학을 모두 거쳤던 간누쉬는 소멸하기 일보 직전인 이슬람의 전통주의에 있어서 단순히 외국의 체제를 그대로 들여오는 것보다 더 나은 방법이 있을 것이라고 믿었다. 과거의 진보적인 무슬림 개혁가들 및 1979년 이란 혁명의 성공에 고무된 간누쉬는 이슬람협회를 설립하고 노동권과 경제 및 사회 문제를 다루도록 했다. 1981년에 이르자 이 이슬람협회는 정당으로 발전했는데, 이것이 바로 이슬람성향운동^{MTI}의 시초였다. 당시 튀니지 내에서 발족한 여타 이슬람 운동들은 유럽의 식민 지배가 남기고 간 정치체제를 비난하면서 민주정체 또한 거부했다. 하지만 이슬람성향운동은 민주정부 안에서 모든 튀니지 국민들의 참정권을 보장하고자 했다.

이슬람성향운동의 진보적인 의제는 확실히 튀니지 국민들의 마음을 울렸다. 민주주의와 사회정의를 이슬람의 가치들과 일치하는 수준에서 요구하면서 튀니지의 아랍계 이슬람이라는 정체성까지 지켜내고자 했던 간누쉬는 당대 엘리트주의적이고 세속주의적이며 친불파였던 부르기바 독재정권의 강력한 대항마로 떠올랐다. 부르기바 정권 또한 간누쉬 세력을 큰 위협으로 간주했으며, 이슬람성향운동 지도자들을 구금하고 당원들을 침묵시켰다.

1980년대 들어서 튀니지의 경제 개발이 한층 느려지면서 상황은 더욱 어려워졌다. 최저생활 임금과 인간다운 삶의 질을 보장하라는 시위가 1984년 다시 한 번 발생했다. 1979년 이란 혁명 이후로 독재자들이 전형적으로 보였던 반응과 똑같이, 부르기바는 폭동의 원인으로 '과격한 이슬람'을 지목하고 이슬람성향운동을 (당시 비폭력 기조를 이어가고 있었음에도 불구하고) 국가의 적으로 선포했다. 공공장소에서의 기도와 이슬람 정체성을 상징하는 일들이 새로운 정부 규제에 의해 금지되었다. 1987년 간누쉬는 다시 한 번 체포되어 종신형을 선고받았다. 이후

감형을 받은 간누쉬는 1988년에 출소했다.

1987년 부르기바가 병들어 쇠약해지자 더 이상 국정을 운영할 수 없다는 판단이 내려졌으며, 제인 엘아비디네 벤 알리 장군이 그 자리를 대신했다. 벤 알리는 부르기바의 극단적인 세속주의를 이어나갔으나 처음에는 이슬람주의자 개혁가들의 요구와 세속주의 사이에서 중립적인 면모를 보여주었다. 그는 종종 공개적으로 이슬람교를 언급했는데, 이는 신학교를 폐교하고 연례 라마단 단식을 금지했던 부르기바와는 사뭇 다른 모습이었다. 벤 알리는 자신이 이끌던 사회주의 데스투르당의 이름을 민주입헌연합으로 바꿨다. 또한 1989년에는 (비록 상당한 통제 아래에서 치러지긴 했으나) 최초의 다당 선거를 시행했다. 그는 특히 이슬람성향운동당을 가리켜, 그 어느 정당도 이슬람이라는 정체성을 독차지할 수 없다고 못 박았다. 이에 대해 이슬람성향운동은 당명에서 '이슬람'을 삭제하고 알 나흐다(Al-Nahda, 르네상스) 당으로 거듭났다. 벤 알리 정권은 계속해서 정당활동을 금지했으나, 무소속 후보로 출마했던 알 나흐다 당의 후보들은 선거에서 전국적인 지지를 획득했다.

선거 결과가 이와 같이 드러나자 벤 알리 정부는 한층 더 경각심을 보였으며 이에 대한 이슬람 급진주의자들의 공포 또한 자라났다. 또다시 체포될 것을 우려한 간누쉬 및 알 나흐다 간부들은 1989년 튀니지를 떠났다(간누쉬는 1993년 영국으로 망명했다). 벤 알리 정권은 계속해서 본국의 알 나흐다 지지자들을 압박했다. 1990년대 초, 수천 명의 행동가들이 구금되었으며 이 중 수백 명이 기나긴 형을 선고받았다. 이들이 고문과 협박, 위협을 받았다는 이야기 또한 자주 들려왔다. 알 나흐다의 지도층은 비폭력 기조를 유지했으나, 일반 당원들 사이에서는 불만이 자라났으며 이에 몇몇 과격화된 인물들이 알 나흐다를 탈당해 스스로 조직을 구성하는 일들이 벌어졌다. 그러나 이렇게 탈당한 이들이 벌였던 테러 행위까지도 알 나흐다의 책임으로 돌아갔으며, 알 나흐다가 테러리즘을 비난했음에도 불구하고 튀니지 정부는 이 사건을 통해 더 많은 간부에 대한 체포와 억압을 정당화시켰다. 다수의 알 나흐다 간부들이 구금 도중 세상을 떠났으며, 수백여 명의 당원들이 엄중한 형을 선고받았다.

다른 이슬람 조직들 사이에서도 과격화의 바람이 불고 있었는데, 이들 중에는 전통적으로 비정치적이며 극도로 보수주의적이었던 살라피스트 집단도 있었다. 당시 새롭게 떠오르던 초국적 테러리스트 집단인 알 카에다에서 많은 이들이 영감을 받았으며, 특히 뉴욕과 워싱턴 DC에 9.11 테러를 가한 이후로 한층 더 그에 대한 공감대가 자라났다. 몇몇 이들은 알 카에다와 함께 활동하기 위해 외국으로 건너갔으며, 다른 몇몇 이들은 자국에 알 카에다식 테러를 자행하기도 했다. 이번에도 마찬가지로, 튀니지 정부는 이슬람 급진주의자들의 행동을 이용해 모든 이슬람주의 행동가들을 테러리스트라고 규정했다(여전히, 알 나흐다와 같이 비폭력적이고 친민주주의적인 기조가 압도적이었던 정당에도 예외란 없었다). 다른 수많은 독재정권과 마찬가지로 벤 알리는 서방 세계의 '전 지구적 테러와의 전쟁GWOT'을 돕는다는 이유로 자국의 친민주주의 활동가들을 압박했다.

21세기의 첫 번째 십 년 동안 튀니지는 계속해서 경제성장을 이루었으나, 높은 실업률과 더불어 엄청나게 부유한 엘리트층과 저소득층 노동자 계급 간의 간극은 해결될 줄 몰랐다. 벤 알리와 그의 대가족은 국가경제의 노른자위를 손 안에 넣은 채 엄청나게 화려한 생활을 즐겼던 반면, 1인당 국민평균소득은 연간 4,000달러 이하로 추락하는 한편 실업률은 대졸 경제인구를 포함하여 30퍼센트를 웃돌았다. 국가의 엄청난 경찰병력 역시 시민 자유를 악랄하게 탄압했다. 개가 짖으려면 알제리 국경을 넘어야 한다는 농담이 유행할 정도였다.

벤 알리 정권에 대한 저항은 마침내 공공연한 반란으로 이어졌는데, 이는 매우 상징적인 사건 하나로 촉발되었다. 당시 26살이던 모하메드 부아지지는 그의 어머니와 형제들을 먹여 살리기 위해 학업을 그만둬야만 했다. 그는 이후 시디 부지드에서 길거리에 수레를 세워놓고 과일을 팔았다. 2010년 12월 17일, 한 경찰관이 노점상 허가를 받을 수도, 뇌물을 줄 수도 없다는 그와 입씨름을 벌인 끝에 그를 폭행하고 노점을 몰수해가는 사건이 벌어졌다. 부아지지는 정부에 도움을 요청했지만 묵살되었다. 극도의 절망에 빠진 부아지지는 차도 한가운데에 서서 온몸에 가솔린을 붓고 불을 붙였다. 부아지지의 분신자살 소식은 소셜 미디어를 통해 빠르게 퍼져나갔으며 곧이어 대규모의 반란이 일어났다. 처음 시디 부지드에서 촉발된 반란은 이후 전국으로 퍼져나갔다. 안전보장군이 그 특유의 잔혹한 방식으로 군중을 해산시키려 했으나 번번이 실패로 돌아갔다. 수백 명의 사망자가 발생했으나 시위는 계속되었다. 결국 2011년 1월 14일 벤 알리의 사임을 이끌어낸 이 혁명은 이후 '아랍의 봄'의 단초가 되었다.

알 나흐다 간부들은 즉시 망명생활을 접고 튀니지에 새로 들어선 민주정부에 합류했다. 헌법의 초안을 작성하는 제헌국회 구성 선거가 그해 10월 시행되었다. 탄탄한 조직을 바탕으로 기나긴 억압의 세월을 뚫고 살아남아 전국적인 지지를 받던 알 나흐다는 순조롭게 제헌국회의 상당수를 차지할 수 있었다. 이들은 이슬람교에 집중했다기보다는 주요한 이슬람의 문제들인 경제와 사회정의 등에 더욱 집중하는 모습을 보여주었다. 하지만 세속주의 정당, 특히 그중에서도 지난 정권의 잔존 인사들이 조직한 정당들은 이슬람주의자들이 튀니지의 법체계를 무너트리고 전통적인 이슬람법을 시행하려 한다고 주장했다. 간누쉬는 이 혐의를 계속해서 부인했으나 확고한 세속주의자들은 계속해서 회의적인 시선을 보냈다. 알 나흐다의 반대세력 역시 벤 알리 시대에 그랬던 것과 마찬가지로 알 나흐다를 비난하면서, 이들이 위장된 테러리스트 조직에 지나지 않는다고 주장했다. 진정한 과격주의자들이 일으켰던 테러 행위들은 알 나흐다를 비난하는 데 사용되었으며 세속주의자들의 의심은 높아져만 갔다. 그러나 50퍼센트가 넘는 투표율을 기록했던 이 선거에서 알 나흐다는 40퍼센트의 득표율을 올렸다. 여론조사에 의하면 알 나흐다를 지지했던 이들 중 대다수가 종교적 편향성과 관계없이 이들의 경제정책 및 인권정책을 보고 표를 던져주었다.

알 나흐다는 다른 정당들과 협업하면서, 공화의회당의 세속주의자 몬세프 마르주키를 대통령으로 선출한 의회의 선택에도 승복했다. 혁명으로 인해 경제가 완전히 멈추어 섰으며 정치적, 사회적 긴장이 한층 고조되면서 격동의 나날들이 이어졌다. 급진적인 살라피스트는 보수주의적 사회규범을 주장하며 '염치없는' 옷을 입은 학생들을 공격하는 한편 그들의 관점에서 비이슬람적이라고 생각되는 예술 및 영화 갤러리들을 훼손시켰다. 긴장은 계속 고조되다가 2013년 2월 반이슬람주의 활동가 슈크리 벨라이드의 암살을 계기로 격화되었다. 같은 해 7월에는 좌파 인민전선의 수장 모하메드 브라미 또한 피살되었으며, 세속주의자를 대상으로 폭력적인 공격들이 수차례 이어졌다. 알 나흐다는 이러한 행위들을 즉각 비난하고 나섰으나, 세속주의자들의 의심과 함께 알 나흐다에 대한 항의 시위가 거세졌다. 알 나흐다가 주도하던 국회는 연합정권을 형성하고 정부 요직을 주요 정당들과 무소속 후보들에게 골고루 배분함으로써 상황을 타개하고자 했다. 그러나 고착화된 경제와 거세져만 가는 테러리스트들의 공격 끝에 새로운 정부가 들어서게 되었다.

2013년 여름 대규모의 시위가 발생하자 평화를 지키기 위해 알 나흐다가 정권에서 발을 빼야 한다는 목소리가 높아졌다. 제헌의회는 계속해서 새로운 헌법에 대한 논의를 이어갔다. 세속주의자들과 이슬람주의자들, 그리고 전문 관료들은 마침내 의견 합일을 이루고 2014년 1월 새로운 헌법을 선포했다. 국회 구성을 위한 총선이 같은 해 10월로 예정되었다. 세속주의자 연합당인 니다 톤스는 이슬람주의자 알 나흐드 당보다 더 많은 의석수를 확보했으며, 그 수장인 베지 카이드 예셉시가 대통령으로 선출되었다. 2015년 1월 예셉시가 출범시킨 정부에서는 그 어떤 이슬람주의자나 좌파 인사도 찾아볼 수 없으나, 알 나흐다의 국회의원들은 계속해서 튀니지 의회에 참여하고 있다. 그들은 또한 정부의 이러한 결정이 국민의 뜻을 받들어 내려진 것이라며 수용하는 태도를 보였다.

테러리즘: IS, 보코하람, 이슬람 지하드, 하마스 그리고 헤즈볼라

앞서 살펴보았던 국가들과 마찬가지로, 튀니지의 국민들 역시 주로 사회경제적 정의와 인권 및 시민권을 놓고 목소리를 냈다. 대중의 이러한 요구는 주류 이슬람주의자 정당이었던 알 나흐다에게 힘을 실어주었다. 이것이 바로 알 나흐다가 인기를 끌었던 이유이자, 동시에 독재정권이 알 나흐다를 억압했던 이유다. 알 나흐다가 이슬람 정당이라는 사실은 그 다음에 오는 이야기다. 또한 스스로 세운 연립정부에서까지 물러나면서 세속주의자와 적극적으로 협업하려 했던 알 나흐다의 태도는 그들이 얼마나 민주정부와 국가의 안위를 위해 헌신했는지를 잘 보여준다.

따라서 튀니지의 재스민 혁명은 보다 거시적인 여론조사들에서 드러난 국민들의 염원이 집약된 것이라고 볼 수 있다. 갤럽 세계 여론조사는 사상 최대 규모의 무슬림 여론조사인 '누가 이슬람을 대변하는가?'를 시행한 끝에 2008년 그 결과를 출판했다. 6년에 걸친 이 여론조사는 35개국 이상에서 5만 명이 넘는 무슬림을 대상으로 했다. 이에 따르면 무슬림들은 압도적으로 민주주의를 지지하며, 종교적 자유를 포함한 인권을 옹호한다. 이후 시행된 퓨 리서치센터의 여론조사에서도 갤럽 여론조사와 같은 결과가 드러났다. 비록 세속주의자들은 종교가 공적인 영역에 개입하는 것을 우려한다지만, 여론조사 결과 대다수의 무슬림이 공적 영역에서의 이슬람 개입이 인권과 민주주의를 억압하는 것이 아니라 오히려 증진시킬 수 있을 것이라고 보았다.[22]

수많은 무슬림의 마음속에서 자라난 이슬람교, 인권, 민주주의 간의 강력한 연결고리는 앞서 살펴보았던 기나긴 민주화 역사 동안 자라났다. 이슬람이 인권과 민주주의를 배척한다고 주장했던 '문명충돌론'에 익숙한 이들은 이 결과를 의아하게 생각할 법하다.[23] 무슬림으로 밝혀진 몇몇 이들의 테러 행위만을 부각하는 뉴스 헤드라인을 통해 이슬람을 판단하는 이들이라면 이러한 사실들은 직관적으로 이해가 되지 않을 수 있다. 헤드라인은 본질적으로 가장 비상식적이고 극적이며 충격적인 일들만을 부각시킬 뿐이다. 따라서 그 무엇보다 비상식적이고 자극적이며 충격적인 테러리즘이 여기에 딱 들어맞는다. 우리가 지금까지 살펴본 주류 이슬람의 가치와 역사, 그리고 현대적인 발전에서는 헤드라인으로 삼을 만한 자극적이고 비상식적인 이야기를 찾아보기 힘들다.

그러나 비주류 이슬람의 경우는 어떠한가? 헤드라인을 만들어내는 테러리스트들은? 이들은 이슬람이 올곧게 걸어온 길에서 빗겨난 이들이긴 하지만 여전히 실재하는 존재들이다. 이들은 어떻게 이슬람의 전반적인 역사와 궤를 같이하게 된 것일까?

테러리즘, 즉 비정규전의 특징들을 살펴보다 보면 놀라운 사실들을 몇 가지 발견할 수 있다. 정규전의 경우에는 적절한 절차를 거쳐 형성된 정부가 공식적으로 그 적대감을 선언하는 것으로 시작하며, 그 전투는 (적어도 오늘날까지의 역사 속에서는) 제복으로 구분되는 군인들에게 국한된다. 테러리즘은 이 모든 규칙들을 파괴한다. 테러리즘은 약하고 소외된 자들, 권력구조 바깥의 이들이 벌이는 전쟁이며 전략적 이점을 이용해 기습 공격을 단행한다. 또한 테러리스트들은 사제폭발물IEDs이나 자살폭탄 등을 주로 사용한다. 그러나 예고 없이 자행되는 테러들도 그 인과관계를 추적해 주도자를 찾아낼 수 있다. 우리는 그 인과관계를 탐구함으로써 소위 '이슬람 테러리즘'이 나타난 이유를 이해해볼 수 있다. 한 예시로, 이라크와 시리아 등지에서 IS가 출현한 것은 20세기 중반부터 이란을 휘감았던 전쟁과 더불어 민족주의자들이 그 의견을 개진하며 정치에 개입하기 시작했던 상황으로부터 비롯되었다.

앞서 살펴보았듯이, 민주적으로 선출된 이란의 모하메드 모사데크는 1953년 미국(과 영국)의 비밀작전으로 인해 축출되었으며 이후 대중의 의지와는 관계없이 샤 모하메드 팔레비가 엄청난 권력을 획득했다. 샤에 대한 대중의 반발이 거세지자 샤 역시 이를 가만히 두고 보지 않았다. 그가 반대세력의 목소리를 묵살하려고 할수록 반발은 더욱더 거세졌으며, 나아가 그 누구도 침묵시킬 수 없는 권력이었던 종교계에까지 번졌다. 성직자들이 사실상 혁명을 주장하는 것과 같은 발언을 이어갔으며, 결국 이 모든 것이 한데 모여 1979년 이란의 혁명이 발발하면서 샤를 왕좌에서 끌어내릴 수 있었다.

샤에게 권력을 안겨주었으며 이후 대중의 반발에도 불구하고 그의 왕권을 계속 지원했던 것이 바로 서방 세계였기 때문에, 1979년 이란의 이슬람 혁명은 필연적으로 반서구적 성향을 띨 수밖에 없었다. 반서구적 기조가 자라나자 미국은 1980년 이란-이라크 전쟁에서 이라크의 편을 들어주었다. 이란에 새로이 들어선 정권은 미국뿐만 아니라 아랍세계의 미 동맹국들에 대해서도 반대 입장을 보였기 때문에, 이웃나라인 쿠웨이트와 사우디아라비아 등 미 동맹국들 역시 이라크를 지원했다.

1988년, 그 길고 잔혹했던 전쟁이 끝나자 아랍의 미 동맹국들은 이라크에 그들이 지원해주었던 것을 다시 변상하라고 요구했다. 전쟁으로 황폐해진 이라크는 이를 거절했으며, 대신 쿠웨이트를 침공했다. 이에 미국은 쿠웨이트에서 이라크군을 몰아내기 위해 1991년 걸프전을 일으켰다. 걸프전은 짧게 끝났지만, 이슬람의 성지 메카와 메디나가 위치한 사우디아라비아에 미군이 주둔하는 결과를 낳았다.

미군의 사우디아라비아 주둔은 몇몇 종교적 보수주의자들의 극렬한 반대를 불러왔는데 여기에는 사우디아라비아 출신의 오사마 빈 라덴 무리도 포함되어 있었다. 본래 빈 라덴은 1980년대 소련이 아프가니스탄을 침공했을 때 미국이 아프간 저항군을 지원하기 위해 벌였던 군사 훈련의 훈련생이었다. 걸프전이 끝날 무렵 소련이 붕괴하자 빈 라덴은 그 경험 많은 병사들을 이끌고 사우디아라비아의 미 주둔군을 축출하고자 했다. 그러나 사우디 정부는 빈 라덴의 제안을 거절하고 오히려 빈 라덴의 시민권을 박탈한 후 그와 그가 이끌던 다국적군을 아프가니스탄으로 돌려보냈다.

이 슬 람 의
시 간

더 이상 맞서 싸울 소련이 남아 있지 않은 상태에서 빈 라덴의 병사들은 또 다른 폭력의 이유가 필요했다. 빈 라덴이 이끌던 군대에는 아주 다양한 사람들이 섞여 있었다. 이집트 출신의 몇몇 병사들은 서구의 지원을 받는 자국의 독재정권에 큰 불만을 가지고 있었다. 다른 이들도 예멘, 체첸 공화국, 리비아 등의 정부에 대해 불만이 컸다. 그러나 이들 모두는 무엇보다도 수많은 독재자들을 지원하는 것은 물론이며 나아가 팔레스타인의 권리를 부정하고 이스라엘 정부를 지원했던 미국에 강한 혐오를 가지고 있었다. 따라서 이들은 하나로 통합된 '기반(알 카이다 혹은 알 카에다)'을 꾸려 그 집단적인 불만을 표출하고자 했다. 이들은 미국을 대상으로 1993년과 1998년, 2000년 등 수차례 테러 공격을 일으키다가 2001년 뉴욕과 워싱턴 DC를 향했던 9.11 자살폭탄테러로 정점을 찍었다. 9.11 테러의 주범 중 아프가니스탄 국적자가 없었을 뿐더러 당시 아프간의 탈레반 정권은 오사마 빈 라덴을 국제기관에 넘기는 데 동의했음에도 불구하고, 2001년 미국은 아프가니스탄을 침공했다. 이라크 또한 9.11 테러에 직접적으로 연계된 인물은 물론 정부가 이를 지원한 일도 없었으나 미국은 대테러전의 일환으로 2003년 이라크 전쟁을 일으켰다.

얼기설기 위태롭게 쌓아올린 이라크 국내의 취약한 유대관계는 2003년 이라크 전쟁을 통해 산산이 부서졌다. 앞서 제4장에서 살펴보았듯이 제1차 세계대전 당시 서방 국가들은 식민 지배를 통해 이 지역 국가들의 국경선을 제멋대로 재편했는데, 이라크도 그중 하나였다. 이렇게 재편된 이라크는 세 개의 오스만 주와 두 개의 아랍 주 그리고 쿠르드족 인구가 주를 이루는 지방 하나로 나뉘었다. 아랍 주 두 곳 중 하나인 바스라는 시아파가 주를 이루고 있었으며 바그다드에는 수니파와 시아파가 섞여 살고 있었으나, 아랍 이라크 인구의 대부분은 시아파 무슬림이었다. 제1차 세계대전 이후 이라크의 '보호국'을 자처했던 영국은 아라비아 출신의 수니파 지도자를 왕위에 앉혀 시아파를 중심으로 민족적 다양성이 넘쳐나던 이 나라를 다스리도록 했다. 소수의 수니파들은 수니파 왕 아래에서 특권적 지위를 누렸으며 대다수의 시아파를 소외시켜 사회적으로 큰 불만을 야기했다.

문화적으로 이들과 크게 동떨어져 있던 쿠르드족은 이르게는 1880년대부터 독립을 주장하기 시작했다. 제1차 세계대전 이후 오스만 제국이 몰락하자 이들은 다시 한 번 독립을 시도했으나 번번이 실패를 거두었다. 독립적인 쿠르드 국가를 건설하는 대신 이들은 대부분 터키의 일원이 되어 소수민족으로 남았으며, 나머지 사람들 역시 시리아와 이라크에서 비슷한 처지가 되었다. 따라서 이들은 국내의 다른 민족들보다는 국경 너머의 쿠르드족과 더욱 큰 동질감을 가진 채 수차례 무장폭동을 동반한 독립운동을 계속해서 이어나갔다.

아랍 이라크 국민의 대다수 역시 그 정부를 후원하는 영국 정부에 충성하지 않았다. 1932년 이라크가 공식적으로 영국으로부터 독립했음에도 불구하고 이라크 왕족은 영국이 주었던 특권을 바탕으로 통치를 펼치며 이라크 국민들의 의지를 무시했다. 이에 따라 이라크 국민들은 1941년과 1958년 두 차례 피로 얼룩진 혁명을 일으켜 마침내 지배가문을 끌어내릴 수 있었다. 혁명 직후 이라크의 군부가 재빠르게 권력을 잡았으며, 1979년에는 그 정점의 자리에 사담 후세인이 올라섰다.

이라크의 미약하기 짝이 없었던 사회적 연결고리는 1991년 걸프전을 계기로 약해지기 시작했다. 북부 이라크의 쿠르드족 거주지구는 미국이 사담 후세인으로부터 이들을 보호한다는 이유로 이곳의 상공을 비행금지공역으로 설정하고 이라크 정권에 제재조치를 취했기 때문에 사실상 자치지구로 거듭났다. 이라크 쿠르드족은 아랍 이라크로의 회귀를 바라지 않고 있으며, 2003년 미국의 이라크 전쟁으로 '정권 교체'가 이루어진 후에도 여전히 그 기조를 버리지 않고 있다. 2003년, 사담 후세인의 수니파 정권이 실각하자 수니파의 특권적 지위도 막을 내렸다. 민주선거를 통해 시아파 정권이 수립되었으며, 예상대로 수니파는 미국이라는 외세의 개입에 반발하며 새로운 시아파 정권에 항거했다. 그 결과 이라크는 또다시 세 개의 이질적인 분파로 갈라서게 되었으며, 각각의 집단들은 국내의 다른 집단들보다 국경 너머의 동족들과 더욱 큰 유대감을 가졌다. 따라서 시아파 국가인 이란은 이라크의 동쪽 국경을 통해 시아파 정권의 수니파 탄압을 지원했으며, 소수의 수니파는 경계가 약했던 서쪽 국경을 넘어 수니파 국가인 시리아로 도피하면서 목숨을 부지할 수 있었다.

이렇게 한층 달궈진 상황 속에서 IS가 탄생했다. IS는 포괄적 반미주의 아래에서 활동하면서 이라크 영토 내의 독립적인 아랍 수니파 이슬람국가를 건설하고자 한다. 이들은 알 카에다의 수니파 지부인 이라크 알 카에다[AQI]와 군사적으로 연계되어 있다. 본래 AQI는 수천 명에 지나지 않는 조직으로 알려졌으나, 외국의 군인들과 민간인을 상대로 테러를 자행하는 것은 물론 이라크 국내의 시아파와 기독교 민간인들까지 잔혹하게 공격했다. 납치와 자살폭탄테러, 그리고 참수 장면을 담은 비디오 촬영 등이 이들의 트레이드마크가 되었다.

이러한 '전운' 속에서도 IS의 정체는 상당 부분 감추어져 있으며 많은 이들이 수많은 추측을 시도하고 있다. 밝혀진 바에 따르면 2003년 미국의 공격으로 해체된 사담 후세인의 수준 높은 수니파 군대가 IS 군사조직의 주축을 이루고 있다. 이들은 이라크 내에서 수니파 혁명이 무산되자 차라리 시리아로 건너가, 시아파 소수 집단의 독재에 억눌린 그곳의 수니파 전사들과 합류하겠다는 계획을 세웠다.

2011년 아랍의 봄이 정점에 치달아 있을 무렵, 시리아 내 반정부 시위가 무장 반란으로 발전하자 IS의 시리아 출신 전사들은 수많은 용병들과 함께 이라크를 떠나 시리아로 되돌아왔다. 이들은 시리아에 당도해 알누스라 전선(ANF, 자브하트 알누스라Jabhat al-Nusra 혹은 JAN으로도 불림)을 설립했다. 이들은 알레포, 다마스쿠스 등 시리아의 여러 도시를 공격하며 시리아 국내의 반정부 민병대들을 압도했다. 당시 시리아에서는 정부의 독재정치와 실패한 경제정책 등에 항거하는 반정부 민병대가 여럿 활동하고 있었다. 그중 과격한 수니파 단체였던 알누스라 전선은 시리아 정권이 시아파의 주도로 운영된다는 것을 특히 비난하면서 그 민병대들 사이에서도 두드러진 모습을 보여주었다.

이란이 시리아의 시아파 정권을 지원하자, 석유자원이 풍부한 페르시아, 아라비아 걸프만을 두고 이란과 오랫동안 다투고 있던 다른 아랍 국가들이 서둘러 혁명 세력을 재정적, 물질적으로 지원하기 시작했다. 이로 인해 알누스라 전선은 더욱 많은 전사들을 끌어모았는데, 여기에는 유럽이나 미국 등지에서 자국의 사회로부터 완전히 유리된 채 스릴만을 추구해 전쟁 지역을 찾아온 '전쟁 관광객'들도 포함되어 있었다. 더 많은 인원이 모이자 더욱 성공적인 군사 공격이 이루어졌던 것은 두말할 필요도 없다.

2013년에 이르자 알누스라 전선은 시리아에서 가장 큰 성공을 거둔 반정부 무장단체로 자리 잡았다. 이라크에서 비슷한 위치를 점하고 있던 AQI 역시 자칭 이라크 이슬람국가[SI]에 시리아를 포함시키는 것을 목표로 세력을 확장하고 있었다. AQI는 곧 '이라크-레반트 이슬람국가(ISIL, 레반트는 동부 지중해의 전통 지명)'와 '이라크-알샴 이슬람국가(ISIS, 알샴은 시리아의 아랍어 지명)'로 이름을 바꿨다. ISIS/ISIL의 지도자로 추정되는 이들은 알누스라 전선을 합병하고자 했으나 알누스라 전선의 지도자들은 이를 거부했다. 파키스탄 어느 지역에 본부를 둔 알 카에다의 중앙세력은 두 조직 사이의 갈등을 중재하고 나섰으나 이마저도 실패로 돌아갔으며, 알누스라 전선과 ISIS/ISIL은 이후 거대한 분열을 일으켰다. 이후 두 조직은 그 주도권을 두고 시리아 내전을 일으켜 대규모 폭력사태와 잔혹한 결과들을 초래했다. ISIS/ISIL은 납치와 참수는 물론 종교적 소수자들을 공격하면서 너무나 잔혹한 행보를 이어나갔기 때문에 심지어 알 카에다까지 이들을 비난할 정도였다.

ISIS/ISIL은 그 군사적 기술을 동원해 당시 이라크에 새로 들어선 군부의 약점을 제대로 타격해 깜짝 놀랄 만한 성공을 거두었다. 무엇보다도 2014년 6월, 이들은 석유가 풍부하게 매장되어 있는 국내 제2의 도시, 모술을 점령했다. 이들은 여기서 멈추지 않고 다른 도시들 또한 계속 점령했는데, 여기에는 사담 후세인의 본거지였던 티크리트 시와 이라크 최대의 정유공장이 있는 베이지 시 또한 포함되어 있었다. 도시들을 점거하면서 ISIS/ISIL이 막대한 부를 획득하자 이를 바탕으로 더욱 많은 사람들이 여기에 가세했다. 2014년 중반 이들의 병력은 수만 명에 달하는 것으로 추정되었다. ISIS/ISIL은 다시 한 번 그들의 목적을 되새기면서 IS(이슬람국가)로 이름을 바꿨으며, 지도층은 스스로를 칼리프라고 선포하며 자신을 무슬림이라고 여기는 모든 사람들, 즉 전 세계 수니파 무슬림들의 지도자임을 선언했다.

이 주장은 터무니없을 뿐만 아니라 실재하는 무슬림 국가들의 지도층에게도 커다란 정치적 위협이었다. 시아파 정권에 대한 수니파 반란군을 지원했던 몇몇 아랍 국가들은 자신들이 조달해주는 무기나 재원이 IS에게 갈취당해 자신들에 대한 공격으로 되돌아올 것을 우려한 끝에 전략을 전면 수정해야만 했다. 또한 전 세계의 무슬림들은 스스로를 칼리프 왕조라고 명명한 IS에 극렬한 혐오감을 드러냈다. 120명이 넘는 주요 종교계 인사들은 2014년 9월 '바그다디에게 보내는 편지'를 선언했다(바그다디는 IS의 리더로 추정되는 인물이다). 여기에서 종교 권위자들은 이슬람의 전통적인 원전들을 가지고 테러리스트 집단의 주장을 조목조목 반박했으며, 특히 민간인들과 종교적 소수자들, 언론인과 국제 구호원에 대한 공격, 수족 절단과 참수, 여성학대, 인질 행위와 포로학대, 노예제를 비난했다.[24]

IS를 향한 무슬림 종교계 인사들의 비난은 9.11 테러 이후 알 카에다에 가해졌던 비난과 꼭 닮아 있다. 만장일치로 작성된 이 선언들은 인터넷에서 쉽게 찾을 수 있다. 그러나 이들은 이슬람교와 테러리즘 간의 관계를 의심하게 할 만한 그 어떤 '헤드라인'도 만들어 붙이지 않았다. 몇몇 테러리스트들이 이슬람으로부터의 권한을 주장하는 것은 사실이나, 테러리스트 집단들의 역사를 되돌아본다거나 전 세계 무슬림들이 테러리즘을 비난하는 모습을 본다면 이슬람 그 자체가 테러와 폭력의 근원이 아님을 알 수 있다. 그보다는, 오래도록 이어진 심각한 경제적, 정치적 혼란이 그 폭력의 주된 원인이다.

알 카에다와 알누스라 전선의 설립자들은 이미 오래전에 세상을 떠났다. 빈 라덴은 2011년 파키스탄에서 미국의 급습으로 사살되었고, 알누스라 전선의 설립자 아부 무사브 알자르카위는 2006년 암살당했다. 그러나 이 글을 쓰는 시점에서, 시리아 라카 시를 본거지로 삼은 IS는 시리아와 이라크의 석유 매장지들을 점령하고 있으며 리비아와 예맨, 아프가니스탄에서 강력한 존재감을 과시하고 있다. 베테랑 외교정책 전문기자인 패트릭 코크번은 이들을 가리켜 '전쟁의 자식들'이라고 부르기도 했다.[25] 아작스 작전으로 이란 민족주의자들의 꿈이 좌절되었던 1953년부터 1979년의 이란 혁명, 이란-이라크 전쟁, 걸프전을 거쳐 알 카에다의 형성과 미국의 2001년 아프가니스탄 침공 및 2003년 이라크 침공에 이르기까지 일련의 전쟁들로 점철된 인과관계가 IS를 잉태했음은 자명한 일이다.

몇몇 학자들은 이러한 인과관계의 시작을 아작스 작전 이전인

1916년의 사이크스피코 협정에서 찾기도 한다. 서구인들은 케케묵은 이야기를 꺼내든다고 생각했을지도 모르겠으나 그 결과로 벌어진 일들에 고통받아야 했던 이들은 그렇게 생각하지 않았다. 2014년 6월, IS의 목적이 '사이크스피코 협정의 종식'이라는 제목의 비디오를 (영어 및 아랍어 자막과 함께) 올려 IS의 목적이 유럽 식민지주의가 남기고 간 오랜 잔재들을 종식시키는 데 있다고 설명했다(https://www.youtube.com/watch?v=i357G1HuFcI). 따라서 마이클 건트너, 틸 파셰와 나흐로 자그로스는 다음과 같은 결론을 내린다.

> IS가 활동을 전개한 가장 근본적인 원인은 제1차 세계대전 당시 사이크스피코 협정이 체결되면서 형성된 국가체제에 그 국민들이 대항하며 벌어진 두 개의 쓰디쓴 내전(즉 ① 2003년 미국이 사담 후세인을 축출한 이후 벌어진 참혹한 수니파–시아파 간 이라크 내전, ② 그리고 그보다 더 끔찍한, 2011년부터 이어지는 시리아 내전)이 가져다준 '기회 공간'이다.[26]

'기회 공간'에 대한 이해는 주류 이슬람으로부터 일탈해 나온 또 다른 과격 단체, 보코하람에도 적용할 수 있다. 보코하람은 IS와 마찬가지로 식민 지배가 막 종식된 지역에서 출발했는데, 이들의 경우에는 영국의 식민지였던 나이지리아가 그 본거지였다. 이라크와 마찬가지로, 나이지리아 역시 19세기와 20세기 동안 영국이 수 번의 전투를 통해 서아프리카 지역의 종교, 언어, 역사적 경계선을 무시하고 영토 분할을 단행한 끝에 오늘날의 국경을 가지게 되었다. 나이지리아의 주요 민족인 하우사/풀라니족, 요루바족, 이그보우족은 외세로부터 독립해야 한다는 열망 말고는 서로 공통적인 요소가 거의 없었다. 1960년 독립이 승인되었으며, 현재의 국경선은 1963년 확정되었다. 각 지역의 지도자들은 국가의 지배층과 갈등을 벌였으며, 결국 1967년에는 동부의 기독교인 거주지구가 분리 독립을 시도했다가 이들에 대한 잔인한 보복과 함께 내전이 발생했다. 수백만 명의 사망자(집계에 따라 백만 명에서 삼백만 명으로 추산된다)를 남긴 채 전쟁이 종식되자 곧이어 군부가 정권을 잡았다. 나이지리아는 잠깐의 예외기간을 제외한다면 1999년까지 군부독재가 이어졌다. 이후 1999년과 2003년 실시된 대통령 선거에서도 본래의 군부독재자였던 올루세군 오바산조가 당선되어 그대로 통치를 이어나갔다. 2010년부터는 석유가 풍부한 니제르 삼각지 출신의 기독교인 굿럭 조나단이 대통령직을 맡고 있다.

아프리카에서 가장 많은 인구(2015년 기준 1억 8,200만 명)가 살고 있는 나이지리아는 국민의 50퍼센트 정도가 무슬림이다. 기독교인들 또한 인구의 40퍼센트 이상이며, 지난 한 세기 반 동안 계속해서 적극적인 선교활동이 이루어지면서 그 숫자는 점점 더 늘어나는 추세다. 나이지리아의 경제 역시 아프리카에서 가장 큰 규모를 자랑한다. 나이지리아는 세계에서 여덟 번째로 큰 석유 수출국이며 여기에 천연가스, 금, 주석 등 다른 광물자원도 풍부하게 매장되어 있다. 1970년대의 오일 붐을 타고 나이지리아의 주요 국가개발사업이 시작되었는데, 여기에는 수력발전시설과 원거리 전기통신시설 건설 또한 포함되었다. 그러나 여전히 국가경제의 절반 이상을 지탱하던 농업 부문은 개발사업에서

거의 전적으로 무시되었다. 시골 지역 국민들의 삶은 그야말로 개탄스러운 수준이었다. 환경보호에 대한 고려도 거의 없었으며 석유 산업으로 니제르 삼각지가 엄청나게 오염되었기 때문에 수차례 항의 시위가 발생했다. 광대한 니제르 강에는 대규모 댐 건설사업이 진행되었으나 해당 지역의 농민들이 대거 이주해야만 했으며 사업은 비효율과 실책으로 점철되었다.

또한 나이지리아의 부는 소수 엘리트 계층에 극도로 집중되어 있다. 아프리카에서 가장 부유한 인물 수 명을 포함한 이 엘리트 계층의 소득을 다 합친다면 수십억 달러가 넘지만, 나이지리아의 1인당 연간 국민소득은 3,000달러에 불과하며 인구의 3분의 2 이상이 하루 1.25달러 미만으로 살아가는 극빈층이다. 특히 시골 지역에 집중된 빈곤은 나이지리아 북부의 드넓은 농업지대를 뒤덮고 있는데, 대다수의 무슬림이 이곳에 거주하고 있다.

이로 인해 나이지리아 북부의 무슬림은 비상식적인 부의 불균형 상태에서 상대적으로 더 큰 고통을 받아야 했다. 이는 근대 이전의 시기 북부 나이지리아가 소코토 칼리프 왕조(1804-1903)의 지배 아래에서 상당한 안정을 누렸던 것과 극렬하게 대조되는 사실이다. 소코토 칼리프 왕조는 사하라 사막 이남의 이슬람 제국의 유산을 이어받고 나이지리아를 다스리다가 1903년 영국의 공격으로 멸망했다.

예상대로, 북부 무슬림이 겪었던 커다란 고통 역시 상당 부분 외세, 즉 비무슬림의 영향 때문이었으며 이로 인해 이슬람을 실천하던 과거의 순수한 삶으로 돌아가자는 것이 그 해결책으로 제시되었다. 이러한 맥락에서 서구적인 모든 것들이 부정부패의 온상으로 여겨지기 시작했다. 식민지 시대에 서구가 남기고 갔으며 지역의 엘리트 계층이 계속 이어가던 서구식 교육 또한 마찬가지였다. '보코하람'의 말뜻은 '서구식 교육은 종교적 금기사항'이다. 옥스퍼드 대학교의 다니엘 아그비보아는 이에 대해 다음과 같이 말했다. "북부 지역의 상대적으로 극심한 빈곤과 불평등은 많은 분석가들과 기관들로 하여금 보코하람의 북부 나이지리아를 배경으로 하는 폭력 행위들이 사회 경제적 박탈에서 기인한 것이라는 생각을 가지게 만든다."[27]

무슬림 행동가들은 1940년대부터 나이지리아의 경제적 불평등에 대해 항거하며, 종교를 통해 사회적 원동력을 부활시키자고 주장해왔다. 1979년 이란의 이슬람 혁명은 이슬람의 부흥을 통해 압제와 소외를 끝낼 수 있겠다는 희망에 다시 한 번 불을 지폈다. 1980년대의 시위자들은 군부대의 잔혹한 진압을 받았으며, 식민 지배세력의 잔재처럼 남아 있던 기독교 인사들 역시 활동가들을 탄압해 곳곳에서 반기독교적 보복 공격이 산발적으로 발생했다. 북부 나이지리아의 많은 주지사들이 샤리아 법을 적용하려고 하자 몇몇 기독교 소수집단이 이에 대한 시위를 벌였으며 곧 폭력사태로 이어져 수천 명의 사망자가 발생했다. 보코하람은 이렇게 가난으로 점철된 집단 간 적대심의 계승자로서 탄생했다.

보코하람은 2002년, 북부 나이지리아의 보르노 주에서 무함마드 유수프(1970-2009)의 주도로 출발했다. 원리주의자였던 유수프는 교육을 포함해서 서구의 제국주의자들과 관련된 그 모든 것들을 거부하는 데 집중했으며 그 대신 근대 이전의 이슬람의 관례를 되돌려놓고자 했다. 그는 또한 정부와 국회의원들을 모두 부패와 범죄, 그리고 억압의 매개체로 보고 이들에 대항하는 폭동을 일으켰다. 종교적 교육을 위한 외국의 기부금을 받았던 유수프는 북부 나이지리아 외딴 곳에 위치한 모스크들과 신학교들을 서로 연결하는 네트워크를 만들어 이 지역에 독립적인 이슬람국가를 재건하고자 했다. 일자리도 없이 고통을 감내해야 했던 젊은이들이 온갖 지역에서 그를 따르기 위해 몰려들었다. 특히 민족적 정체성을 공유하지만 외세에 의해 국경을 사이에 두고 살아야 했던 니제르와 카메룬, 차드의 국민들이 나이지리아로 건너왔다. 세력이 점점 자라나자 곧 좀 더 나은 교육을 받은 도시 중심부의 사람들까지도 여기에 동조하게 되었다.

중앙정부의 통치, 그리고 전통적인 이슬람법을 제외한 모든 법체계를 거부하던 보코하람은 나이지리아의 세속법을 적극적으로 침해했으며 경찰병력에 맞서기 위해 스스로 무장했다. 이런 갈등은 2009년 정부시설과 교회에 대한 보복으로 이어져 700여 명의 사망자가 발생했다. 이로 인해 유수프가 체포당했다가 구금 중 의문의 죽음을 맞이했다. 보코하람은 이 위기를 전환점으로 삼았다. 새로운 지도층은 지하 본부를 설치하고 한층 더 강도 높은 범죄를 저지르고 사회기반시설을 파괴하는 것은 물론, 기독교와 정부 시설물을 더욱 거세게 공격했다. 동시에 이들은 말리, 알제리, 리비아 등의 지역적 갈등에 자원해서 참전하면서 알 카에다를 필두로 한 외국의 테러리스트 집단들의 주목을 받고자 했다. 보코하람은 스스로 나이지리아의 정규군과 안전

보장군에 잠입요원들을 침투시켰다고 주장했는데, 이는 이후 보코하람의 불법무장단체 세력이 정치적 아젠다 형성에도 상당한 영향력을 행사할 수 있음을 의미했다. 보코하람이 주도하는 폭력사태는 뒤이은 2011년과 2015년의 선거결과를 좌지우지했으며, 이로 인해 중앙에 보코하람의 잠입세력이 있다는 주장에 한층 신빙성이 더해졌다.

2014년 4월, 보르노 주에 위치한 정부 운영 학교의 여학생 276명을 납치한 사건은 보코하람의 잔혹행위 중에서도 가장 악명 높은 것이다. 이를 비롯해 보코하람이 벌인 여러 납치 사건은 스스로를 무슬림이라 주장하는 다른 모든 테러 집단과 마찬가지로 전 세계 무슬림 권위자들의 폭넓은 비난을 받았다. 납치된 이들 중 오십여 명의 소녀들만이 탈출했으며 나머지는 여전히 실종 상태다. 식민지 시대 이후로 발생한 경제적, 정치적 혼돈이 잉태한 이 괴기스럽고 일탈적인 집단, 보코하람은 군사적 수단을 동원해서 힘을 강화하고자 했으며 지역공동체의 삶을 파괴해 원래라면 받지 못했을 관심을 끌고자 했다. 또한 이들은 IS를 포함해 자신의 입맛에 맞는 이슬람을 따랐던 다른 모든 테러리스트 집단과 마찬가지로 자주 종교적 규범을 내세웠다. 그러나 이슬람은 이들이 저지른 폭력의 원인이 아니다. 나이지리아의 명성 높은 소설가 치누아 아체베의 말에 따르자면 "보코하람이 등장하게 된 배경은 경제적 박탈과 부패 및 재정적, 사회적 불평등이 낳은 정치적 불안정"이었다.[28]

이들 외에도 팔레스타인 이슬람 지하드, 하마스, 헤즈볼라와 같이 스스로를 무슬림이라 칭하며 테러를 자행하는 비국가 집단이 여럿 존재한다. 그러나 알 카에다, IS, 보코하람과 같은 초국가적 집단과 민족주의자 집단 사이에는 분명한 경계선이 존재한다. 팔레스타인 이슬람 지하드와 하마스는 오로지 팔레스타인 민족으로만 구성된 집단으로 유엔안보리결의를 침해하면서 1967년부터 이스라엘의 팔레스타인 영토 점령에 대한 무력시위를 벌여왔다. 팔레스타인 이슬람 지하드는 무슬림 형제단의 비폭력 기조가 별다른 효과를 불러오지 못했다며 이탈한 이집트인 군사들의 영향 아래에서 1981년 설립되었다. 팔레스타인의 이슬람 지하드는 이스라엘 지역에서의 자살폭탄테러로 유명해졌는데, 여기에는 18명의 사망자를 발생시킨 1989년의 악명 높은 405번 버스 테러가 포함되어 있다.

하마스('이스라엘 저항운동', 하라카트 알 무카와마 알 이슬라미야의 약어)는 그 모단체인 팔레스타인 무슬림 형제단에서 빠져나온 인사들이 1987년 조직했다. 이들 또한 마찬가지로 무슬림 형제단의 평화적 분쟁 해결방식이 계속해서 실패한 데 불만을 가진 자들이었다. 팔레스타인의 이슬람주의자 집단 중 가장 널리 알려진 하마스는 그 예산의 대부분을 이스라엘의 지배 아래에서 빈곤에 허덕이는 팔레스타인 국민을 위한 사회복지사업으로 사용한다. 그러나 이들은 이스라엘을 상대로 폭탄테러와 자살테러를 감행하는 군사조직을 지원하기도 한다.

팔레스타인의 독립운동에 게릴라 전술을 처음 등장시킨 것은 팔레스타인 이슬람 지하드나 하마스가 아니다. 세속주의 집단인 팔레스타인해방기구PLO는 1964년 출범한 이래로 국가를 잃은 팔레스타인 국민들을 위한 정치조직을 설립했으며 이스라엘을 상대로 한 공격들을 지원했다. 그러나 1993년부터 이들은 테러리즘을 버리고 당시에도 여전히 어떠한 성과도 거두지 못했던 '평화적 방법'을 사용하는 데 합의했다. 기독교인이자 마르크스 레닌주의를 따랐던 조지 하바시 박사가 1967년 설립한 팔레스타인해방인민전선PFLP은 이스라엘 점령에 항거한다는 단 하나의 목적을 가지고 비행기 납치를 포함한 게릴라 전술을 사용한다. 1969년에는 또 다른 기독교인인 나이프 하와트메의 주도하에 팔레스타인해방인민전선으로부터 마오쩌둥주의자들이 이탈해 팔레스타인해방인민민주전선DELP을 설립했다. 이들이 저지른 만행 중 가장 악명 높은 것은 1974년의 말롯 대학살로, 이스라엘 감옥에 투옥된 팔레스타인 전사들을 점거하기 위해 대치사태를 벌이는 과정에서 30여 명의 사람들을 살해했으며 그중 대부분이 아이들이었다.

헤즈볼라는 1982년 레바논에서 설립된 시아파 그룹으로, 이스라엘이 남부 레바논 지역을 점거하자마자 이에 대항하기 위해 조직되었다. 1975년부터 1990년까지 레바논은 복잡다단한 내전에 휘말려 있었는데, 이를 '기회 공간'으로 삼은 팔레스타인 특수부대는 팔레스타인 해방투쟁의 일환으로 레바논 지역의 이스라엘 세력을 공격하기 시작했다. 1982년 6월 이스라엘은 레바논을 침공해 팔레스타인 세력을 레바논에서 몰아냈다. 같은 해 9월, 이스라엘과 동맹 관계였던 레바논 기독교군이 사브라 및 샤틸라 난민캠프에서 대학살을 벌여 수천 명의 민간인들을 살해하는 일이 발생했다. 이후 이스라엘의 조사위원회는 이스라엘의 국방부장관 아리엘 샤론이 간접적으로 그 책임을 진다고 결론지었으며 그를 해임시켰다.

헤즈볼라는 바로 이런 맥락에서 탄생한 단체다. 헤즈볼라는 그 직전 혁명에 성공한 이슬람 이란으로부터 훈련과 설비를 포함한 일체를 지원받았으며, 시리아 역시 여기에 협력했다. 당시 시리아는 이란과 동맹을 맺은 소수의 시아파가 국정을 운영했으며, (프랑스가 1943년 독립시키기 이전까지 시리아 영토의 일부였던) 레바논에 대한 영토적 야심이 있었던 것은 물론 당시 시리아의 골란 고원을 점령하고 있던 이스라엘에 대해 불만을 품고 있었기 때문이다. 2000년, 마침내 이스라엘이 남부 레바논 지역에서 물러나자 헤즈볼라는 정당으로 거듭나 레바논 총선에서 당당하게 경쟁했다. 그러나 이들은 여전히 강력한 민병대를 소유하고 있다. 이 민병대는 시리아 내전에도 투입된 전적이 있으나, 본래는 레바논 인구의 30퍼센트 정도 되는 시아파 소수자들을 보호하기 위한 데 그 목적이 있다.

이와 같이 이슬람 지하드, 하마스나 헤즈볼라와 같은 집단들은 모두 특정한 민족주의 기조 아래 행동하고 있음을 알 수 있다. 게다가 이들은 모두 세속주의자가 국내의 갈등을 해결하는 데 실패하자 그를 타개하기 위해 조직되었다. 먼저 군사주의나 테러 행위를 사용하겠다고 나선 이들도 없으며, 단지 그 이전에 존재했던 세속주의 집단과 그 군대들이 민족주의적 목표를 달성하지 못하자 이에 대한 반발 행동을 이어나갔을 뿐이다. 이들이 가진 이슬람 정체성은 테러가 아닌 다른 방법을 사용하도록 유도하면서 수많은 정치적, 군사적 실패를 야기했다. 반면 알 카에다나 IS, 보코하람과 같이 테러 행위를 중심으로 국제적이거나 초국가적인 목표를 가지고 활동하는 집단들은 이슬람의 역사 중에서도 가장 최근에 발생한, 이례적인 집단들이다.

앞에서도 살펴보았듯이, 주류 무슬림들은 알 카에다가 뉴욕과 워싱턴 DC에 가한 9.11 테러를 시작으로 이들의 극악무도한 테러 행위에 전반적인 비난을 보냈다. 보통 이들은 팔레스타인을 위하는 하마스의 민족주의적 기조, 혹은 이스라엘의 팔레스타인 불법 점거를 이유로 들며 이스라엘에 대한 몇몇 테러 행위가 정당한 저항운동으로 받아들여질 수 있다고 본다. 그러나 9.11 테러 이후 이들 역시 비난의 목소리를 모았다. 무슬림 형제단의 지도자들과 자마티 이슬라미, 튀니지의 알 나흐다 정당, 말레이시아 이슬람 정당PAS 및 다른 40여 개의 주요 이슬람주의자 권위체 및 정치 지도자들은 9.11 테러로부터 삼 일 이후 다음과 같은 성명을 발표했다.

여기에 서명하는 이슬람 운동 지도자들은 2001년 9월 11일 화요일 미국에서 발생해 대규모의 살상과 파괴, 그리고 무고한 생명을 앗아간 사건에 개탄을 금치 못하고 있다. 우리는 깊은 조의와 애도의 뜻을 전한다. 우리는 전 인류와 이슬람 규범을 해치는 이 사건을 가장 강력한 어조로 규탄한다. 이는 무고한 이들에게 그 어떠한 공격도 금하는 숭고한 이슬람법에서 비롯된다. 전능하신 알라는 성스러운 쿠란에서 "짐을 짊어지는 자라면 무릇 다른 누구의 짐도 대신 질 수 없다(17:15)"고 말하셨다.

같은 날, 레바논의 시아파 무슬림을 이끌던 지도자도 다음과 같이 말했다. "이와 같은 일이 이슬람에서 금지되었다는 것은 차치하고서라도, 이 행위들은 그를 행한 이들에게는 아무 득이 되지 않으며 다만 그 희생자들에게 전 세계의 연민이 쏟아질 따름이다. (중략) 이슬람의 인간적 가치에 따라 살아가는 이슬람주의자라면 이러한 범죄를 절대로 용납할 수 없다." 그 다음날에는 사우디아라비아의 종교 권위자가 왕국 주재 미국 대사관을 통해 비슷한 성명을 발표했다.

> 첫째, 최근 미국에서 벌어진 비행기 납치 사건을 비롯해 무고한 사람들에게 테러를 가하고 피를 흘뿌리는 일들은 이슬람에서 용납할 수 없는 불의이며 그 행위자들을 총체적인 범죄이자 죄악을 저지른 것으로 간주한다. 둘째, 이슬람의 가르침에 대해 알고 있는 모든 무슬림들과, 신성한 쿠란과 수나(예언자 무함마드의 가르침)를 따르고자 하는 이들은 절대로 스스로 이와 같은 행위에 가담하지 않을 것이니, 이는 이러한 행위들이 전능하신 알라의 화를 부르고 지상의 해악과 변질로 이어질 것이기 때문이다.

이 이후로도 수백 개에 달하는 비난 성명이 줄지어 발표되었다. 2008년 2월, 인도 데오반드에 위치한 보수적 성향의 다르울울룸 마드라스(이슬람 신학교-역주) 총장은 과거 탈레반을 지원하는 일에 연계된 적이 있음에도 불구하고 '반테러리즘 대회'를 설립하고 다음과 같은 성명을 발표했다. "우리는 모든 형태의 테러 행위를 규탄하며 (중략) 여기에는 그 어떠한 예외도 없다. 테러리즘은 완전히 틀린 행동이며, 그 누가 관련되어 있다 하더라도, 또 그 주도자가 어떤 종교를 따르거나 그 어떤 사회공동체에 소속되어 있더라도 마찬가지다."[29]

결론

이번 장을 시작하면서 살펴보았던 이야기로 돌아간다면, 이슬람이 테러리즘의 근원이 아니며 주류 이슬람주의자들이 테러리스트가 아니라는 사실은 자명하다. 그러나 주류 이슬람주의자들의 민주화 요구에 반대하는 정치적 지도자들이 선전을 통해 이와 정반대의 혐의를 씌우는 것은 흔히 벌어지는 일이다. 앞서 튀니지의 경우에서 살펴보았듯, 이슬람주의자를 테러리스트로 규정하는 것은 친민주주의적 목소리를 내는 이슬람주의자에 대한 억압을 효과적으로 정당화할 수 있는 수단이다. 이집트의 경우에서도 마찬가지였다.

고대 파라오의 나라인 이집트는 파라오 이후 대부분의 역사 동안 아시리아인, 페르시아인, 그리스인, 로마인, 아랍인, 튀르크족 그리고 영국에 이르기까지 수많은 외세의 지배를 받았다. 앞서 제4장에서 살펴보았듯, 이로 인해 이집트는 아랍 세계에서 가장 오래되고 가장 광범위한 이슬람주의 운동인 무슬림 형제단을 낳았다. 무슬림 형제단은 1928년 설립된 이래 영국으로부터의 독립뿐만 아니라 경제개혁과 민주화 또한 적극적으로 요구해왔다. 이러한 움직임에 정부는 이들을 탄압하고 재산을 몰수했다. 중령 가말 압델 나세르가 외세의 지원을 받는 독재정권을 몰아낼 때에도 무슬림 형제단은 나세르의 운동을 지원했다. 1952년 7월 23일, 쿠데타의 성공으로 마침내 이집트가 영국의 지배에서 벗어나자 무슬림 형제단의 지도자들은 이집트에게 무슬림 형제단의 목적의식을 다시 한 번 공개적으로 되새겨주었다. 정부가

운영하는 사회복지사업 및 남녀를 가리지 않고 모든 이집트 국민들을
위한 교육, 봉건 지주의 토지를 소작농에게 재분배하는 일, 노동권 보
호, 그리고 민간 정부를 위한 민주선거 등이 그것이다. 나세르 정권은
(개혁에 있어서) 한풀 기세가 꺾였으나 형제단은 계속해서 개혁을 독려했
고, 이에 힘입은 학생들은 시민정부 수립을 위한 시위를 벌이게 되었
다. 1954년 1월, 나세르 정권은 모든 정당활동을 금지하고 형제단의
해산을 명령하며 형제단의 지도자들을 체포한다. 다시 한 번, 무슬림
형제단이 사회정의와 민주화를 외치다가 탄압을 받게 된 셈이다.

형제단은 20세기의 대부분을 금지된 조직으로 남아 있었다. 그러나
이들은 계속해서 비폭력 기조를 유지했으며 심지어는 이에 불만을 가
진 몇몇 급진적 인사들이 이들로부터 떨어져 나와 그들만의 군사조직
을 만든 일도 종종 있었다. 앞에서 살펴보았듯이, 이러한 민병대들은
곧 나세르의 후임자였던 안와르 사다트를 1981년 암살했을 뿐만 아니
라 나아가 1990년대를 뒤덮은 테러 행위에도 그 책임이 있다. 나세르
정권 시대에도 그러했듯이, 정부는 주류 비폭력 이슬람주의자들에게
급진주의와 테러리즘이라는 오명을 씌웠다. 수만 명의 인사들이 투옥
되었으며, 기록에 따르자면 고문 역시 일상다반사로 행해졌다.

그러나 무슬림 형제단은 계속해서 살아남았다. 형제단의 수많은 인
사들이 당시 엄격하게 통제되던 총선에 무소속 후보로 출마했으며 이
를 통해 이집트의 가장 시급한 과제들이었던 의료보험과 교육 등의
사회복지사업에 집중했다. 2010년 튀니지에서 재스민 혁명이 일어나
오랜 세월 동안 유지되던 독재정권을 성공적으로 무너뜨리자 이집트

국민들 역시 그들만의 대중 혁명을 꿈꾸게 되었다. 한 인터넷 카페에서 젊은 컴퓨터 프로그래머가 맞아 죽었던 사건은 곧 혁명의 불씨가 되었다. 튀니지의 경우와 마찬가지로 소셜 미디어를 중심으로 조직된 운동은 수십만 명의 국민들이 거리로 뛰쳐나오게 만들었다. 대규모 시위의 압박에 호스니 무바라크 정부는 서방 세계의 지원으로 유지되던 오랜 정권을 내려놓을 수밖에 없었다. 이것이 바로 2011년 2월의 일이다.

이집트의 혁명을 이끈 것은 무슬림 형제단이 아니었다. 그러나 그 수십 년 동안 이어진 억압의 세월 속에서 형제단은 대중의 광범위하고 강력한 지지를 등에 업은 채 조직을 효과적으로 발전시켰다. 이로 인해 형제단은 사회운동을 성공적으로 지원할 수 있었으며 나아가 총선에서 득표할 수 있었다. 무슬림 형제단의 자유정의당FJP 후보들은 이집트의 진정한 첫 번째 민주선거에서 압도적인 승리를 거뒀다. 그러나 군부 인사들이 장악한 이집트 행정부는 고착된 태도를 보였다. 당시 행정부는 호스니 무바라크의 사임 직후부터 국군최고위원회SCAF가 실권을 잡고 있었다. 국민회의(이집트의 하원의회-역주)가 국군최고위원회의 방해에도 불구하고 2012년 1월 중순 선출되었다. 그해 여름, 무슬림 형제단의 지도자였던 무함마드 모르시가 근소한 차이로 대통령에 당선되었다. 이렇게 구성된 정부는 이후 수 개월 동안 대다수의 이집트 국민들이 받아들일 수 있는 헌법을 제정하는 데 애썼으며, 한편으로는 무바라크 정권의 잔존 인물들과 군부 인사들이 형제단 주도의 정부를 약화시키기 위해 가했던 가차 없는 시도들을 견뎌내야 했다. 그러나 모르시 정부의 일부 인사가 벌인 정치적 실책으로 경제위기가 심화되고 급진주의 인사들이 종파 간 공격을 일삼자 2012년 말 이집트에는 다시 한 번 커다란 정치적 혼란이 찾아왔다.

풍족한 자금을 바탕으로 활동하던 반혁명주의집단 타마로드(Tamarrod, 반란)는 2013년 4월 새로운 대통령 선거를 주장하고 나섰다. 대규모 시위와 길거리 폭동이 이어지자 모르시가 하야해야 한다는 목소리도 나왔다. 모르시를 당선시켜주었던 선거로부터 일 년여가 지났을 즈음 군사 쿠데타로 인해 모르시가 축출되었다. 무슬림 형제단을 가리켜 테러리스트라고 폄하했던 군사최고위원 압델 파타 엘시시가 이집트 정권을 잡았다. 모르시를 포함한 무슬림 형제단원 수천 명은 물론 이들과 관련 있던 자들 또한 구금되었으며 모르시와 형제단 간부들을 비롯한 수백 명이 종신형을 선고받은 한편 다른 많은 이들이 재판을 기다리고 있다. 친민주주의자들과 형제단의 지지자들은 계속해서 시위를 벌였지만 이들 역시 폭력적으로 진압되었으며 테러리스트라는 혐의로 구금되었다. 2014년 1월 급히 통과된 새 헌법은 테러리즘과 맞서 싸운다는 미명 아래에 군부 및 안전보장기구에 압도적인 권력을 다시 한 번 안겨주었으며, 2014년 5월 낮은 투표율을 기록한 대선에서는 파타 엘시시 장군이 대통령으로 당선되었다.

이야기의 교훈은 실로 옳은 것이었다. 이집트인들은 (오로지 헤드라인에만 익숙한 사람이 보기에는 지하디스트의 권력다툼으로만 보였을 수도 있는) 혼돈의 혁명 대 반혁명 시기를 경험했다. 이들이라면 이집트 최초로 민주적으로 선출된 정권이 갑자기 테러리스트로 전락했다고 하더라도 그를 믿을

이 슬 람 의
시 간

법했다. 그러나 이슬람 학자들과 이슬람주의 운동가들은 사실을 좀 더 잘 알고 있었다. 2007년 워싱턴 DC 국가이익센터(전 닉슨센터) 소속의 로버트 레이큰과 스티븐 브루크는 무슬림 형제가 단 한 번도 혁명적 이었던 적이 없다는 내용의 글을 펴냈다. 이들은 계속해서 '점진적이고 평화적인 이슬람화'를 주장해왔으며 민주화와 사법권의 독립에 대해서도 같은 기조를 유지했다. 레이큰과 부르크는 큰 존경을 받는 무슬림 형제단의 수장 하산 알 후다이비(1891-1973)의 말을 인용하여, 무슬림 형제단이 급진적인 지하드 사상을 명백하게 거부했다고 설명했다. 이들의 말을 그대로 옮기자면 이 '억압 속에서 자라난' 지하드 전사들은 주류 무슬림 지도자들에게 배척당하자 조직을 떠나 그 스스로의 집단을 형성했다. 사실상 "지하드 전사들은 무슬림 형제단을 혐오했다"는 게 이들의 설명이다.[30] 전 국민에 의한 국가통치를 꺼려했던 권위주의 지배자들 또한 형제단을 혐오하기는 마찬가지였다.

더불어 우리는 주류 무슬림들 또한 (이슬람주의자건 아니건) 테러 행위를 규탄한다는 것을 살펴보았다. 소위 말하는 '이슬람 테러리즘' 피해자의 절대 다수가 무슬림이기도 하지만, 무엇보다 셀 수 없이 많은 무슬림들이 발표했던 규탄 성명은 테러리즘이 이슬람법의 각 조항과 그 정신을 직접적으로 위반하고 있음을 잘 드러낸다. 그러나 날이 갈수록 무슬림들은 자신들이 규탄했던 행위들에 의해 규정되고 있음을 몸소 느끼고 있다.

실제로 오늘날 무슬림들이 가지는 가장 큰 걱정거리 중 하나가 바로 서구 세계가 명백히 드러내는 이슬람 혐오에 대한 대처방법이다. 역사를 통해 온갖 사건을 경험하면서 무슬림들은 이슬람교와 예언자 무함마드가 조롱거리로 전락하는 것을 극도로 경계한다. 이슬람은 역사의 가장 첫 장부터 거짓된 선지자가 말하는 거짓된 종교라는 비난을 받았다. 많은 유대인들과 기독교인들이 이슬람교로 개종했으며 수많은 다른 이들이 자신의 종교를 간직한 채 다원주의 이슬람 사회에서 평화를 누리고 살았다. 그러나 무슬림 공동체 외부의 몇몇 인사들은 이슬람의 종교적 정당성을 격렬하게 부인했다. 앞서 제3장에서 살펴보았듯이, 몇몇 기독교인들은 오랜 역사에 걸쳐 이슬람교와 예언자 무함마드를 비하해왔다. 무슬림을 그저 다른 종교를 가진 신자가 아니라 아예 신앙심이 없는 자로 여기며 그 성지를 기독교의 것으로 되돌리겠다는 핑계로 십자군이 일어났다. 무슬림 세계를 뒤덮었던 식민 지배는 종종 기독교 선교활동을 동반했으며 많은 경우 이슬람교를 근절시키는 데 이들이 동원되었다. 또한 우리는 아프가니스탄과 수단 지역에서 식민 지배세력에 대한 격렬한 저항이 일어나자 처칠 수상이 이를 두고 민족주의가 아니라 기독교에 '역행하는 힘'이라고 말한 것을 살펴보았다.

그보다 최근인 1988년에는 작가 살만 루시디가 예언자 무함마드와 그의 가족을 심각하게 모욕하는 패러디 소설 『악마의 시The Satanic Verses』를 출간하며 영국과 미국에서 엄청난 성공을 거두는 일도 있었다. 9.11 테러로부터 얼마 지나지 않은 어느 날, 미국의 전도사이자 목자인 프랭클린 그라함은 무함마드를 가리켜 '악마에 사로잡힌 소아성애자'라고 묘사했다. TV쇼 〈60분60 Minutes〉에 출연한 유명한 복음주의 목사 제리 폴웰은 예언자 무함마드를 '폭력적인 사람이자 전쟁의 남자'라고 묘사하며 "나는 무함마드가 테러리스트였다고 생각한다"고 마무리했다. 2주 후, 폴웰은 그의 발언이 공격적이었음을 인정하며 자신이 "법을 준수하고 독실한 그 어떤 무슬림도 모욕하려는 의도가 없었다"고 사과했다. 손꼽히는 수니파 권위자인 샤이크 탄타위는 이에 사과를 받아들인다는 공개 성명을 발표했다. 시아파 학자 아야톨라 후세인 무사비 타브리지는 여기에 동조하면서 다음과 같이 말했다. "자신의 오류를 인정하고 사과할 수 있는 용기를 가진 사람이라면 칭찬받아야 마땅하다. 실수를 저질렀음을 인정하는 사람의 사과를 받아들이는 것은 인도적인 행동이자 좋은 이슬람의 실천이다."³¹ 조지 부시 대통령도 이슬람을 테러리스트들의 종교로 곡해하고 예언자 무함마드를 모욕하는 이들을 규탄했다. 그러나 이미 늦은 후였다. 인도에서는 폭동이 일어나 수 명의 사망자가 발생했으며 파키스탄에서는 반미주의가 크게 자라났다. 폴웰의 발언이 있은 지 며칠 후, 오사마 빈 라덴의 이름으로 된 성명이 하나 더 발표되었다. 무슬림이 바보 취급을 받지 않도록 만들겠다는 이 성명에서 그는 서양이 진정으로 이슬람을 파괴하려 한다고 말했다. 그는 미국 주도의 이슬람 세계를 향한 십자군 전쟁을 언급하면서 무슬림들이 하나로 뭉쳐 "공격받는 우리의 신앙과, 침해받은 신성함과, 변색당한 명예와, 훼손당한 영토와 빼앗긴 부를 지켜내야 한다"고 했다. 또한 "미국인들과 유대인들은 (중략) 우리가 성전을 일으키기 전까지 계속해서 우리를 침해할 것"이라고 말했다.³²

빈 라덴의 이 성명 이후 사람들은 이슬람을 모욕하는 행위들에 더

욱 격렬하게 반응하기 시작했다. 2005년의 덴마크 만평 사건, 2012년
의 유튜브 비디오 〈순진한 무슬림Innocence of Muslims〉, 그리고 매우 불경
한 방식으로 무함마드를 그린 프랑스 잡지 「샤를리 에브도Charlie Hebdo」
의 풍자만화 등이 그 예시다. 이들은 비상식적인 성행위나 폭력 등이
무함마드와 무슬림 전반의 행동인 것처럼 표현했으며, 모두 (당시까지만
해도 수십만 명의 민간인 희생자를 발생시킨) '테러와의 전쟁'과 궤를 같이했다.
2005년 9월, 덴마크의 신문 「율란츠 포스텐Jyllands-Posten」은 예언자 무함
마드를 조롱하는 만평 시리즈를 실었다. 이에 무슬림들이 항의하자 전
세계 수십 개의 신문과 잡지가 다시금 이 만화를 게재했으며, 이 중에
는 「샤를리 에브도」도 포함되어 있었다. 미국에서 촬영된 〈순진한 무
슬림〉은 곳곳에서 평화시위를 불러 일으켰으며 나아가 외교사절단에
대한 테러로 격화되기도 했다. 일설에 의하면 리비아 벵가지의 미국
대사관을 공격하고 크리스토퍼 스티븐스와 다른 세 명의 미국인들의
목숨을 앗아간 사건 역시 이 때문이었다. 모든 종교들을 조롱하기로
유명한 잡지 「샤를리 에브도」는 덴마크 만평은 물론이었으며 그 이후
로도 수 년에 걸쳐 예언자 무함마드를 모욕적으로 그리는 일련의 기
사와 만평들을 게재했다. 2015년 1월, 알 카에다 예멘 지부 소속이라
고 주장한 두 명의 남성이 파리의 「샤를리 에브도」 사무실에 들이닥쳐
총기를 난사했으며 이로 인해 12명의 사망자와 11명의 부상자가 발생
했다.

전 세계의 무슬림들은 계속해서 이와 같은 테러 행위를 비난했다.
오늘날 가장 유명한 수니파 권위자로 손꼽히는 이집트의 셰이크 유수

프 알 카라다위는 다음과 같이 선언했다. "우리, 이슬람국가의 학자들은 그 가해자가 누구이고 가해자의 종교가 무엇이든 간에 무고한 이들의 피를 흩뿌리고 세상을 오염시키는 그 모든 행위들을 강력하게 규탄한다."[33] 그러나 무슬림들은 표현의 자유 역시 권리임을 감안하더라도 이러한 부정적인 묘사는 근거 없는 모욕이며 전쟁을 선동하는 것으로 받아들였다.

이스라엘이 유엔안보리결의를 어기면서까지 수많은 사람들, 주로 무슬림들의 권리를 침해했음에도 불구하고 이스라엘에 대한 지원이 계속되는 한편 아프가니스탄과 이란을 포함한 수많은 지역에서의 군사행위가 이어지자, 이슬람 근본주의자들은 서방 세력이 이슬람을 파괴하기 위해 이러한 행위들을 이어나가는 것으로 간주했다. 이미 서방 세력에 유죄선고를 내려버린 이들은 그에 따라 무슬림 세계 곳곳에서 기독교인들을 공격하기 시작했다. 이집트와 파키스탄에서 교회들과 서양인 구호요원들을 대상으로 한 테러가 일어났다. 가해 무슬림들은 9.11 테러 때와 마찬가지로 이슬람이 심각한 위험에 처했다고 생각했기에 이러한 행위들을 저질렀다. 테러리스트 집단들은 무슬림을 조롱하고 이슬람을 파괴하고자 했던 자들의 손아귀에서 무슬림들이 겪었던 고통을 호소하는 등 이전과 다름없는 방식으로 사람들의 감정을 자극하고 추종자들을 모으고자 했다. 그러나 다시 한 번, 주류 무슬림들은 전 세계 이슬람 권위체들을 통해 이러한 테러 행위들에 단호한 비난을 보냈다.

이슬람의 이미지가 고착화되는 현상에 대해 테러리스트들은 이를 그들의 목적에 맞추어 이용했으나, 훨씬 더 많은 수의 무슬림들은 일반적으로 그들이 믿는 종교가 진정으로 어떤 것인지 보여주기 위해 노력했다. 이들은 테러리스트와 근본주의자들이 비행기만 납치하는 것이 아니라 이슬람 그 자체를 납치하고 있다고 개탄했다. 광신도들에 의해 이슬람이 정의되는 것을 거부한 셈이다. 특히 서방 세계에 거주하는 무슬림들은 스스로 근본주의에 대항해야 할 통렬한 책임감을 느끼면서 이슬람의 가치인 평화, 관용과 정의에 대한 헌신 등을 역설했다. 무슬림 학자들 역시 학계의 독자들을 위해 수십 년에 걸쳐 영어와 유럽의 언어로 된 책들을 펴냈다. 그러나 9.11 테러 이후 특히 미국에서 일반적인 신자들 모두가 이 문제에 대해 이야기를 나누어야 한다는 분위기가 형성되었다. 전국 곳곳에서 종교를 초월한 모임이 지역공동체를 중심으로 셀 수 없이 많이 형성되었으며 무슬림들은 이를 통해 지금까지 헤드라인을 만드는 사건들로만 이슬람을 접했던 미국인들에게 진정한 이슬람교가 무엇인지 보여주고자 노력했다.

9.11 테러 이후 몇몇 무슬림들이 공동으로 출판한 『이슬람 되찾기 Taking Back Islam』역시 이러한 노력의 산물 중 하나다.[34] 이 에세이집은 이슬람이 테러리즘을 '윤리 허무주의'적 시각에서 바라보아서는 안 된다고 생각한 무슬림들이 사회계층을 막론하고 한데 모여 펴낸 책이다. 마이클 울프는 "우리의 종교가 변색되거나 심지어는 오염되는 사태에 대해서 무언가를 해야 할 필요성을 느꼈다"며 이 책을 펴낸 이유를 밝혔다. 그는 한 무슬림이 충격 속에 남긴 말을 다음과 같이 전했다. "반미주의 광신도들은 대규모 살상을 정당화하기 위해 쿠란을 근거로 들

이 슬 람 의
시 간

그림 7　이스파한의 셰이크로트폴라흐 모스크(1603~1619 건설)

출처: ⓒ Mark Daffey / Getty Images

고 (중략) 편협한 반이슬람주의자들은 이를 다시 인용하는데, 이들은 모두 쿠란의 맥락을 고려하지 않은 채 구절들을 잘못 해석하고 있다. (중략) 우리들은 이슬람이 평화롭고, 진보적이며, 태생적으로 관용과 연민의 종교라는 보다 진정한 해석론을 되찾고자 한다. 그 누구라도 이슬람을 이와 다르게 믿고 있다면 그는 이슬람의 주요 가치들을 잃어버린 셈이다."[35]

　이슬람의 형성기에서 시작해 중세의 이슬람 문화 개화기와 이후 찾아온 쇠락, 식민지 시대, 그리고 근대의 회복 운동에 이르기까지, 장대한 이슬람의 역사는 앞에서도 살펴보았듯이 놀랄 만큼 광대한 세계에 걸친 매혹적인 이야기들을 가득 담고 있다. 그러나 사실 이 모든 것들은 무슬림들이 일상생활 속에서 끊임없이 그 신앙을 키워왔기 때문에 가능한 일이었다. 사실상 수많은 무슬림들은 근대의 이슬람 개혁주의가 과연 당대에 새로이 나타난 것인지, 아니면 이전부터 일상적으로 되풀이되던 것인지에 대한 의문을 던진다. 이들에게 있어서 이슬람은 근본적으로 개혁적인 종교이자 인류로 하여금 끊임없이 자신을 단련할 것을 독려한다. 이로 인해 무슬림들은 매일의 일상 속에서 살아 숨쉬는 하나님의 권능과 박애, 연민과 자비를 느낄 수 있다. 신앙 속에서 무슬림들은 일상생활의 여러 도전들과 마주한다. 수 세기 동안 이어진 정치적 갈등과 극단적인 범죄 행위들이 남긴 자국은 시간이 지나면서 반드시 흐려질 것이다. 그러나 독실한 무슬림들이 그들의 신앙을 계시에 따라 일상생활 속에서 실천하기 위해 매일같이 노력한다면, 그 효과는 다음과 같을 것이다.

동서로 고개를 돌리는 것이 진정한 신앙이 아니거늘,

진정한 신앙이란 하나님과 종말의 날을 믿으며,

천사들과 성서와 선지자들을 믿으며,

친척들과 고아들,

가난한 자들과 여행자들, 구걸하는 자들과

노예를 해방시켜준 자에게 자선을 베풀되 섬기며,

기도하고 자카트를 내는 것이노라.

또한 약속을 충실히 이행하고,

불운과 고통과 역경을 인내하는 것이

진정으로 신실한 자들이며 의로운 사람들이라.

(2:177)

참고문헌

제1장

1. W. Montgomery Watt, Muhammad at Medina (Oxford: Clarendon Press, 1956), 221 – .225.

제2장

1. See al-Baladhuri, Futuh al-Buldan, ed. DeGoeje (Leyden: E. J. Brill, 1866), trans. Phillip K. Hitti as The Origins of the Islamic State (New York: Columbia University Press, 1916), 110 – 112; Daniel C. Dennet, Jr., Conversion and the Poll Tax (Cambridge, MA: Harvard University Press, 1950), 12ff.; C. Cahen, "Djizya," in John L. Esposito, ed., Encyclopedia of Islam, 2nd ed. (New York: Oxford University Press, 2009), 2:559; H. Lammens, Études sur le regne du Calife Omaiyade Mo'awia Ier (Beirut: Imprimerie Catholique, 1930), 226.

2. See N. J. Coulson, A History of Islamic Law (Edinburgh: Edinburgh University Press, 1964), chs. 2 and 3, on which this account is based.

3. Fazlur Rahman, Islam and Modernity: Transformation of an Intellectual Tradition (Chicago: University of Chicago Press, 1982), 32.

4. Coulson, A History of Islamic Law, 37.

5. For a discussion of this claim, see Wael B. Hallaq, "Was al-hafi'i the Master Architect of Islamic Jurisprudence?" International Journal of Middle East Studies, 25 no. 4 (Nov. 1993), 587 – 05.

6. "He who holds what the Muslim community holds shall be regarded as following the community, and he who holds differently shall be regarded as opposing the community he was ordered to follow." Trans. in Majid Khadduri, Islamic Jurisprudence: Shafi'i's Risala (Baltimore: Johns Hopkins University Press, 1961), 287.

7. Trans. Bernard Lewis in Politics and War, vol. 1 of Islam (New York: Harper Torchbooks, 1974), 171 – 79.

8. Dennis Overbye, "How Islam Won, and Lost, the Lead in Science," New York Times, Oct. 30, 2001, retrieved July 1, 2015, from http://www.nytimes.com/2001/10/30/science/how -slam-on-nd-ost-he-ead-n-cience.html?pagewanted=1

9. Philip K. Hitti, History of the Arabs: From the Earliest Times to the Present (New York: Palgrave Macmillan, 2002), 363.

10. Cited in E. B. Fryde, "History," The New Encyclopedia Britannica (Chicago, 1991), 20:566.

11. See, for example, Ronald Reagan, Public Papers of the Presidents of the United States: 1981 (Washington: United States Government Printing Office, 1982), 745, 871.

12. Ibn Khaldun, The Muqaddimah: An Introduction to History, trans. Franz Rosenthal, ed. and abridged N. J. Dawood (Princeton, NJ: Princeton University Press, 1974), 11, 13, 23.

13. See Jawid A. Mojaddedi, "Legitimizing Sufism in al-ushayri's 'Risala'," Studia Islamica, 20 (2000), 37 – 0.

14. http://ibnarabisociety.org/.

15. Annemarie Schimmel, Mystical Dimensions of Islam (Chapel Hill: University of North Carolina Press, 1975), 283.

16. Quoted in A. J. Arberry, Sufism: An Account of the Mystics of Islam (London: Mandal Books/Unwin Paperbacks, 1979), 109.

17. Arberry, Sufism.

18. Arberry, Sufism, 117.

19. Quoted from H. A. R. Gibb, Muhammedanism (Oxford: Oxford University Press, 1961), 150 – 51.

20. See Schimmel, Mystical Dimensions of Islam, 345 – 46.

21. Schimmel, Mystical Dimensions of Islam, 24.

22. See Charles Upton, Doorkeeper of the Heart: Versions of Rabi`a (Putney, VT: Threshold Books, 1988), 23, 27, 43.

23. John Moyne and Coleman Barks, Open Secret: Versions of Rumi (Putney, VT: Threshold Books, 1984), 77, 82.

24. Mathnawi IV, 2683 – 696, in Coleman Barks et al., The Essential Rumi (San Francisco: HarperCollins, 1995).

25. http://www.allamaiqbal.com/.

제3장

1. See his "Dialogues between a Christian and a Saracen," in Migne Patrologiae Graecae, vol. XCIV (Paris, 1860), col. 1585; vol. XCVI (Paris, 1864), cols. 1335 – 348.

2. Cited in Philip K. Hitti, Islam and the West (Princeton, NJ: D. Van Nostrand, 1962), 51.

3. See Guibert of Nogent, RHC Historiens Occidentaux 1844 – 5, IV: 137 – 10, cited in Terry Jones and Alan Ereira, Crusades (London: Penguin/BBC Worldwide, 1996), 13.

4. See Jones and Ereira, Crusades, 52.

5. Francesco Gabrieli, Arab Historians of the Crusades (Berkeley: University of California Press, 1984), 11.

6. Gabrieli, Arab Historians of the Crusades, 12.

7. Gabrieli, Arab Historians of the Crusades, 93 – 45.

8. Ross E. Dunn. The Adventures of Ibn Battuta: A Muslim Traveler of the 14th Century (Berkeley: University of California Press, 1989), 174 – 76.

9. Mohammad Khatami, Islam, Liberty and Development (Binghamton, NY: Institute of Global Cultural Studies, 1998), 73.

10. See Monisha Mukundan, Akbar and Birbal: Tales of Humour (New Delhi: Rupa & Co., 1994), 7 – 1.

11. Quoted in Marilyn Waldman and R. Waldman, "Islamic World," The New Encyclopaedia Britannica (Chicago, 1991), 22:127. Nasroddin had counterparts in other parts of the Muslim world as well. He is known as Juha in the Arabic-peaking world, Nasreddin Hoca in Turkey, and Musfiqi in Tajikistan, for example.

12. Gabrieli, Arab Historians of the Crusades, 11.

13. Ibn Khaldun, The Muqaddimah, 238 – 40.

14. He calls them "stupid" and "weak-inded." See Ibn Khaldun, The Muqaddimah, 258.

제4장

1. For a discussion of the various agreements between the Arabs and the Europeans see Don Peretz, The Middle East Today (New York: Praeger, 1983), 101 – 59.

2. See George Antonius, The Arab Awakening (New York: Capricorn Books, 1965), 266 – 67.

3. See Janet Abu-ughod, "The Demographic War for Palestine," The Link, 19/5 (Dec. 1986), 1 – 4.

4. For the entire text of the Constitution of Medina, reportedly dictated by Muhammad, see W.

Montgomery Watt, Islamic Political Thought: The Basic Concepts (Edinburgh: Edinburgh University Press, 1968), 130 – 34.

5. Joseph Schacht, An Introduction to Islamic Law (Oxford: Clarendon Press, 1982), 70 – 1.

6. Translated by Fazlur Rahman in Islam (Chicago: University of Chicago Press, 1979), 112, from Ibn Taymiyya, Al-htijaj bi'l-adar, in his Rasa'il (Cairo, 1323 AH), II:96 – 7.

7. Muhammad Abduh, The Theology of Unity, trans. Ishaq Musa'ad and Kenneth Cragg (London: Allen & Unwin, 1966), 39 – 0.

8. Abduh, The Theology of Unity, 39 – 0.

9. Nikki R. Keddie, An Islamic Response to Imperialism: Political and Religious Writings of Sayyid Jamal ad-in "al-fghani" (Berkeley: University of California Press, 1983), 103 – 07.

10. Muhammad Iqbal, The Reconstruction of Religious Thought in Islam (Lahore: Institute of Islamic Culture, 1986), 118 – 21, 141.

11. Quoted in Keddie, An Islamic Response to Imperialism, 102.

12. See the discussion in Leila Ahmed, Women and Gender in Islam: Historical Roots of a Modern Debate (New Haven, CT: Yale University Press, 1992), 156 – 57.

13. See Fazlur Rahman, Islam and Modernity: Transformation of an Intellectual Tradition (Chicago: University of Chicago Press, 1982), 64.

14. Quoted in Richard P. Mitchell, "The Society of Muslim Brothers" (Ph.D. diss., Princeton, 1960), 524.

15. Mitchell, "The Society of Muslim Brothers," 379.

16. Mitchell, "The Society of Muslim Brothers," 373.

17. Mitchell, "The Society of Muslim Brothers," 374.

18. Quoted in Yvonne Y. Haddad, "Sayyid Qutb: Ideologue of Islamic Revival," in John L. Esposito, ed., Voices of Resurgent Islam (New York: Oxford University Press, 1983), 73.

19. Sayyid Qutb, Milestones (Indianapolis, IN: American Trust Publications, 1990), 137 – 38.

20. Haddad, "Sayyid Qutb," 70.

21. Syed Qutb Shaheed, Islam, the True Religion, trans. Rafi Ahmad Fidai (Karachi: International Islamic Publishers, 1981), 3.

22. Haddad, "Sayyid Qutb," 79.

23. See Rudoph Peters, Jihad in Classical and Modern Islam (Princeton, NJ: Markus Wiener, 1996), 107 – 08.

24. Abul A'la Mawdudi, Islamic Law and Constitution, ed. and trans. Khurshid Ahmad (Lahore: Islamic Publications, 1967), 53.

제5장

1. Salon Staff, "Bill Maher: Islam's 'the only religion that acts like the mafia.…'" Salon, October 4, 2014, http://www.salon.com/2014/10/04/bill_maher_islams_the_only_religion_that_acts_like_the_mafia_that_will_fking_kill_you_if_you_say_the_wrong_thing/.

2. Michael W. Chapman. "Rev. Franklin Graham: Islam 'Is a Religion of War.'" csnnews. com, December 10, 2014, http://www.cnsnews.com/blog/michael-chapman/rev-ranklin-raham-slam-eligion-ar.

3. Nathan Lean, "Richard Dawkins Does It Again: New Atheisms' Islamophobia Problem." Salon, August 10, 2013, http://www.salon.com/2013/08/10/richard_dawkins_does_it_again_new_atheisms_islamophobia_problem/.

4. Winston Churchill, The Story of the Malakand Field Force: An Episode of Frontier War (New York: Dover Books, 2012. Republication of 1916 edition published by Thomas Nelson & Sons, Ltd., London, Edinburgh, and New York.)

5. Winston Churchill, The River War (London: Longmans, Green & Company, 1899): Vol. II: 248ff.

6. Mohammed Reza Shah, Mission for My Country (New York: McGraw-ill, 1960), 171.

7. Mehran Kamrava, The Modern Middle East: A Political History Since the First World War, 3rd ed. (Berkeley: University of California Press, 2013), 145.

8. Quoted in Michael M. J. Fischer, "Imam Khomeini: Four Levels of Understanding" in John L. Esposito, ed., Voices of Resurgent Islam, 154, from Zendigi-ameh, Imam Khomeini (Teheran: Fifteenth of Khordad Publishers, n.d.), II:38 – 3.

9. Imam Khomeini, Islam and Revolution: Writings and Declarations of Imam Khomeini. Trans. and annotated by H. Algar (London: KPI, 1985), 187.

10. Khomeini, Islam and Revolution, 210 – 11.

11. Statement by H. E. Seyyed Mohammad Khatami, President of the Islamic Republic of Iran and Chairman of the Eighth Session of the Islamic Summit Conference, Tehran, Dec. 9, 1997; http://www.undp.org/missions/iran/new.html.

12. Mohammad Khatami, Hope and Challenge: The Iranian President Speaks (Binghamton,

NY: Institute of Global Cultural Studies, Binghamton University, 1997), 77–8.

13. "U.S. Still Believes Iran Not on the Verge of a Nuclear Weapon." Reuters, August 9, 2012, http://www.reuters.com/article/2012/08/09/us-srael-ran-sa-dUSBRE8781GS20120809.

14. http://www.hrw.org/sites/default/files/wr2013_web.pdf

15. Zogby Research Services, LLC, "Iranian Attitudes, September 2013." http://www.zogbyresearchservices.com/blog/2013/12/6/zrs-eleases-eptember-2013-ran-oll. Accessed October 23, 2014.

16. Gheissari and Nasr, Democracy in Iran: History and the Quest for Liberty (New York: Oxford University Press, 2009), 158. See also Nader Hashemi, "Religious Disputation and Democratic Constitutionalism: The Enduring Legacy of the Constitutional Revolution on the Struggle for Democracy in Iran." Constellations 17, no. 1 (2010): 50–0.

17. Hafeez Malik, ed., Pakistan: Founders' Aspirations and Today's Realities (Oxford: Oxford University Press, 2001), 5–6.

18. Shibzada Masul-l-assan Khan Sabri, The constitution of Pakistan, 1973 (with All Amendments up to 1994) (Lahore: Publishers' Emporium, 1994), 24–5.

19. Patrick Keatley, "The Brown Bomb." Manchester Guardian, March 11, 1965.

20. Abul A'la Mawdudi, Islamic Law and Constitution, ed. and trans. Khurshid Ahmad (Lahore: Islamic Publications, 1967), 172; 158.

21. http://www.pewglobal.org/2014/08/7/a-ess-loomy-ood-n-akistan/.

22. See "Most Muslims Want Democracy, Personal Freedoms, and Islam in Political Life," Pew Research Center Global Attitudes & Trends, July 10, 2012. http://www.pewglobal.org/2012/07/10/most-uslims-ant-emocracy-ersonalfreedoms-and-slam-n-olitical-ife/.

23. See Samuel P. Huntington, The Clash of Civilizations and the Remaking of World Order (New York: Simon & Schuster, 2011).

24. See http://www.lettertobaghdadi.com/. Various Muslim groups around the globe have spoken out as well, launching, for example, the "Not in My Name" campaign on YouTube, https://www.youtube.com/watch?v=hAxIOC8Zisc.

25. Patrick Cockburn, The Rise of the Islamic State: ISIS and the New Sunni Revolution (New York: Verso, 2014), 8.

26. Michael Guntner, Till Paasche, and Nahro Zagros, "Understanding ISIS," Journal of South Asian and Middle Eastern Studies 38, no. 2 (Winter 2015): 1.

27. Daniel Agbiboa, "The Ongoing Campaign of Terror in Nigeria: Boko Haram versus the State," Stability: International Journal of Security & Development 2 no. 3: 8.

28. Chinua Achebe, There Was a Country (New York: Penguin, 2013): 250 – 51.

29. A collection of anti-errorism statements may be found at http://www.unc.edu/~kurzman/terror.htm.

30. Robert S. Leiken and Steven Brooke, "The Moderate Muslim Brotherhood," Foreign Affairs 86, no. 2 (March/April 2007): 107 – 21.

31. Alan Cooperman, "Christian Leaders' Remarks Against Islam Spark Backlash; Anti-merican Feelings Intensify in Muslim Countries." Washington Post. Oct. 15, 2002, A16.

32. "Excerpts of Purported Statement by Bin Laden," Washington Post. Oct. 15, 2002, A14.

33. "Muslim Reaction to the Charlie Hebdo Massacre." www.judaism-slam.com/muslim-eaction-o-he-harlie-ebdo-assacre. (January 8, 2015). Accessed July 19, 2015.

34. Michael Wolfe, ed., Taking Back Islam: American Muslims Reclaim Their Faith (New York: Rodale, 2002).

35. Wolf, Taking Back Islam, xi.